Thomas Breyer-Mayländer
Digitale Transformation in Medienunternehmen

BRAMANN Basics – buch & medien
Band 9
Hg. von Klaus-W. Bramann und Anke Vogel

Thomas Breyer-Mayländer

Digitale Transformation in Medienunternehmen

bramann.

Alle Titel der Reihe werden in der *Deutschen Nationalbibliografie* angezeigt.
Die Deutsche Nationalbibliothek bietet nach Erscheinen detaillierte bibliografische Informationen unter http://dnb.d-nb.de.

Herstellung
Margarete Bramann, Frankfurt am Main

Druck und Bindung
ScandinavianBook, Druckhaus Nord
Printed in Germany 2024

Ecolabelled printed matter 5041 0826

ISBN (Print) 978-3-95903-024-3
ISBN (EPUB) 978-3-95903-117-2

Inhalt

Vorwort der Herausgeber

Wer beruflich erfolgreich mit Medien arbeiten möchte – egal ob im Verlag, im verbreitenden Buchhandel, in der Leseförderung, in verschiedenen kulturellen Einrichtungen oder Agenturen –, benötigt ein breites Wissen. Vielfältige Change-Prozesse wirken sich derzeit auf die Erstellung von Produkten, auf deren Vertrieb und auf diverse Kommunikationsstrategien aus. Will man diesem Wandel in einer digitalisierten Medienumwelt erfolgreich begegnen, müssen traditionelle Wissensbestände ständig erweitert werden. Die Reihe **BRAMANNBasics** bietet hierfür komprimiertes Wissen zu verschiedenen Fragestellungen rund um Bücher und Medien. Sie richtet sich nicht nur an Studierende, sondern ist auch für Praktiker mit Gewinn zu nutzen. Denn bei den Autoren handelt es sich um anerkannte Wissenschaftler und herausragende Praktiker, die ihre Erfahrungen aus Forschung, Lehre und Berufspraxis in ihre Darstellungen einfließen lassen.

Der vorliegende Band thematisiert vordergründig die Entwicklung des Medienmarktes der letzten Jahrzehnte. Doch die Retrospektive ist kein Selbstzweck, sondern dient dazu, gelungene Change-Prozesse herauszufiltern, die im Rahmen der digitalen Transformation umgesetzt wurden. Auf diese Weise ist ein neues Grundlagenwerk entstanden – für die Zukunft der Branche. Denn nur die Unternehmen werden erfolgreich am Markt agieren, die neuartigen Optionen aufgeschlossen gegenüber stehen und diese effizient nutzen.

In dieser Hinsicht mag die künstliche Intelligenz (KI) oder artificial intelligence (AI) als ein Quantensprung erscheinen, in historischer Sicht hingegen ist sie eher als evolutionär-inkrementeller Fortschritt innerhalb der digitalen Entwicklung einzustufen. Denn ohne Digitalisierung und die damit verbundenen Möglichkeiten der Datensammlung und -verknüpfung (Big Data) sowie die technisch-kommunikativen Perspektiven des Internets gäbe es keine KI. Die Struktur wissenschaftlicher Revolutionen besteht in dem Entwurf völlig neuer Sichtweisen, die disruptive Veränderungen in den Bereichen Technik, Ökonomie und Alltagsleben nach sich ziehen und überkommene Annahmen und Geschäftsmodelle radikal in Frage stellen. In diesem Sinne ist Digitalisierung als umfassendes Phänomen zu werten und als Initialzündung für alle weiteren Entwicklungsschritte einzustufen.

Prof. Dr. Thomas Breyer-Mayländer, Inhaber einer Professur für Medienmanagement an der Hochschule Offenburg, begleitet den Prozess der digitalen Transformation in Medienunternehmen seit Jahren durch zahlreiche Publikationen und Zeitschriftenbeiträge. Außerdem ist er als Berater aktiv, unter anderem mit den Schwerpunkten Transformationsmanagement und Führungskultur. Dem Reihenkonzept entsprechend informiert er in gebotener Kürze über die Grundprinzipien der digitalen Transformation sowie Transformationsstrategien unter Berücksichtigung medienspezifischer Technologien, Märkte und Produkte, thematisiert neue Führungs- und Unternehmenskulturen und bietet einen Ausblick auf Diversifikation und strategische Kooperationen.

Juni 2024 *Anke Vogel und Klaus-W. Bramann*

1 Grundprinzipien der digitalen Transformation im Mediensektor

Digitaler Wandel und digitale Transformation sind die Schlagworte, mit denen nicht nur die Medienbranche, sondern spätestens seit der Jahrtausendwende weite Teile von Wirtschaft und Politik die Veränderungen beschreiben, die durch digitale Technologien in unserer Gesellschaft spürbar sind.

- Was bedeutet das für die Akteure der Medienbranche, seien es nun Mitarbeitende oder Unternehmen?
- Wie können etablierte traditionelle Medienunternehmen, wie Buch- oder Zeitungsverlage, in einer Wettbewerbsumgebung bestehen, die von internationalen Tech-Firmen wie Alpha (ehemals Google) oder Meta (ehemals Facebook) geprägt wird?
- Wie stark wirken sich die neuen Gesetzmäßigkeiten der digitalen Ökonomie, bei der beispielsweise Größe zu einem entscheidenden Wettbewerbsfaktor werden kann, auf Handlungsspielräume der Akteure aus, wie Lektorate, Redaktionen und Marketingfachleute?
- Wie kann man die Weiterentwicklung etablierter Produkte im crossmedialen Wettbewerb planen?

Unternehmen stellen sich auf die neuen Spielregeln einer disruptiven, sich stark verändernden Branchenumgebung ein und stimmen nicht nur ihre Produktportfolio, sondern auch ihre Personalstrategie auf den Bedarf an neuen Kompetenzen ab. Diese Situation wird oftmals mit **VUCA** beschreiben. Das Akronym steht für **v**olatile (unbeständig), **u**ncertain (unsicher), **c**omplex (komplex) und **a**mbiguous (mehrdeutig). Es beschreibt die Dimensionen einer Zukunft, die sich von alten Strukturen und Mustern löst und damit für die einzelnen Akteure, ob Personen oder

Gruppen, weniger gut einschätzbar wird. Die Welt wird damit zunehmend als **BANI** empfunden: als **b**rittle (brüchig, porös), **a**nxious (ängstlich, besorgt), **n**on-linear (nicht-linear) und **i**ncomprehensible (unverständlich, unbegreiflich).

In diesem Einführungskapitel geht es ums Grundsätzliche. Was unterscheidet publizistisch geprägte Medienunternehmen, die ihre Wurzeln im klassischen Pressebereich haben, von anderen Branchen? Nach welchen Gesetzmäßigkeiten haben diese Märkte früher funktioniert? Wie funktionieren sie gegenwärtig? Welche grundsätzlichen Veränderungen in den Geschäftsmodellen und Funktionsprinzipien sind absehbar und werden damit die künftige Entwicklung prägen?

Dabei gilt es zunächst im Rahmen von kurzen Definitionen zu klären, cwas Gegenstand dieses Einführungskapitels und der nachfolgenden Analysen sein wird und was nicht. Denn eine kurz gefasste Analyse auf die Herausforderungen, Rahmenbedingungen und Schlussfolgerungen der digitalen Transformation in Medienunternehmen kann nicht alle Teilaspekte und Subkategorien der Medienbranche umfassen.

Medienunternehmen

Unter Medienunternehmen kann man alle Organisationen zusammenfassen, die »mehr als die Hälfte ihres Umsatzes durch Produktion von journalistischen Inhalten, Filmen, Musik, Büchern oder Online-Inhalten und/oder den Vertrieb von solchen Produkten erwirtschaften« (Weber &

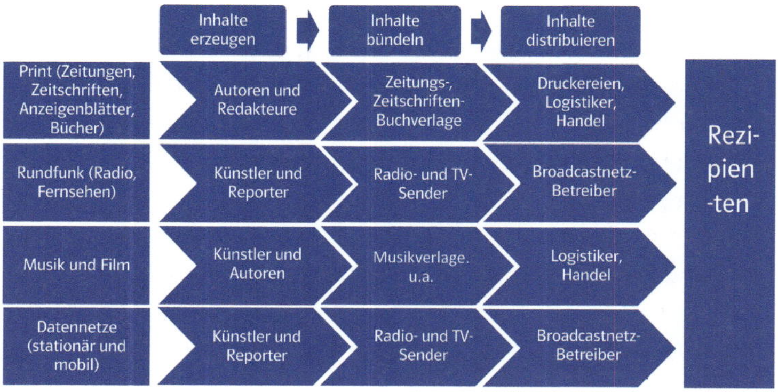

Abb. 1: Medienmarkt nach Wertschöpfungsstruktur (Breyer-Mayländer 2022, S. 4)

Akteure im Medienmarkt		
Dienstleister	**Medienunternehmen**	**Handel / Dienstleister**
• Filmproduktion • Digital-Agenturen • Werbeagenturen (Kreation, Media etc.) • PR-Agenturen • Druck/Weiterverarbeitung • Redaktionsbüros • Nachrichtenagenturen • Werbevermarkter • Dialogmarketing • Hardware-Hersteller • Content-Marketing • Grafiker, Webdesigner, Videojournalisten etc.	• Buchverlage • Presseverlage (Zeitung, Zeitschrift, Anzeigenblatt) • Musiklabels, Musikverlage • TV + Radio • Digitale Dienste • Influencer • Youtuber • Blogs • Game-Design, Game-Produktion • Branchenfremde in Kooperation mit Corporate-Communication-Dienstleistern	• Buchhandel / Barsortiment • Pressehandel / Grosso • Direktzustellung • Downloadportale • Streamingdienste • Podcast-Anbieter • App-Plattformen • Digitale Plattformen als Spezial- oder Universalanbieter • Nebensortimente im fachfremden stationären Handel (LEH etc.) • umfassende Pay-Dienste

Abb. 2: Medienunternehmen als Akteure mit Wertschöpfungsschwerpunkten (Breyer-Mayländer 2023, S. 296)

Rager 2006, S. 2). Diese pragmatische Dimension ist nur eine der möglichen Wege, sich dem Gegenstand unserer Analyse zu nähern. Schumann und Hess (2006, S. 12) stellten beispielsweise bei einer detaillierteren Analyse des Begriffsumfangs vier unterschiedliche Medienkategorien und drei Wertschöpfungsstufen heraus (Abb. 1) und berücksichtigten hierbei die wertschöpfungsbasierte Gliederung einzelne Funktionsbereiche. Diese Sichtweise entspricht auch der Rechtsprechung des Bundesverfassungsgerichts, das die Funktionsgarantie des Staates von Artikel 5 so ausgelegt hat, dass auch der Vertriebssektor einen freien Marktzugang für Inhaltsproduzenten beinhalten müsse.

Neben traditionellen Unternehmen 1.0 (Schumann, Hess & Hagenhoff 2016, S. 9), die Medien produzieren, kann man auf dem Weg zur Einordnung der Medienunternehmen in die Kulturwirtschaft auch einen eher breiten Ansatz verfolgen (Abb. 2). Hier steht nicht mehr nur die Produktion (Erzeugen und Bündeln von Content) und der Vertrieb im Vordergrund, sondern es wird der Weg für eine umfassendere Betrachtung geöffnet, bei der auch vorgelagerte Wertschöpfungsstufen des Dienstleistungssektors zu betrachten sind.

Wir werden allerdings den Fokus im Folgenden nicht so weit ausdehnen, dass Aussagen über Medienunternehmen nur noch auf einem sehr hohen Abstraktionsniveau möglich sind. Ausgehend von der einengenden Definition von Jürgen Heinrich (2001, S. 28), der Organisationen als

Medienunternehmen sieht, »die ihren wirtschaftlichen Schwerpunkt in der aktuellen/journalistischen Produktion von Informationen haben«, was »Zeitungsverlage, Zeitschriftenverlage, Anzeigenblattverlage, Nachrichtenagenturen, Nachrichtenbüros, Pressebüros, Hörfunkveranstalter, Fernsehveranstalter und Programm-Input-Produzenten« umfasst, fokussieren wir uns auf Unternehmen, die ...

- ... ihren Schwerpunkt im Bereich der Akquise, Produktion, Konfiguration und Distribution von Inhalten haben;
- ... ihre Wertschöpfung mit publizistischen Inhalten erzielen, deren Nutzen in der Zielgruppe sowohl Information als auch Unterhaltung umfassen können;
- ... auf der Ebene der Mediengattungen digitale Medienformen und die typischen Medienformen der Verlage aus dem Bereich Presse (Zeitungen, Publikumszeitschriften, Fachmedien) und Buch zum Gegenstand haben.

Waren es früher die physischen Produktformen, die für Unterschiede sorgten, so stellt sich heute angesichts der Medienkonvergenz im Rahmen der digitalen Transformation die Frage, wo denn der Unterschied zwischen einem digitalen Nachrichtenangebot von TV-Sendern oder pressetypischen Produkten liegt. Das macht es vor allem in den für den Pressesektor wichtigen Bereichen der Nachrichten-, Informations- und Unterhaltungsebenen schwierig, Teilmärkte zu betrachten, zu analysieren und gegenseitig voneinander abzugrenzen.

Medienkonvergenz

Medienkonvergenz beschreibt eine Entwicklung, die durch das zunehmende Zusammenwachsen unterschiedlicher Medienformen und Mediengattungen geprägt ist (Zerdick et al. 1999, S. 132 ff.) und zu einer Verbindung ehedem getrennter Märkte führt (Breyer-Mayländer 2015, S. 4). Sie findet auf vier unterschiedlichen Ebenen statt.

In der Summe führen die durch die Medienkonvergenz erfolgten Veränderungen dazu, dass die digitale Transformation von Seiten der einzelnen Akteure (größere Medienunternehmen als Konzernverbund, Medienunternehmen als Einzelakteure sowie Mitarbeitende der Medienunternehmen als persönliche Akteure) in vielen Bereichen eine neue Ortsbestimmung verlangt.

Medienkonvergenz auf vier unterschiedlichen Ebenen

Medientechnik
Durch die Digitalisierung als einheitliche und verbindende Prozess- und Produkttechnologie werden Mediengattungen im Bereich der Medienproduktion und der Medienkonsumption austauschbar oder wachsen zusammen (Medienkonvergenz) und stehen somit nicht nur auf einer technisch einheitlichen Basis, sondern letztlich auch miteinander im Wettbewerb. Letztlich ist nicht nur im Kontext der Diskussion um Künstliche Intelligenz (KI) bzw. Artificial Intelligence (AI) eine zunehmende Algorithmisierung der Technologien, Produkte, Märkte und damit Geschäftsmodelle im Mediensektor erkennbar, die den kompletten Transformationsprozess entscheidend beeinflusst (Zydorek 2022).

Mediencontent
Innovationen im Mediensektor sind selten dadurch geprägt, dass ausschließlich eine neue Technologie zum Einsatz kommt. Zahlreiche Medieninnovationen entstanden und entstehen ausschließlich auf der Ebene der Inhalte, beispielsweise durch die Schaffung eines neuen Genres im Buchmarkt bei der Beibehaltung der Produktform eines gedruckten Buches, wie es mit den Cross-Over-Romanen von Harry Potter der Fall war. Gerade aber die Verbindung aus neuen technologischen Möglichkeiten und neuen Ideen auf der inhaltlichen Ebene sorgt in vielen Teilsegmenten der Medienbranche für Innovationen. Diese führen zu einer Veränderung etablierter Märkte und zum Entstehen neuer Märkte.

Mediengattungen
Einst gegeneinander scharf abgrenzbare Mediengattungen, wie Fernsehen, Publikumszeitschriften oder Zeitungen, treten im digitalen Umfeld zumindest in Teilfunktionen miteinander in einen intensiven Wettbewerb. Dieser war bislang durch die Mediennutzungszeit gegeben, fand aber mit Bezug zu unterschiedlichen Produktformen statt, sodass eine Abgrenzbarkeit der Mediengattungen einfach war.

Geschäftsmodelle
Bei der Analyse der Geschäftsmodelle bestehender Mediengattungen fällt auf, dass der Produktnutzen (z. B. Unterhaltung oder Information) des Gesamtproduktes sowie einzelne Produktbestandteile (z. B. der Anzeigenteil einer gedruckten Zeitung oder der Bereich der Rubrikanzeigen) im Rahmen der Medienkonvergenz mit unterschiedlichen anderen Medienformen und damit auch Mediengattungen im Wettbewerb stehen. Für die Medienunternehmen ist es daher eine zunehmende Herausforderung festzustellen, welche Entwicklungsperspektiven für das eigene Unternehmen und das eigene Produktprogramm im Rahmen der digitalen Transformation fortbestehen.

Wettbewerbsbeziehungen und Teilmärkte

Ein weit verbreitetes Verfahren, mit dem die Wettbewerbsbeziehung unterschiedlicher Akteure in Märkten und Teilmärkten untersucht werden kann, sind die Five Forces von Michael E. Porter (2013; Abb. 3). Dieses Verfahren bietet zwei Stärken. Zum einen lässt sich mit der Frage nach der Marktmacht der vor- oder nachgelagerten Wirtschaftsstufen untersuchen, ob eine Abhängigkeit des Unternehmens gegenüber Lieferanten oder Kunden besteht, die insbesondere aus strategischer Sicht, das heißt bei der langfristigen Entwicklung des Unternehmens, problematisch sein kann. Zum anderen ist – insbesondere für unser Thema – von Interesse, dass statt einer reinen Fokussierung auf Wettbewerber, die bereits in der Branche etabliert sind, ein weiter gefasster Blickwinkel in diesem Verfahren verankert ist.

Damit rücken auch mögliche Substitutionsprodukte ins Sichtfeld, die im Medienbereich deshalb von besonderem Interesse sind, weil sie stets darauf abzielen, den Bereich der Teilmärkte mit unterschiedlichen Teilzielgruppen und dem jeweils zu stiftende Einzelnutzen eines Produktes in den Vordergrund zu rücken. Bei vielen Medienprodukten, die als Kuppelprodukt im Markt positioniert sind, fällt es selbst den etablierten Akteuren nicht leicht, den jeweiligen Nutzen für die Teilzielgruppen zu extrahieren und damit die Angreifbarkeit der eigenen Gesamtprodukte durch unterschiedliche Substitutionsprodukte im Blick zu behalten. Genau dies ist geschehen, als die Zeitungsverlage erkennen mussten, dass wesentliche Rubrikanzeigen regionaler und überregionaler Zeitungen (z. B. Stellen- und Immobilienanzeigen) im Printsektor zurückgingen und damit im Zuge der digitalen Transformation die Erlösseite immer schwieriger abbildbar wurde (Breyer-Mayländer 2004). Denn die Umsätze der digitalen Produktvarianten waren von Anfang an eher schmal ausgestaltet (Breyer-Mayländer 1999).

Ein weiteres, neues Phänomen ist das Aufkommen von potenziellen neuen Wettbewerbern. Dabei zeigt die Erfahrung der vergangenen Jahre, um nicht zu sagen Jahrzehnte, dass die Wettbewerber, die sich tatsächlich als Game-Changer etabliert haben, meist nicht aus dem Kernbereich der bisherigen Branche und damit nicht aus dem Bereich der bisherigen Wettbewerber stammen. Stattdessen handelt es sich in der Regel um Unternehmen und Akteure, die bisher bereits eine Beziehung zu den Märkten haben, aber nicht in diesem Markt selbst vertreten sind. Typisch sind hier ehemalige Lieferanten und Kunden, die durch eine Vorwärts- oder Rückwärtsintegration neu neu in den Markt eintreten. Ganz allgemein hängt der Stand des Wettbewerbs nach Porter von fünf grundlegenden Wettbewerbskräften ab, die im Folgenden untersucht werden:

- Rivalität unter den bestehenden Wettbewerbern,
- potenzielle neue Wettbewerber,
- Druck durch Substitutionsprodukte,
- Marktmacht bzw. Einfluss der Abnehmer,
- Verhandlungsstärke von Lieferanten.

Wettbewerbssituationen werden meist anhand der Zahl und Strategie der bereits existierenden Wettbewerber beschrieben. Dabei geht es um Unternehmen, die auf derselben Stufe der Wertschöpfungskette der Medienbranche stehen und ähnliche stehen und ähnliche Produkte herstellen bzw. vertreiben. Belletristische Buchverlage untersuchen in diesem Zusammenhang ihre Wettbewerbssituation im Wettbewerb mit anderen Verlagen aus dem Bereich der Belletristik. Dies ist jedoch ein verkürzter Blickwinkel, wenn es um die gesamte Wettbewerbssituation eines Medienunternehmens geht.

Auf der horizontalen Ebene der Darstellung der Five-Forces wird analysiert, wie groß die Verhandlungsstärke der jeweiligen Kunden oder Lieferanten gegenüber der Medienunternehmung ist. Bei Medien, die sich an Endverbraucher richten, also im Business-to-Consumer-Markt (B2C) positioniert sind, ist es beispielsweise im Regelfall so, dass die Verbraucher*innen durchaus auch andere Produkte und Hersteller zur Auswahl haben und damit die Verhandlungsstärke der Medienunternehmen als Anbieter, u.a. im Hinblick auf den Preis, begrenzt ist.

Abb. 3: Analyse der Wettbewerbskräfte nach den Five Forces am Beispiel eines regionalen Medienhauses (abgeleitet aus: Porter 2013)

Für die Transformation von Märkten und in Szenarien mit radikalen Marktveränderungen rücken **Substitutionsprodukte** und neue Wettbewerber ins Blickfeld . Dabei können die Substitutionsprodukte aus komplett anderen Bereichen stammen. Wenn es um die Frage geht, was man anstelle von Unterhaltungsmedien noch nutzen kann, um unterhalten zu werden, kommen beispielsweise auch Freizeitparks oder ähnliche Freizeitangebote in Frage. Für Medienunternehmen ist es daher wichtig, bei der Wettbewerbsanalyse die Funktionalität des eigenen Produkts aus der Perspektive ihrer Kunden zu betrachten. Die neuen Wettbewerber kommen in der Regel aus dem Umfeld der existierenden Marktteilnehmer, ohne jedoch deren Rolle innerhalb der Wertschöpfungskette einzunehmen. Erinnert sei an den Einstieg von Apple in das Musikgeschäft; vor dem Aufbau von iTunes war Apple lediglich als Hardwarelieferant an diesem Markt interessiert.

Damit man die Wettbewerbsanalysen in ihrer Bedeutung versteht, muss zunächst das Wesen von Wettbewerb selbst geklärt werden. Wettbewerb ist ein Verhältnis parametrischer Interdependenz und Rivalität zwischen den Marktteilnehmern (Baßeler, Heinrich & Utecht 2006, S. 190), wobei die Rivalität durch folgende strukturelle Faktoren (Porter 1992, S. 42 ff.) stimuliert wird:

- Die Zahl und Gleichartigkeit der Wettbewerber, die sich in der Kategorie ›Wettbewerb innerhalb der Branche‹ manifestieren.
- Die Dynamik des Branchenwachstums, die sich insbesondere bei langsamem Branchenwachstum negativ bemerkbar macht, da dann ein kleinerer Kuchen unter den Wettbewerbern zu verteilen ist.
- Die Höhe der Fixkosten, die vor allem bei einem ungünstigen Verhältnis von Fixkosten zur Wertschöpfung weiteren Druck auf die Marktteilnehmer ausübt.
- Die Höhe der strategischen Einsätze (z. B. hohe Investitionskosten, die als strategischer Einsatz den Markteintritt erschwerten).
- Die Höhe der Austrittsbarrieren als Kosten des Marktaustritts (dies sind oftmals ›sunk costs‹, d. h. Kosten, die man nach einem Marktaustritt nicht mehr zurückerhält).
- Die potenzielle Konkurrenz, die – je nach Höhe der Marktzutrittsschranken – durch Preisdifferenzierung oder strategische Marktzutrittsschranken (z. B. Kampfpreise) den künftigen Wettbewerb prägen.
- Den Druck durch Substitutionsprodukte, die für eine Begrenzung der Gewinnerzielungsmöglichkeiten einer Branche sorgen.
- Die Verhandlungsstärke der Abnehmer, bei der vor allem die Abhängigkeit von einigen wenigen Großkunden ein strategischer Nachteil sein kann.
- Die Verhandlungsstärke der Lieferanten, die vor allem dann ein Problem ist, wenn man von wenigen Zulieferern abhängig ist. Im Bereich der journalistischen Medienproduktion sind dies oftmals Nachrichtenagenturen.

Digitale Transformation

Unter digitaler Transformation versteht man mehr als die reine Digitalisierung. Denn wenn es nur darum ginge, die Umstellung auf digitale Technologien und damit die Abkehr von analoger Technologie zu beschreiben, dann wäre in einigen Teilbereichen der Medienbranche die Digitalisierung bereits vor Jahrzehnten abgeschlossen gewesen, als analoge durch digitale Bauteile ersetzt wurden. Es geht vielmehr um die technischen, wirtschaftlichen und gesellschaftlichen Veränderungen, die durch den gezielten Einsatz von digitaler Technologie in einzelnen Lebens- und Wirtschaftsbereichen absehbar sind.

Anwendungsfälle aus anderen Segmenten des Gesellschafts- und Wirtschaftslebens können diese tiefgreifenden Veränderungen illustrieren (Krapf 2022). Wenn beispielsweise durch das Internet of Things (IoT) unterschiedliche technische Systeme und Maschinen miteinander interagieren, ist nicht nur eine Nachbestellung bei leeren Lagerplätzen im Rahmen eines E-Procurement möglich, sondern auch im Bereich des produzierenden Gewerbes ist eine grundsätzliche Veränderung der Arbeits- und Produktionsweise mit neuen Rationalisierungspotenzialen und neuen technischen, gesellschaftlichen und rechtlichen Fragestellungen absehbar.

Der Umstand, dass wir uns in diesem Buch auf einen Teilausschnitt des gesamten Medienmarktes fokussieren, mag gerade angesichts der neuen Wettbewerbsbeziehungen, die durch die Medienkonvergenz entstehen, problematisch wirken. Denn es werden mit der Konzentration auf die oben genannten Bereiche der digitalen Medien und Medienformen, die aus der Tradition des klassischen Pressebereichs stammen, einige Wettbewerbsbeziehungen zu anderen Akteuren, die allein im Bereich der Mediennutzungszeit oder im Bereich der Substitutionseffekte im Werbemarkt auftreten, nicht vollständig abgebildet. Dennoch haben wir uns entschlossen, diese Fokussierung vorzunehmen, um ein praxisnahes Buch zu ermöglichen, das dem Umstand Rechnung trägt, dass gerade die kleineren und mittelständischen Unternehmen aus einer Branchentradition entstammen und damit auch ihre Ressourcenpotenziale und strategischen Entwicklungsperspektiven durch diese Branchen-DNA geprägt sind.

1.1 Medienökonomie und digitale Märkte

Die Medienökonomie liefert die theoretischen Grundlagen über Akteure und Märkte in der Branche und hat aus der Perspektive der Einzelunternehmen auch unter den Schlagworten Medienwirtschaft und Medienbetriebswirtschaft Eingang in die Literatur gefunden hat. Die in diesem Kapitel thematisierten ›Prinzipien‹ aus dem Segment der Digital- und Medienökonomie bilden gewissermaßen die Rahmenbedingungen für alle operativen, taktischen und strategischen Entscheidungen von Medienunternehmen im Rahmen der digitalen Transformation. Zugleich sind sie auch die Basis für neue Geschäftsmodelle und die Weiterentwicklung von Produkten, Angeboten, Unternehmen und Kooperationen, auf deren konkrete Ausgestaltungsmöglichkeiten dann in Folgekapiteln eingegangen wird.

Duale Märkte der Massenmedien

Medien können auf drei unterschiedlichen Ebenen als duale Güter aufgefasst werden (Zydorek 2017, S. 169). Die erste Ebene der Dualität kann in der Verbindung von Mediencontent mit Medienträgern gesehen werden. Die abstrakte Trennung zwischen Medieninhalten und dem jeweiligen Trägermedium, das materiell (z. B. Papier) oder auch immateriell sein kann, spielt vor allem bei der Transformation von Produktformen und Märkten eine Rolle. Es gilt den Kern und Nutzen des Contents in der Betrachtung von der jeweiligen medialen Erscheinungsform zu lösen, um neue Produktformen und Zielgruppen antizipieren zu können. Gleichzeitig muss berücksichtigt werden, welche Produktformen für einzelne Zielgruppen wirklich sinnvoll und attraktiv erscheinen.

Die zweite Ebene der Dualität resultiert aus dem Spannungsfeld der Medien zwischen Kulturgut und Wirtschaftsgut. Medien dienen einerseits gesellschaftlichen Zwecken, so sind aktuelle Nachrichtenmedien elementarer Bestandteil einer Infrastruktur für eine ausgewogene politische Willensbildung, zugleich dienen sie jedoch auch der Deckung individueller Bedürfnisse und haben im Idealfall einen so großen Nutzen, dass eine Bepreisung möglich ist und sie dadurch als Wirtschaftsgut eine Funktion im Markt besitzen. Die im Jahr 2023 aktuelle Diskussion über die Förderwürdigkeit einzelner Medien – das im September 2022 fertiggestellte und Ende März 2023 vom Bundeswirtschaftsministerium erstellte Gutachten zur Zustellförderung (WIK-Consult 2023) – zeigt die Aktualität und Praxisrelevanz dieser Themen.

Die dritte und dominierende Form der Dualität ergibt sich bei vielen (Massen-)Medien durch das Wechselspiel von Rezipienten- und Werbemarkt. Die Attraktivität eines Produktes im Leser-/Nutzermarkt ergibt sich durch den Nutzen, den die Produkte für einzelne Zielgruppen in ihrer jeweiligen Lebenssituation stiften. Häufig sind es Teilbereiche von Information oder Unterhaltung. Der Nutzen von Medienprodukten im Werbemarkt entsteht durch die Kontaktchance mit planbaren, im Idealfall klar abgrenzbaren Zielgruppen. Die gegenseitige Abhängigkeit wird in unterschiedlichen Modellen beschrieben und in diesem Abschnitt näher charakterisiert. Die Wechselbeziehung zwischen Werbe- und Nutzermarkt wird häufig mit dem Modell der **Anzeigen-Auflagen-Spirale** beschrieben (Abb. 4).

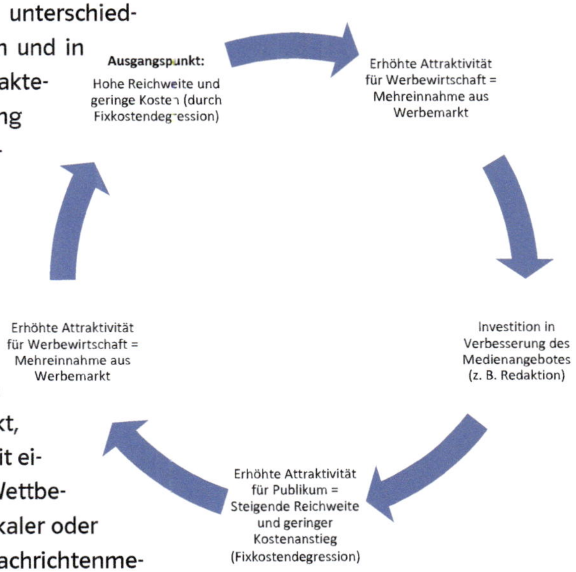

Abb. 4: Anzeigen-Auflagen-Spirale bei Presseprodukten in abgrenzbaren Märkten (abgeleitet aus: Breyer-Mayländer 2014, S. 11; Wirtz 2006, S. 163; Pürer & Raabe 1996, S. 216)

Dem Modell der Anzeigen-Auflagen-Spirale liegt die Annahme zugrunde, dass in einem abgrenzbaren Markt, bei dem das eine Medium mit einem anderen in direktem Wettbewerb steht (z.B. im Markt lokaler oder regionaler Zeitungen als Nachrichtenmedien), folgender Zusammenhang besteht: Das Medium mit der größten Reichweite innerhalb der Kernzielgruppe kann die größeren Werbeeinnahmen verzeichnen, da es für die Werbekundschaft attraktiver ist, beim Marktführer Anzeigen zu buchen. Diese höheren Werbeerlöse können wiederum für mehr Investitionen in das Produkt und die redaktionelle Qualität genutzt werden und sorgen dafür, dass gegenüber den zweit- und drittplatzierten Wettbewerbern ein weiterer Wettbewerbsvorsprung entsteht. Der Marktführer ist somit in einer Aufwärtsbewegung, weshalb das Modell insgesamt als Spirale beschrieben wird, da aus dieser Aufwärtsspirale heraus nicht nur größere Investitionen in das Produkt erfolgen können, sondern auch ein größerer Erfolg im Werbemarkt möglich ist. Dies erklärt den Effekt, warum die führenden Medien sehr leicht in eine dominante Marktposition gelangen und die Zahl der Wettbewerber insgesamt begrenzt bleibt. Das Modell gilt in dieser Klarheit jedoch nur für sehr klar abgrenzbare Märkte, bei denen eine direkte Substitutionsbeziehung zwischen den einzelnen Akteuren besteht.

Im Sinne der Five Forces wäre dieses Modell aus der Rivalität unter bestehenden Wettbewerbern erklärbar. Im Zuge der Medienkonvergenz gibt es jedoch kaum noch Märkte, in denen wir eine abgrenzbare Situation vorfinden, sodass das Modell in der ursprünglichen Form keine Anwendung finden kann. Selbst lokale Zeitungsverlage sehen sich beim Medienbudget der privaten Haushalte mit den Ausgaben für Podcasts oder Streamingdienste als Wettbewerbsumgebung konfrontiert, auch wenn der ursprüngliche Produktnutzen (Information über lokales Geschehen) durch diese Medien nur in Teilen erfüllt wird. Sobald der Wettbewerb sowohl im Nutzer- als auch Werbemarkt vielschichtiger wird und die Zielgruppen über höchst unterschiedliche Kommunikationswege von Seiten der Werbetreibenden erreicht werden können, reicht das einfache Modell nicht mehr zur Beschreibung der Wettbewerbsmechanismen aus, da es keinen einfachen Substitutionsmechanismus gibt.

Verbundenheit in Nachfrage und Angebot

Im Zusammenhang mit dem Verbund von Nutzer- und Werbemarkt spielt die generelle Perspektive der Verbundenheit von Gütern eine besondere Rolle. Die enge Verbindung zwischen dem Rezipienten und dem Werbekunden entsteht bei den meisten Medienprodukten dadurch, dass sie als Kuppelprodukt angelegt sind. Eine digitale Newsplattform wird sowohl für die Bedürfnisse der Nutzerschaft als auch der Werbekundschaft konzipiert, und die Erstellung und der Betrieb der Plattform betrifft beide Zielgruppen und Marktkategorien gleichermaßen. Es findet eine gezielte Kopplung des Produktangebots statt. Die Inhalte werden bewusst miteinander verknüpft, da sie nur als Gesamtkonzept im Markt platziert werden können. Was hier sehr theoretisch klingt, hat in der Praxis deutliche Konsequenzen. Die im deutschen Rechtsrahmen klar festgeschriebene Trennung zwischen Werbung und redaktionellem Teil erfordert einerseits eine Abgrenzung der jeweiligen Sichtweise auf die Zielgruppen durch die entsprechenden Fachabteilungen (Redaktion oder Werbevermarktung), zugleich muss gerade bei der Entwicklung von neuen Produkten und der Analyse der Substitutionsgefahr und Angreifbarkeit von etablierten Produkten darauf geachtet werden, dass man beide Perspektiven auch gemeinsam betrachtet.

Das Thema Verbundenheit von Medienprodukten spielt jedoch auch in der direkten Marktbeziehung als Verbundenheit der Nachfrage eine

Rolle. Dabei geht es einerseits um die substitutive Verbundenheit, wenn aus Sicht der Kunden (Nutzerschaft) unterschiedliche Medienprodukte oder Mediengattungen ganz oder teilweise durch andere Produkte oder mit den Gattungen ersetzt werden können. Wer beispielsweise seine Nachrichten ausschließlich über den Google Newsstream konsumiert, bei dem die Nachrichten durch Google kuratiert werden, fällt als Konsument von Zeitschriften und Zeitungen mit ihrem eigenständigen digitalen oder gedruckten journalistischen Angebot aus. Andererseits kann eine andere Form der Verbundenheit im Nachfragebereich durch komplementäre Produkte entstehen. Komplementäre Produkte ergänzen sich und stehen nicht im Wettbewerb zueinander (Abb. 5).

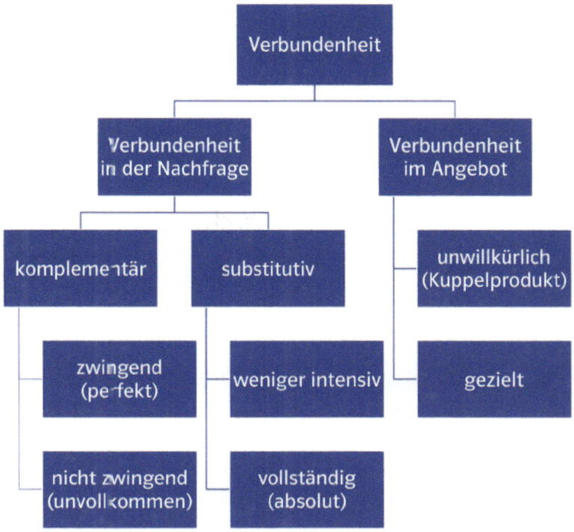

Abb. 5: Typen und Grade der Verbundenheit (Zydorek 2017, S. 177)

Medien als meritorische Güter

Meritorische Güter sind Güter, deren gesteigerter Konsum grundsätzlich als gesellschaftlich erwünscht gilt. Bei Medienprodukten ist dies bei vielen informierenden journalistischen Inhalten oder auch bei bildenden Medieninhalten zweifellos der Fall. Entsprechend schlägt sich die Eigenschaft als meritorisches Gut auch in einer Sonderbehandlung durch die Politik nieder. Im Bereich der von uns primär analysierten Produkte und Märkte geht es dabei beispielsweise um den verringerten Mehrwertsteuersatz, der in Deutschland für Presseprodukte und Bücher gilt, sowie um die Preisbindung, seit 2002 im Buchpreisbindungsgesetz gesetzlich verankert.

Güter, die stärker konsumiert werden als dies gesellschaftlich erwünscht ist, werden als ameritorisch bezeichnet. Auch diese gibt es im Medienbereich. Für sie gelten u. a. besondere Restriktionen im Verkauf an junge Zielgruppen, wie wir sie für den Bereich pornografischer, rassistischer oder gewaltverherrlichender Medien kennen. Für die folgende Betrachtung der Kernmärkte gehen wir jedoch von einer meritorischen Situation der einzelnen Produkte aus.

Qualitätsunsicherheit bei Mediengütern

Bei der Betrachtung der Rahmenbedingungen für die digitale Transformation im Medienbereich muss man dem Umstand Rechnung tragen, dass Medienprodukte als Güter einige Besonderheiten haben, die für die Entwicklungsfähigkeit gerade kleinerer und mittlerer Unternehmen nicht unproblematisch sind. Eines der Problemfelder ist die komplexe Qualitätswahrnehmung bei Medien, insbesondere bei Medien im Nachrichtensektor, die in hohem Maße von der Informationsqualität der Produkte leben.

Es gibt grundsätzlich drei unterschiedliche Arten von Gütern, wenn man deren Vermarktbarkeit und Qualitätswahrnehmung analysiert. Die einfachste Form der Vermarktung ist bei den **Inspektionsgütern** möglich. Dabei handelt es sich um Produkte, deren Qualität die einzelnen potenziellen Nutzer*innen vor der Benutzung des Produktes analysieren und sicherstellen können. Im Medienbereich wäre dies beispielsweise ein Plakat, das im digitalen oder stationären Handel zum Einsatz kommt.

Die nächste Güterkategorie sind die **Erfahrungsgüter**. Bei diesen Produkten führt die Konsumphase des Produktes dazu, dass man am Ende beurteilen kann, ob es den eigenen Qualitätsanforderungen entspricht oder nicht. Hier stellt der Qualitätsbegriff nicht einen Begriff einer absoluten Güte dar, sondern setzt ihn in Bezug zu den Erwartungen der jeweiligen Kundenzielgruppe. Ein Erfahrungsgut wäre beispielsweise ein Buch oder die Ausgabe einer Zeitschrift. Die Konsumentinnen und Konsumenten lesen die Zeitschrift oder das Buch und können danach beurteilen, ob das Produkt ihren Qualitätserwartungen entspricht.

Für die Vermarktung am schwierigsten sind die **Vertrauensgüter**. Dabei handelt es sich um Produkte, die man konsumiert und selbst am Ende des Konsums kann man als Kunde nicht beurteilen, ob die Qualität des Produktes zufriedenstellend ist. Im Mediensektor wäre dies beispielsweise der Bericht über Kriegshandlungen im Ausland, die man nicht selbst überprüfen kann. Als TV-Zuschauer oder Zeitungsleser bin ich darauf angewiesen, dem jeweiligen Medium und der Recherchequalität der dort arbeitenden Journalistinnen und Journalisten in der Redaktion zu vertrauen, um zu meinem persönlichen Urteil zu gelangen, ob ich gut informiert wurde.

Schließlich ist die Qualitätsunkenntnis bei massenmedialer Information, wie beschrieben, sehr hoch. Vor dem Kauf und vor dem Konsum kann die Qualität von Medienprodukten nicht beurteilt werden. Und eine Rückgabe von Informationen, deren Qualität sich als schlecht herausstellt, ist nicht möglich.

Die besondere Schwierigkeit, die Qualität der Medienprodukte zu erkennen, liegt an folgenden Besonderheiten der massenmedialen Information:

- Das Medienprodukt ist sehr komplex,
- Das Medienprodukt wird permanent in neuer Qualität erstellt.
- Der Konsum von Informationen ist sehr zeitaufwändig.

Massenmediale Informationen sind in der Regel Vertrauensgüter, und dies begründet die Notwendigkeit eines umfangreichen Markenmanagements, damit der Rezipient den Informationen ›blind‹ vertraut.

Medienunternehmen und Medien sind als Institutionen angelegt, die Transaktionskosten reduzieren. Entsprechend sind sie prinzipiell strukturiert: Massenmedien bieten – bei großen Unterschieden zwischen den Gattungen und den Titeln bzw. Programmen – folgende Ersparnisse an Transaktionskosten:

- Massenmedien bieten ein Informationssortiment an, d.h. eine ausgewählte und überschaubare Menge an Informationen.
- Massenmedien kuratieren Informationen, sie sortieren nach Aktualität, Relevanz und Richtigkeit.
- Massenmedien streben eine einfache, klare und gleichbleibende Strukturierung ihres Informationsangebotes (z.B. nach Rubriken) an.
- Massenmedien bemühen sich um ein Image von Glaubwürdigkeit und Verlässlichkeit, damit der Rezipient die gebotenen Informationen einordnen kann und sich nicht gezwungen sieht, die Richtigkeit selbst zu prüfen. Dies entspricht den Anforderungen als Vertrauensgut.

Asymmetrie der Informiertheit

Das sogenannte **Informationsparadoxon** beschreibt in Verbindung mit den unterschiedlichen Informationsständen zwischen Anbieter und

Nachfrager einen Großteil des Problems: Man kann die Qualität von Informationen nicht beurteilen, bevor man sie konsumiert hat. Wenn man sie aber kaufen und konsumieren wollte, müsste man ihre Qualität vorher kennen. Wenn man aber die Qualität der Information kennt, braucht man sie nicht mehr zu kaufen. Und eine Rückgabe von Informationen, deren Qualität sich als schlecht herausstellt, ist nicht möglich. Dies ist die Herausforderung bei der Etablierung von Paid-Content-Modellen. Digital aufgestellte Medienunternehmen lösen dieses Problem durch sogenannte Freemium-Modelle (es gibt frei zugängliche und kostenpflichtige Inhaltsbereiche) oder mithilfe eines Metered-Access (nach wenigen freien Artikeln stößt man an die Paywall). Auch Teaser-Informationen vor dem Beginn der eigentlichen Pay-Wall können bezogen auf den einzelnen Artikel ebenfalls hilfreich sein.

Fixkostendegression

Möglichkeiten zur Fixkostendegression entstehen in Betrieben, die mit einem hohen Anteil an fixen Kosten produzieren, also mit Kosten, die von der Produktionsmenge unabhängig sind. Hier ist der Wettbewerb in der Regel aggressiv und bisweilen ruinös. Medienprodukte als Informationsprodukte können in der Regel von beliebig vielen Rezipienten gleichzeitig und/oder nacheinander konsumiert werden. Es gibt nur eine sehr geringe Konsumrivalität (bei Printprodukten kann z.B. eine Zeitung nur nacheinander gelesen werden). Das Informations- oder Unterhaltungsprodukt wird nur einmal erstellt, als Zeitungsartikel, als Buch oder als Film für eine digitale Plattform und nachfolgend, je nach der Zahl der Rezipienten, vervielfältigt und verteilt. Der Umstand, dass bei Printmedien die Vervielfältigung der Information und vor allem die Distribution (man denke hier an die gestiegenen Zustellkosten im Zeitungssektor) weitere Kosten verursachen, bei digitalen Plattformen jedoch kaum variable Kosten anfallen, hat zu einem erhöhten Kosten- und Veränderungsdruck gerade bei lokalen oder regionalen Zeitungsverlagen geführt.

Dieser Sachverhalt begründet eine kontinuierliche Fixkostendegression bis zur Sättigungsmenge, was die seit Jahrzehnten messbaren Konzentrationstendenzen in den von uns betrachteten Medienmärkten erklärt, die seit dem Jahr 2000 noch zugenommen haben. Die fixen Kosten der Produktion eines Medienprodukts werden anteilsmäßig auf die Vervielfältigungen verteilt, und daher sinken die Stückkosten, die Kosten der Information pro Rezipienten, mit steigender Zahl der Rezipienten. Wenn die Stückkosten aber mit steigender Ausbringung stetig sinken, dann wird das Produkt am billigsten von einem Monopolisten angeboten. Langfristig wird auch nur ein Monopolist überleben (Abb. 6).

Ein Alleinanbieter hätte Stückkosten in Höhe von K_0, während z.B. zwei gleich große Anbieter jeweils höhere Stückkosten von K_1 hätten. Dies ist eine Konstellation, die zum Preiskampf mit Verdrängung des Konkurrenten einlädt. Ruinöse Konkurrenz und anschließende Monopolisierung sind zu erwarten. Die Effizienz der Produktion ist in einem solchen Fall also keine Frage der technischen Betriebsgröße, sondern abhängig vom Umfang der Marktstellung: Am billigsten produziert der Monopolist. Dies muss auch als ein starkes Motiv für horizontale Zusammenschlüsse angesehen werden.

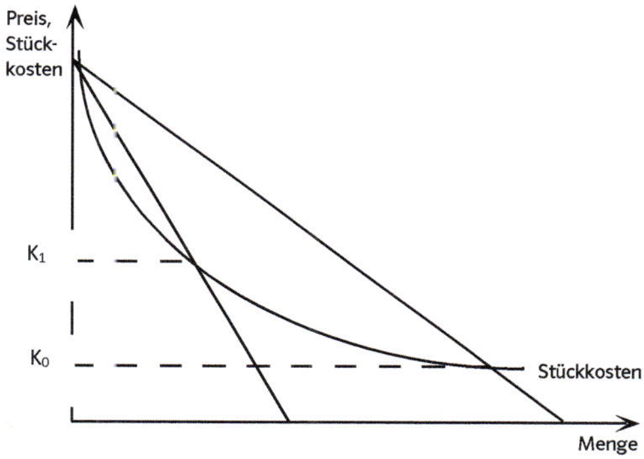

Abb. 6: Fixkostendegression

In der Medienproduktion geht es im Regelfall nicht um technische Kapazitätsgrenzen: Die Kosten der Informationsproduktion pro Rezipienten sinken mit steigender Zahl der Rezipienten. Die Grenze der Fixkostendegression wird allein durch die Nachfrage gezogen und damit durch die Größe der Märkte bestimmt. Am billigsten ist grundsätzlich immer das Massenprodukt, die in großer Masse vervielfältigte Information, sozusagen eine Zeitung für die ganze Welt. Damit ist Wettbewerb kaum möglich. Man spricht von einem natürlichen Monopol. Das erklärt auch die Kostenvorteile großer internationaler Plattformen im Social-Media-Sektor gegenüber nationalen oder gar regionalen bzw. lokalen Medien.

Netzeffekte

Güter haben in den meisten Branchen die Eigenschaft, dass sich ihr Wert durch die zunehmende Nutzung verringert. Bei Medienmärkten und -produkten muss dieses Prinzip nicht immer gelten. Teilweise verlieren Informations- und Medienprodukte nicht mit zunehmender Nutzung an Wert, sondern steigern ihn mit steigender Verbreitung. Die Ursachen solcher positiver Rückkopplungen werden unter dem Begriff Netzeffekte (Schumann & Hess 2002) zusammengefasst.

Direkte Netzeffekte finden sich bei kommunikations- und interaktionsorientierten Diensten wie E-Mail oder Internet und besonders stark bei Social-Media-Plattformen. Die ersten Studierenden und Wissenschaftler, die bereits in den 1980er Jahren des vorausgehenden Jahrhunderts mit einer Art Maildienst kommuniziert hatten, konnten nur einen relativ kleinen Kreis von Menschen erreichen. Jedes zusätzliche Mitglied im Netzwerk und jedes zusätzlich verfügbare Gut, beispielsweise im Internet verfügbare Angebote, steigern dabei den Wert des Netzwerks. Eine Vielzahl von neuen Geschäftsmodellen, vor allem im Bereich der digitalen Medien, beruht auf diesem Netzeffekt. Im Rahmen von ›Web 2.0‹ und dem Aufkommen von Social-Media-Plattformen hatte dieser Aspekt stark an Bedeutung gewonnen. Facebook, WhatsApp, Instragram, Tiktok oder die eher professionell orientierten Plattformen wie Xing oder Linkedin beziehen ihren Nutzen aus der Tatsache, dass sie eine große Nutzerbasis haben (vgl. Breyer-Mayländer 2022a). Die Nutzer selbst wiederum haben teilweise einen gewissen ›Lock-in‹-Effekt, da das bereits erstellte Profil in allen Funktionalitäten genau auf diesen einen Dienst passt und man nicht ohne weiteres konkurrierende Profile pflegen möchte.

WEB 2.0 Web 2.0 beschreibt die Weiterentwicklung der anfänglich stark informationsorientierten Nutzung des Internet zu einer Umgebung, in der es verstärkt um kollaborative Elemente geht sowie um den Austausch zwischen den Nutzer*innen, die Integration nutzerbasierter Inhalte (user generated content) und der Aufbau von Communities geht.

SOCIAL MEDIA Social Media beschreibt Plattformen und Dienste, bei denen der Austausch und die Vernetzung zwischen Nutzer*innen im Vordergrund steht. Social-Media-Angebote ermöglichen durch die Darstellung der Nutzerinhalte die Kontaktaufnahme und Pflege sozialer Beziehungen im weitesten Sinne.

Für die klassische Perspektive der Erfolgsfaktoren redaktioneller Arbeit ist dies eine komplexe Situation. Der Wert des Medienprodukts wird durch den Netzeffekt nicht nur allein durch die Qualität der redaktionellen Arbeit (nicht zu verwechseln mit dem Niveau dieser Arbeit), sondern durch die Aktivitäten der Rezipienten selbst bestimmt. Das bedeutet, dass gute Journalist*innen zwar die notwendigen aber keineswegs die hinreichenden Voraussetzungen für Erfolg in diesen Marktsegmenten liefern.

Indirekte Netzeffekte lassen sich sehr gut bei Systemgütern erklären. Bekanntes Beispiel hierfür ist der Markt der Betriebssysteme für Smartphones. Kunden kaufen Hardware mit einem Betriebssystem für das es möglichst viele relevante Apps gibt. Hersteller von nativen Apps wiederum produzieren für die Betriebssysteme, die möglichst alle relevanten Kunden erreichen. In der

Folge hat sich der Markt auf Android (Google) und iOS (Apple) fokussiert. Derartige Zusammenhänge zeigen sich immer wieder im Umfeld der digitalen Medien.

Durch die besondere Bedeutung redaktioneller Medien entsteht oftmals auch ein sozialer Netzeffekt. Medien sind häufig Gegenstand von Identifikation und Kommunikation und haben daher häufig einen engen Bezug zu einzelnen Gruppen, so dass sie selbst Gegenstand der Diskussion werden. Dieses wird vor allem im Sendeformat von Serien (in der jüngsten Zeit zunehmend die von Streaming-Plattformen wie Netflix oder Amazon Prime) besonders augenfällig, wenn sich Peer-Groups über den weiteren Fortgang der Handlung austauschen und das ›Bescheid-Wissen‹ bereits zum relevanten Code einer Gruppe wird.

Eine quantitative Beschreibung des Netzeffekts findet sich in ›Metcalfes Law‹, wonach der Wert eines Netzwerks mit der Zahl der Nutzer im Quadrat zunehmen soll. Auch wenn das keine exakte zutreffende und empirisch verifizierte quantitative Beschreibung ist, die Robert Metcalfe postuliert hatte, zeigt es jedoch das Prinzip auf (Abb. 7).

Es gibt aus Herstellersicht zwei unterschiedliche Strategien, um mit einer derart dominierenden Stellung im Markt umzugehen. Das Apple-Prinzip beruht auf der Idee, den Quasi-Standard zu nutzen und im Zweifel mit proprietären Lösungen den Verbund sicherzustellen. Hier wurde vom App-Store bis zum iPhone und iPad ein eigenes abgeschlossenes Ökosystem geschaffen, das nur dann dem Kunden den vollen Nutzen bringt, wenn er sich komplett auf die Apple-Welt einlässt. Google hingegen hat sein Betriebssystem Android so konzipiert, dass eine Verbreitung auf fremder Hardware (Samsung etc.) begünstigt wurde und damit eine rasche Marktdurchdringung möglich war. Die hohen Marktanteile führten zu einer Dominanz, die wiederum für andere konzerneigene Verbundprodukte genutzt wurde. So kann ein Nutzerprofil angelegt werden, das dann über die diversen Verwertungsstufen mithilfe der Datenanalyse (Big Data, Predictive Analytics etc.) einer Kommerzialisierung zugeführt wird.

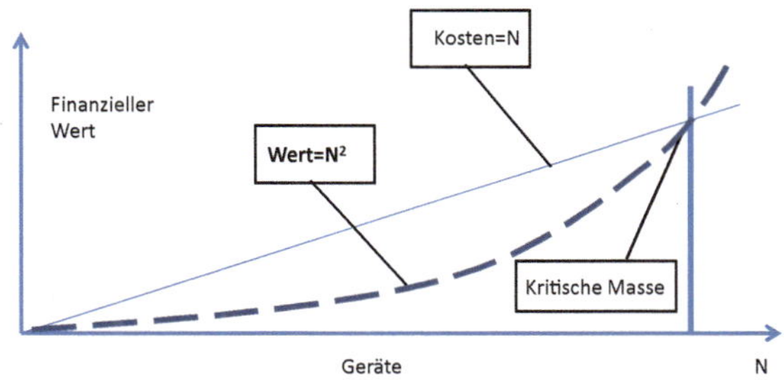

Abb. 7: Der systemische Wert der Kommunikation als Quadratfunktion (Brisco, Odlyzko & Tilly 2006, S. 37)

Disintermediation

Disintermediation ist ein weiterer digitaler Buzzword-Klassiker, der für unsere Analyse relevant ist. Er beschreibt den Ausschluss einzelner Zwischenglieder aus einer Wertschöpfungskette. Beispielhaft sind mehrstufige Handelssysteme mit unterschiedlichen Zwischenhandels- und Großhandelsformen, die durch eine digitale Handelsplattform oder gar einen direkten Kanal vom Hersteller zum Kunden ersetzt werden.

Wenn es beispielsweise um digitale Produkte wie E-Books geht, dann bietet es sich an, aus der Vielzahl der möglichen Vertriebskanäle eine Variante zu wählen, bei der ohne Medienbruch eine durchgängig digitale Vertriebskette zwischen Produzenten (Verlag) und Endkunde möglich ist. Dies führt zu einer günstigen wirtschaftlichen Bewertung des Online-Buchhandels, da hier eine Zwischenstufe (Zwischenhandel in Form des Barsortiments oder des Presse-Grossos) wegfällt. Die komplette Ausschaltung von Handelsstufen durch die Zunahme digitaler Direktbestellungen wird aus Sicht des Endkunden als Käufer jedoch schnell unbequem. Denn er müsste in diesem Szenario einzeln mit vielen Herstellern direkte Kontakte pflegen. Eine zentrale Bündelung der Herstellerkontakte durch eine Handelsplattform schafft daher aus Kundensicht deutliche Vorteile, wenn es um die Markttransparenz geht und begünstigt die oben beschriebenen Elemente der Plattform-Ökonomie. Das Ziel der meisten E-Book-Käufer dürfte daher weniger der direkte Kontakt zu unterschiedlichsten Verlagen sein, sondern die Bündelung auf einer Handelsplattform, die wiederum vom Netzeffekt profitieren kann (mehr Nachfrager und mehr Angebote der Verlage). Den Erfolg von Amazon in diesem Bereich kann man so gut erklären.

Wenn Märkte sich zu elektronischen Marktplätzen weiterentwickeln, entsteht die Chance auf eine erhöhte Markttransparenz und gesunkene Transaktionskosten (Vertragsanbahnung und -kontrolle etc.). In vielen Branchen führt dies dazu, dass der traditionelle Handel gegenüber Online-Plattformen Marktanteile verliert und traditionelle Mittler, wie Händler, Makler oder Personalvermittler, so genannte Intermediäre, komplett eingespart werden. Die Disintermediation führt dazu, dass neue Wettbewerbsverhältnisse und auch Wettbewerbsverzerrungen entstehen. Besonders problematisch ist dabei der oft mangelhafte Rechtsschutz, der in zahlreichen Branchen zu sehr hohen Umsatzausfällen aufgrund des Diebstahls urheberrechtlich geschützten geistigen Eigentums führt.

Unbundling

Unbundling beschreibt die Auflösung eines ›Leistungsbündels‹ in seine Bestandteile, die damit als einzelne Teilprodukte vermarktet werden. So gibt es bei redaktionellen Produkten Dienste, bei denen man News abonnieren kann, die aus unterschiedlichen Quellprodukten stammen. Für den Journalismus kann das zwei unterschiedliche Folgen haben: Es gibt einerseits die Entwicklung, bei der die Quelle des Journalismus kaum mehr erkennbar ist. D. h. das Vertrauensgut Berichterstattung, das normalerweise zu einer stärkeren Bedeutung der Medienmarke führt (man schaut Nachrichten bei ARD oder ZDF und nicht bei den privaten Sendern, auch wenn es dieselben Inhalte sind), wird durch die weitere Zwischenstufe der Aggregatoren zu einem fast beliebigen Content-Schnipsel. In diesem Kontext verliert journalistische Qualität ggf. an Relevanz. Auch hier gibt es keinen Trend ohne Gegenentwicklung. Andererseits gehen einige Medien inzwischen dazu über, ihre Journalisten selbst als ›Brand‹, als Marke, einzusetzen, indem sie sie gezielt in den Vordergrund rücken.

Sharing Economy

Ein Prinzip der Digitalwirtschaft, das sich sehr stark auf die Entwicklungsperspektiven vieler Branchen auswirkt und künftig auswirken wird, ist die sogenannte Sharing Economy (Schwab 2016, S. 157). Was früher auf einzelne Segmente, wie beispielsweise das Buch- und Verlagswesen mit vielen öffentlichen Bibliotheken, beschränkt war, wird zunehmend zu einem durchgängigen Wirtschaftsprinzip. Als Alternative zum eigenen Eigentum an einem Produkt gibt es die zeitlich befristete Nutzung. Man wird zwar kurzfristig Besitzer der geliehenen Ware, muss sich aber nicht mit den lästigen Aufgaben eines Eigentümers beschäftigen. Dieses Prinzip der Digitalwirtschaft ist für viele Bereiche (Hotels, Taxidienste etc.) neu, aber für die Medienbranche eigentlich ein bereits seit Langem erfahrbares Prinzip. Wenn die Konsumrivalität es gestattet, werden Medien schon seit Jahrzehnten geteilt. Das Grundprinzip, dass die Nutzungszeit von Gütern meist nur einen Bruchteil der Zeit abdeckt, in denen man dieses Gut besitzt, legt eine geteilte Nutzung nahe. Diese Idee setzt man bei Sharing-Diensten konsequent um. Durch die digitalen Plattformen sind die Transaktionskosten, die sonst im Sinne der Bequemlichkeit die Nutzung des Teilens begrenzen, kaum mehr vorhanden, sodass man daraus heute ein Grundprinzip der Digitalwirtschaft entwickelt hat.

Long-Tail

Die Fixkostendegression und die allgemeinen Skaleneffekte führen zu einer Begünstigung größerer Betriebseinheiten und Produkte. Den Gegeneffekt können wir überall dort feststellen, wo Medienprodukte mit sehr geringen Grenzkosten weiteren Nutzern zugänglich gemacht werden können. Hier lohnt sich inzwischen aufgrund der gesunkenen Distributionskosten auch das Angebot von Nischenprodukten. Man spricht hier auch von dem Long-Tail-Effekt.

Ein Beispiel aus dem Buchsektor macht das deutlich. Im Buchmarkt herrscht ein starker Verdrängungswettbewerb, bei dem kleine Anbieter oftmals nur auf den sogenannten Long-Tail-Effekt setzen können, d.h. den langfristigen Verkauf von Nischenprodukten mit geringen Transaktionskosten, beispielsweise über Online-Plattformen (Breyer-Mayländer 2013, S. 103). Damit das funktioniert, benötigen wir Medien- und Verlagsprodukte mit einer langen Vermarktungszeit. Bei der Vermarktung von Belletristik oder Musik kann dieser Ansatz sehr gut funktionieren, während es beispielsweise für News-Produkte keine sinnvolle Alternative darstellt. Die Nischenprodukte ergeben bei geringem Umsatz pro Stück ein in der Summe doch mitunter beträchtliches Umsatzvolumen. Wenn die Bücher, statt fertig gedruckt zu lagern, auch noch ›On-De-

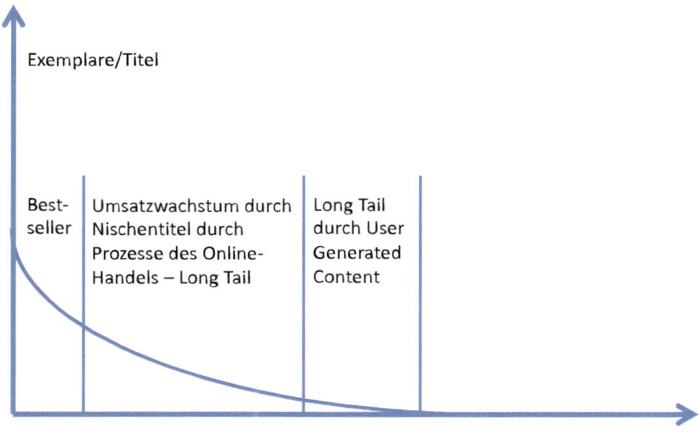

Abb. 8: Long-Tail in der Buchbranche (Quelle: Künzel 2009)

mand‹ erst dann fertig produziert werden, wenn ein Kauf ansteht, können selbst kleinste Nischen mit Produkten versorgt werden (Schönstedt & Breyer-Mayländer 2010, S. 338f.; Abb. 8).

Disruptive Innovation

Clayton M. Christensen hat mit seinem Werk *The Innovators Dilemma* (1997) beschrieben, wie erfolgreiche Unternehmen im Rahmen ihrer Innovationspolitik darunter leiden, dass sie zwar in der Lage sind, ihr etabliertes Produktschema und Geschäftsmodell zu perfektionieren, dass es ihnen aber meist nicht möglich ist, disruptive Innovationen, die das eigene Geschäft komplett auf den Kopf stellen, selbst anzustoßen. Disruption stellt hohe Anforderungen an das (strategische) Management, da alte Erfolgsrezepte nicht mehr wirksam sind. Das Problem der gut geführten Unternehmen sei die Tatsache, dass die Führung bislang damit erfolgreich gewesen sei, das Beste aus dem Unternehmen im aktuellen Markt herauszuholen. Es gehe dann den meisten Akteuren aus dem Management am Ende um die Fortsetzung des bisherigen Geschäfts mit verfeinerten Mitteln und nicht um den Sprung in ein anderes Geschäftsumfeld. Damit beschreibt Christensen bereits im Kontext des Technologiemanagements ein Dilemma, das bei der Transformation von Medienunternehmen eine grundsätzliche Rolle spielt.

Bei disruptiven Veränderungen ist die neue Methode oftmals zu Beginn schlechter als das bisher etablierte Verfahren. Sie ist aber unter Umständen kostengünstiger oder ermöglicht grundsätzlich neue Funktionalitäten und genügt am Ende der ersten Entwicklungsphase zumindest den Ansprüchen der Kunden mit einfachem Anspruchsniveau. Die erhaltenden Innovationen der etablierten Produkte führen hingegen meist zu einer weiteren Diversifikation in einem Segment, das oberhalb des Anspruchsniveaus des Marktes liegt (Abb. 9).

Ein konkretes Beispiel ist die Entwicklung der digitalen Fotografie. Die ersten Produkte in diesem Umfeld hatten keineswegs schon alle Elemente der besseren Technologie und die Anwendung in Verbindung mit Social Media, wie Instagram, Facebook oder WhatsApp, war zu dieser Zeit schon gar nicht vorstellbar. Die Methode hat den Produkten neue Bedeutung gegeben und hat in Verbindung mit dem Aufkommen der Smartphones dazu geführt, dass das Grundprodukt Fotoapparat im Publikumsgeschäft zu einer Teilfunktion eines multifunktionalen Smart-

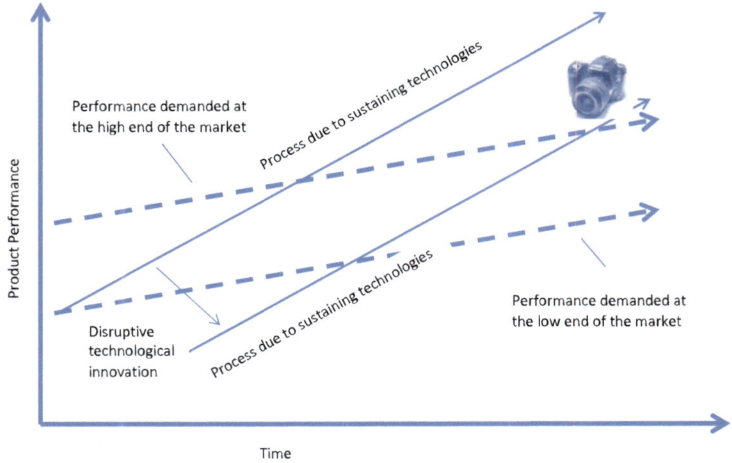

Abb. 9: Disruptive Veränderungen und die Erwartungsniveaus unterschiedlicher Marktsegmente (Quelle: Breyer-Mayländer 2017, S. 34, in Erweiterung von: Christensen 1997, S. 12, Christensen 2006)

phones degradiert wurde. Das Segment der professionellen Fotografie und der ambitionierten Hobbyfotografie ist im Volumen merkbar zurückgegangen.

Die Schwierigkeit für die Akteure in den Unternehmen besteht darin zu erkennen, wann eine disruptive Veränderung vorliegt und somit eine weitere lineare Verbesserung des Produkts im Sinne einer erhaltenden Innovation keine grundsätzlichen Veränderungen mehr mit sich bringt. Christensen geht in seinem bemerkenswerten Buch davon aus, dass es eben kein schlechtes Management ist, das Unternehmen an disruptiven Veränderungen scheitern lässt, sondern der Umstand, dass die Managementerfahrung eines guten Managements eher negativ zu Buche schlägt. »The reason is that good management itself was the root cause. Managers played the game the way it was supposed to be played. The very decision-making and resource-allocation processes that are key to the success of established companies are the very processes that reject disruptive technologies [...].« (Christensen 1997, S. 86)

Die Herausforderung besteht nun – gerade für die Menschen, die bislang diese Branche und Umgebung kannten – darin, dass die gemachten Erfahrungen nicht relevant sind und selbst die Kunden das künftige Bedürfnis nicht abschätzen können. Man kann auch hier auf einen von Henry Ford überlieferten Spruch zurückgreifen, der zum Thema Innovation anmerkte: »Wenn ich die Menschen gefragt hätte, was sie wollen, hätten

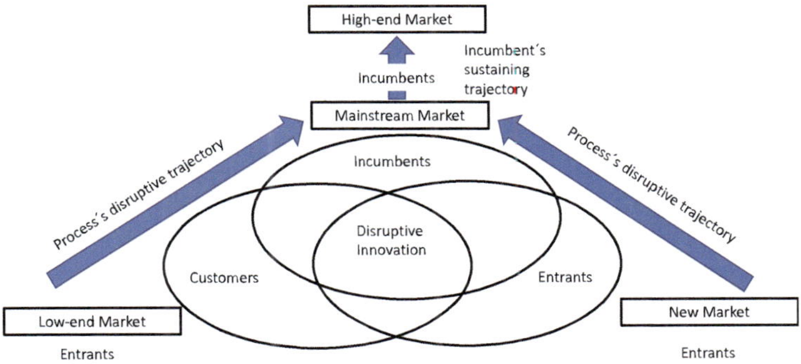

Abb. 10: Definition der disruptiven Innovation (eigene Darstellung nach: Martínez-Vergara, Valls-Pasola 2021)

sie gesagt schnellere Pferde.« Die Idee der disruptiven Innovation ist inzwischen ein in der Praxis bewährtes Verfahren, mit dem den üblichen Blockadesituationen bei der Neudefinition von Strategien vermieden werden können. Daher sind viele Unternehmen inzwischen dazu übergegangen, vor allem die Trennung zwischen dem oberen und unteren Marktsegment innerhalb der eigenen Strategie analytisch besser ins Visier zu nehmen (Abb. 10).

Ein Blick auf die Musikindustrie zeigt, dass auch dieser Markt in den letzten Jahren zunehmend schwierig geworden ist. Die Wertschöpfungskette setzt einen zahlungsbereiten Kunden voraus. Durch die neuen Technologien des Internets haben jedoch tiefgreifende Veränderungen stattgefunden, sodass der Gesamtumsatz der Branche gesunken ist. Die Distributionsmöglichkeiten über das Internet (bezahlter Download) kompensieren noch nicht die Verluste durch Raubkopien und illegalen Download. Wie man diese Marktentwicklung als disruptive Veränderung interpretieren kann, ist noch ausführlicherer Überlegungen wert (Breyer-Mayländer 2017, S. 37f.). Auf jeden Fall ist es eines der eindrücklichsten Beispiele für die Grenzen klassischer Marktprognosen und die fehlende Kraft einer Branche, selbst Treiber im Bereich disruptiver Innovationen zu sein.

Wir sind es gewohnt, in unseren Planszenarien auf Basis unterschiedlicher Annahmen (Best-Case-, Worst-Case- und Normal-Szenario) Prognosen für die Zukunft abzugeben. Diese Prognosen müssen jedoch zwangsläufig scheitern, wenn sich im Bereich der Innovationen etwas Grundlegendes verändert. Die Disruption war absehbar, aber selbst als 2001 und 2002 bereits erhebliche Einbußen bei der CD-Vermarktung spürbar waren, dauerte es bis 2003, bis Musicload in Deutschland an den Start ging und auch mit I-Tunes (Apple) der Markt der legalen Downloadplattformen überhaupt erste Umsätze ermöglichte. Es war dann in diesem Fall typischerweise niemand, der sich über weitere Verluste im Kerngeschäft Gedanken machen musste, sondern jemand, der in diesem Markt noch nie Geld verdient hatte, der die disruptive Innovation forcierte. Apple hat nicht durch eigene Musikprodukte, sondern durch den Verkauf der Hardware (I-Pod, später I-Phone) davon profitiert.

Am Beispiel der Musikindustrie wird deutlich, dass es für eine Branche selbst in der Regel eine sehr unangenehme Erfahrung darstellt, massiv von disruptiven Veränderungen betroffen zu sein, unabhängig davon, ob nun illegale Nutzung der Produkte oder ein neuer, sehr dynamischer und nach kurzer Zeit dominierender Wettbewerber für diese Entwicklung verantwortlich ist. Der Gesamtumsatz der Musikbranche ist ebenso in den Keller gegangen wie die Zahl der Beschäftigten.

1.2 Plattformen und Plattformökonomie

Wenn man sich intensiver mit dem Wert von insbesondere börsennotierten Unternehmen auf nationaler und internationaler Ebene befasst, stößt man sehr schnell auf die Erfolgsformel, dass Unternehmen, die der Plattform Ökonomie zuzurechnen sind, in den vergangenen Jahren und Jahrzehnten die größte positive Dynamik aufweisen konnten. Auch in der Medienbranche hat eine deutliche Veränderung des Marktgewichts stattgefunden. Waren es früher Unternehmen, die in erster Linie Inhalte erzeugten und entsprechend unserer obigen Definition sich anschließend mit den eigenen kombinierten und kuratierten Inhalten um die Distribution der Produkte kümmerten, so sind es heute auf internationaler Ebene große skalierbare Plattformen, die den Mark dominieren.

Plattformen beruhen dabei auf dem Prinzip, dass sie statt auf lineare Geschäftsmodelle auf eine Interaktion von Angebot und Nachfrage beziehungsweise in vielen Fällen auf den Kontakt zwischen Produzenten und Kunden angelegt sind. Die Stärke einer Plattform beruht daher auf der Anzahl der Transaktionen und den dabei möglichen Kontakten eines zweiseitigen Marktes. Nur dann, wenn genügend Angebote auf einer Plattform vorhanden sind, ist es für Nachfrager interessant, diese Plattform zu nutzen. Umgekehrt ist es für die Anbieter dann eine relevante Plattform, wenn sie einen erheblichen Teil des Marktes dadurch erreichen, dass die Nachfrager sie als entsprechend hochwertige Marke im ›relevant set‹ positioniert haben. Ein Effekt, der Medienunternehmen durchaus vertraut ist, da auch bei Medien – wenn es beispielsweise um die Nutzung von Werbeumfeldern geht – die Werbekundschaft erst dann bereit ist, entsprechende Buchungen vorzunehmen, wenn auch die Nachfrage gesichert ist. Am einfachsten lässt sich das am Beispiel von Rubrikenmärkten (Classified, Kleinanzeigen) nachvollziehen. So hat Axel Springer SE sehr stark in ein eigenes international aufgestelltes Plattformgeschäft im Bereich Classifieds investiert und damit 2020 mehr als doppelt so viel Gewinn (EBITDA) verzeichnen können als im zweitstärksten Umsatzbereich News Media (Bing 2022).

Die Terminologie der zweiseitigen Märkte wird in der Literatur auch als mehrseitige Märkte oder zweiseitige bzw. mehrseitigen Plattformen bezeichnet. Hier kommen Netzwerkeffekte oder positive Skaleneffekt auf der Nachfrageseite hinzu (Hosseini & Schmidt 2022).

Entsprechend der veränderten Anforderungen eines zweiseitigen Marktes verändern sich auch die Zielrichtungen der Unternehmen und des Unternehmensmanagements. Ähnlich wie im Bereich der Rubrikanzeigen geht es zunächst darum, zwei unterschiedliche Marktgruppen anzusprechen und bei der Markteinführung einer Plattform dafür zu sorgen, dass die Angebotsseite bereits in ausreichendem Maße auf der Plattform vorhanden ist, um die Nachfrageseite in Angriff nehmen zu können. Das Ziel ist es, das Produkt zu einer mehrseitigen Plattform weiterzuentwickeln und damit nicht nur die Attraktivität des Produktes zu erhöhen, sondern auch weitere Erlösmöglichkeiten auf der Ebene des Geschäftsmodells zu integrieren. So bietet Amazon nicht nur die Möglichkeit für andere Handelsunternehmen selbst auf der Plattform aktiv zu sein und damit vom großen Kundenstamm von Amazon selbst zu profitieren, sondern Amazon nutzt auch die dadurch generierten großen Datensätze. Mit deren Hilfe kann dann abgeschätzt werden, welche Marktbereiche durch eigene Produktlinien abgedeckt werden (Bestseller), welche Produkte im eigenen Handelsbestand aber durch Fremdfertigung den Kunden zugänglich sein sollten und welche Bereiche man komplett anderen Anbietern überlässt. Die dahinterstehenden Transaktionen von Plattformen sind das Kerngeschäft, das es weiterzuentwickeln gilt.

Im Laufe der Zeit haben sich unterschiedliche **Generationen von Plattformen** entwickelt. Marktplätze der ersten Generation stellen eine Multiplikation klassischer linearer Geschäftsmodelle auf digitalen Marktplätzen dar. Größeneffekte (Economies of Scale) und Fixkostendegressi-

1. Generation 1998–2004	2. Generation 2004–2012	3. Generation 2013–2019	4. Generation ab 2000
✓ Einfache Marktplätze ✓ Multiplikation linearer Geschäftsmodelle ✓ Prinzip der kritischen Masse ✓ Einfache Interaktionen zwischen Angebot und Nachfrage ✓ Affiliates und Provisionen ✓ Netzwerkeffekte ✓ Fokus auf Matching und Filterfunktionen	✓ Share Economy Plattformen ✓ zweiseitige Märkte ✓ Interaktionen: Angebot und Nachfrage ✓ Teilung von Ressourcen, Kapazitäten bzw. Fähigkeiten ✓ Zweidimensionale Netzwerkeffekte ✓ Rollenwechsel zwischen Produzenten und Kunden ✓ Teilweise Nutzung der Daten ✓ Meist monothematischer Fokus bei Value Unit	✓ Daten-/ Ecosystem-getriebene Plattformmodelle ✓ Eigenschaften der 2. Generation ✓ + mehrseitige Märkte ✓ + Horizontale, vertikale oder laterale Diversifikation ✓ + Multidimensionale Netzwerkeffekte ✓ + Dynamische + Datenökonomie, + Ecosysteme + Marktallianzen ✓ + Nutzung und Etablierung von + API(s) (teilweise) + Microservices	✓ KI-, API- und Ecosystem-getriebene Plattformmodelle ✓ Eigenschaften der 3. Generation ✓ + KI-gesteuerte dynamische Märkte und multidimensionale Netzwerkeffekte ✓ + KI-getriebe und dynamische Ecosysteme, Allianzen und Value Units ✓ + offene Plattformen im Hinblick auf + Open API-Ökonomie, + Multi-Ecosysteme, + Ecosystem Mikroservices und Entwicklung von Features aus Ecosystemen

Abb. 11: Plattformgenerationen (Hosseini & Schmidt 2022, S. 83). Darstellung vom Autor bearbeitet

on waren die Treiber, die in dieser Phase zu einer Differenzierung der unterschiedlichen Anbieter geführt haben. Plattformen der zweiten Generation nutzen bereits Elemente der Sharing Economy. Im Medienbereich sind derartige Prinzipien ebenfalls (z.B. bei Bibliotheken) bereits seit längerem etabliert. Dennoch hat die Digitalisierung der Produktformen hier zu einer neuen Form der Ökonomie geführt. Plattformen der dritten Generation versuchen, eigene Ökosysteme aufzubauen. Durch Allianzen mit anderen Unternehmen wird eine entsprechende Breite des Angebots angestrebt, die dazu führt, dass durch gezieltes Kooperationsmanagement mehr Kunden und damit mehr Marktanteile erreicht werden können und durch komplementäre Partner eine breitere Palette an Services und Transaktionen möglich wird. Diese Effekte lassen sich unter anderem bei Amazon sehr gut feststellen.

Plattformen der vierten Generation nutzen neben den Elementen der Plattformen der dritten Generation zusätzlich die Eigenschaften der digitalen Technik noch intensiver durch künstliche Intelligenz, Schnittstellen zur Programmierung von Anwendungen (API, engl. application programming interface) und Ökosystemelemente.

Im Medienbereich gibt es Plattformökonomie auf unterschiedlichen Ebenen. Es gibt Plattformen mit Schwerpunktbereich der Teilung von Ressourcen, Kapazitäten und Fähigkeiten (Hosseini & Schmidt 2022, S. 84), bei denen Medienpartner untereinander einen Austausch von Ressourcen und Kapazitäten anstreben. Weitere Plattformen gibt es auf der Ebene von Service und Produktallianzen, wenn unterschiedliche Wertschöpfungsebenen miteinander verbunden werden, wie das in der gemeinsamen Werbevermarktung der Fall ist. Andere Plattformen fokussieren sich beispielsweise auf Marktzugänge mit der Nutzung der DSGVO-konformen Kundendaten oder auf das Schaffen eigener Ökosysteme, die einen Marktzugang gewährleisten sollen (Hosseini & Schmidt 2022, S. 85). Eine weitere Stärkung der Plattformidee wird in der Weiterentwicklung des Social-Media-Gedankens zum Metaverses erwartet, wenn 3D-Technologien in den unterschiedlichen Formen medialer Repräsentationen als offene Plattformen Anwendung finden.

DSGVO Die Datenschutz-Grundverordnung dient der Vereinheitlichung des Datenschutzrechts. 2016 EU-weit vereinheitlicht, regelt sie die Verarbeitung personenbezogener Daten durch private Unternehmen und öffentliche Stellen.

1.3 Transformation zwischen Organisationsentwicklung und Change

Transformation hat sich in den vergangenen Jahren, um nicht zu sagen Jahrzehnten, zu einem Universalbegriff für technische, wirtschaftliche, gesellschaftliche und sonstige Veränderungen entwickelt. Was der Begriff wirklich bedeutet und warum er für den Umgang mit Transformationsszenarien in Unternehmen hilfreich ist, um den Prozess genau zu beschreiben und ein echtes Commitment (Identifikation mit Unternehmenskulturen) bei den Akteuren auszulösen, soll in diesem Abschnitt verdeutlicht werden.

Abb. 12 verdeutlicht, dass es für Medienunternehmen entscheidend ist, Strukturkrisen in der Branche rechtzeitig zu erkennen, um im Stadium der Strategiekrise bereits signifikante Änderungen vornehmen zu können. In dieser Phase haben die Unternehmen noch ein ausreichendes Potenzial an finanziellen, personellen und zeitlichen Ressourcen, um auch einen grundsätzlichen Wandel im Sinne des Transformationsmanagements in Angriff nehmen und erfolgreich umsetzen zu können. Denn die Potenzialfelder Handlungsspielraum und finanzieller Spielraum

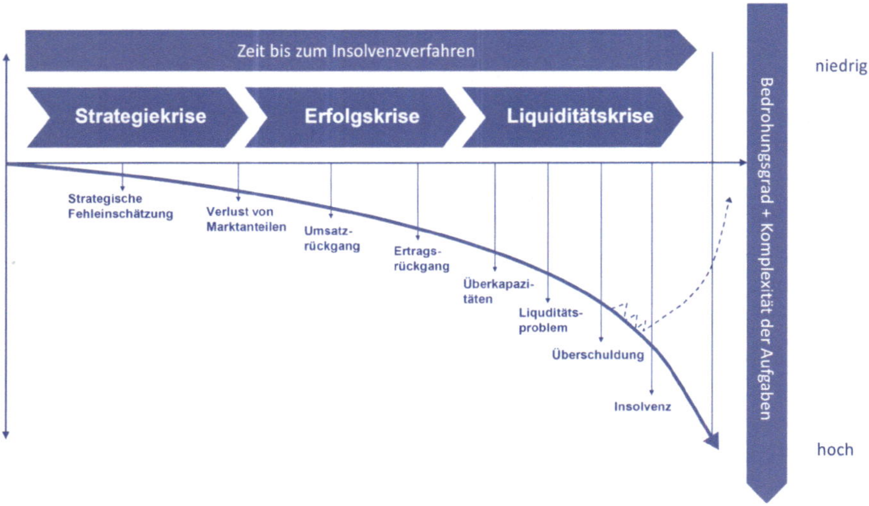

Abb. 12: Handlungsspielraum in Abhängigkeit von der Zeit bei Unternehmenskrisen (in Anlehung an: Breyer-Mayländer & Seeger 2004, S. 84)

schrumpfen im Zeitverlauf zusehends. Wenn Medienunternehmen erst dann reagieren, wenn negative Ergebnisse im gesamten Unternehmen oder in Teilbereichen auftreten, wird der Spielraum bedeutend enger. In der Phase der Liquiditätskrise, wenn die frei verfügbaren Zahlungsmittel und die Fähigkeit zur Begleichung der laufenden Zahlungsverpflichtungen zurückgehen, können nur noch Sofortmaßnahmen eingeleitet werden. Der Grund, weshalb in einigen Medienunternehmen in der Vergangenheit eher spät reagiert wurde, liegt in dem Umstand, dass es schwer ist, unpopuläre Maßnahmen und einschneidende Veränderungen umzusetzen, solange in der Phase der Strategiekrise alles noch im Lot zu sein scheint. Entsprechend dem Change-Modell von Kotter (Abb. 14) ist es in dieser Situation kaum möglich, die Dringlichkeit und Notwendigkeit für Veränderungen den unternehmensinternen und -externen Zielgruppen zu vermitteln.

Organisationsentwicklung

Betrachtet man Unternehmen, die in ihrem Kern als soziotechnische Systeme verstanden werden können, so wird deutlich, dass sie und die im Unternehmen eingebundenen Akteure, seien es nun Mitarbeitende oder

Führungskräfte, sich schon von jeher mit Veränderungen befassen mussten. Dabei haben sich zwei typische Muster herausgebildet.

Das traditionelle Konzept der Organisationsentwicklung fußt auf dem systemtheoretischen Managementansatz. Aus dem Ansatz der Gestaltung einer humaneren Arbeitswelt hat sich eine Disziplin entwickelt, die generell eine Optimierung von Wirtschaftsunternehmen und Organisationen verfolgt. Es geht dabei um Partizipation der Betroffenen, die fortan als Beteiligte durch Coaching, Supervision, Großgruppenveranstaltungen etc. selbst in den Prozess eingebunden sind. Dabei ist Partizipation ein Element, das gerade im Kontext der digitalen Transformation an Bedeutung gewinnt (Bosse, Hellge & Schröder 2019). Die Organisationsentwicklung basiert auf einem grundsätzlich systemischen Ansatz und ist damit auf eine evolutionäre Weiterentwicklung des bestehenden Systems begrenzt. Dennoch ist für Transformationsprozesse die partizipative Einbindung der Mitarbeitenden essentiell (Malmelin & Villi 2017, S. 3).

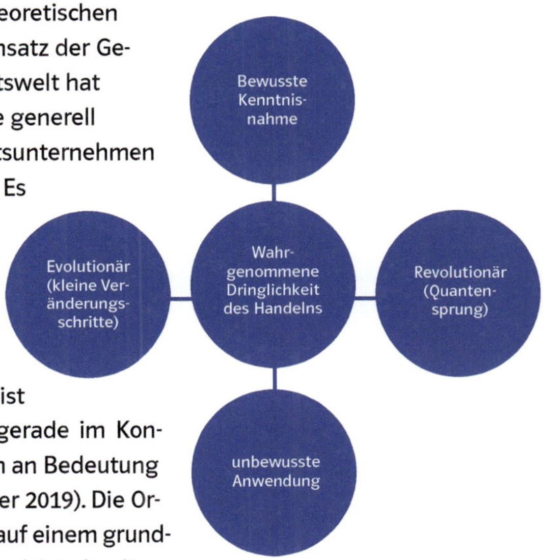

Abb. 13: Zwei konkurrierende Grundprinzipien der Veränderung von Organisationen und Organisationskulturen (eigene Darstellung)

Wenn wir jedoch von einer Situation ausgehen, die durch Disruption dazu führt, dass die bestehenden Rezepte und Erfahrungen eher weniger geeignet sind, den Erfolg von morgen zu garantieren, kann dieses Vorgehen kräfte- und zeitraubend werden, ohne zielführend zu sein (Breyer-Mayländer 2022). Neben den Bottom-up-orientierten Ansätzen der Organisationsentwicklung bedarf es daher auch eines gezielten Change-Managements – eines Top-Down-Ansatzes – der als Revolution von oben auf grundsätzliche Veränderungen angelegt ist.

Change-Management

Wenn man nun als Gegenentwurf zur organischen Organisationsentwicklung versucht, eine revolutionäre Veränderung herbeizuführen, fällt vielen Kolleg*innen aus Wissenschaft und Praxis zunächst das radikale

Wandel in der Unternehmenskultur verankern

- Neue Ansätze in der Kultur verankern
- Erfolge konsolidieren, Veränderungen einleiten

Einführung neuer Verhaltensweisen

- Schnelle Erfolge ermöglichen
- Führungskräfte und Mitarbeitende auf breiter Basis befähigen

Auftauen des Status Quo

- Vision des Wandels kommunizieren
- Vision & Strategie entwickeln
- Eine Führungskoalition aufbauen
- Ein Gefühl der Dringlichkeit erzeugen

Abb. 14: Change-Modell für Medienunternehmen (eigene Darstellung in Anlehnung an: Kotter 2007)

Modell des Business-Process-Reengineerings ein (Hammer & Champy, 2003). Von Kritikern wurde es eher als Bombenwurfstrategie (Staehle, 1999) angesehen, bei dem nicht nur kulturelle Kollateralschäden vorprogrammiert sind. Diese Trenddisziplin (Kieser 1997) ist jedoch nicht der einzige Gegenentwurf zum ›Wandel von Oben‹.

Der sehr viel breitere Ansatz des Wandlungs-/Change-Managements befasst sich mit den radikalen Veränderungen, die das Problem im Wortsinn des Radikalen bei der Wurzel packen sollen und damit nicht schrittweise, sondern sprunghafte Verbesserungen und Veränderungen ermöglichen. Nach Kotter lässt sich ein Change-Prozess in acht Stufen einteilen (Abb14).

Alles beginnt damit, dass – auf Veranlassung der Unternehmensführung – die zentralen Anspruchsgruppen (Stakeholder) dabei mitwirken, den Ist-Zustand aufzutauen. Es muss ein Gefühl der Dringlichkeit erzeugt werden, bevor eine Allianz mit den zentralen Machtpromotoren dafür sorgt, die Vision des Wandels zu entwickeln und zu kommunizieren.

Gerade im Kontext der digitalen Transformation haben viele Medienunternehmen Schwierigkeiten, die Dringlichkeit darzustellen. Es geht sehr häufig darum, absehbare Entwicklungen zu erläutern, bei denen man den Mitarbeitenden und externen Stakeholdern darlegen muss, was passieren wird, wenn sich der aktuelle Trend (Rückgang der Printauflage, Anstieg der Vertriebskosten, Rückgang der Sendungsmengen im Vertrieb von Zeitungen, Anzeigenblättern und Werbemitteln ohne Kompensation aus dem Briefgeschäft etc.) weiter fortsetzt und keine Gegenmaßnahmen ergriffen werden. Der ideale Zeitpunkt zum Handeln wäre noch im Rahmen der Strategiekrise (Abb. 12), wenn es noch mehr als vier Jahre dauert, bis das eigentliche Problem ergebniswirksam auftritt. Denn zu diesem Zeitpunkt ist man noch voll handlungsfähig in Bezug auf die Dimensionen Zeit und Geld. Es ist eine der großen Kommunikationsherausforderungen des Transformationsmanagement, frühzeitig auf den Handlungsbedarf hinzuwirken (creating a sense of urgency). Anschließend geht es um die Umsetzung der Veränderungsschritte

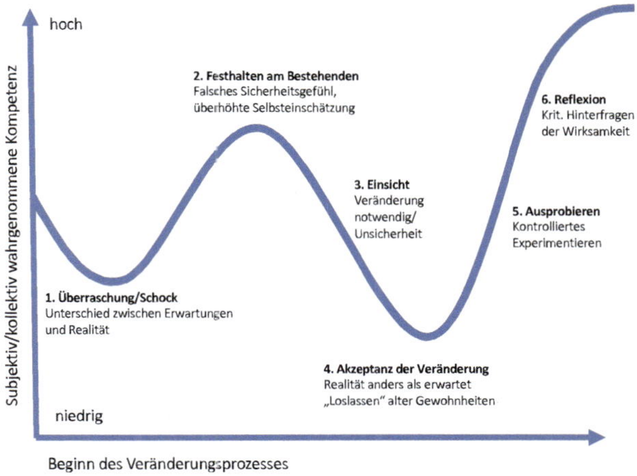

Abb. 15: Kritische Phasen des Veränderungsprozesses basierend auf dem Modell von Kübler-Ross (eigene Darstellung angelehnt an die Version von Sackmann 2017, S. 255)

durch die Befähigung der Führungskräfte (hier muss der Anfang liegen) und der Mitarbeitenden. Damit auch in einer frühen Phase des Veränderungsprozesses die Motivation erhöht und die Befürworter in den Teams gestärkt werden, versucht man, in der frühen Phase des Veränderungsprozesses diejenigen Themen anzugehen, die schnelle Erfolge (quick wins) ermöglichen. In der letzten Phase geht es um die nachhaltige Verankerung der Neuerungen und Änderungen in der Unternehmenskultur.

Wenn Mitarbeitende mit dem Thema des Wandels als einer der zentralen Botschaften der Transformation konfrontiert werden, entsteht ein typischer Ablauf des Wandels und der dabei erforderlichen permanenten Kommunikationsstrukturen. Diese Change-Kurve geht auf die Arbeit mit Trauernden zurück, wie sie von Kübler-Ross entwickelt wurde. Dies scheint nur auf den ersten Blick zu überraschen, denn auch bei Veränderungen müssen wir innerlich bereit sein, von gewohnten Dingen Abschied zu nehmen und innerlich loszulassen. Es ist ein Ergebnis der Weiterentwicklung der Instrumentarien zur Steuerung und Begleitung von Veränderungsprozessen, dass hier inzwischen eine ganze Reihe weiterer Managementaspekte wie Agilität und Ambidextrie zu berücksichtigen sind, die wir später noch näher erläutern werden (Wimmer & von Ameln 2019).

Die Change-Kurve von Kübler-Ross (1969, 1974, 1994) verdeutlicht die Phasen, die aus dem generellen Szenario der Trauer, mit dem Umgang mit Verlusten, abgeleitet werden. Die Information, dass eine einschneidende Veränderung erforderlich ist, versetzt die Betroffenen und Beteiligten zunächst in einen Schockzustand, der oft auch mit Verdrängen

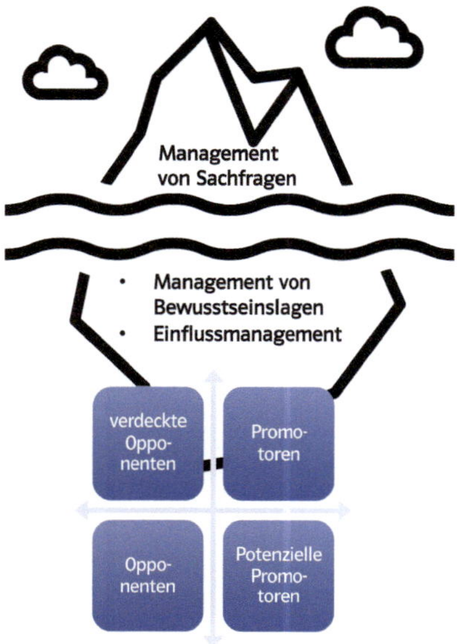

Abb. 16: Eisbergmodell des Change-Managements (eigene Darstellung, angelehnt an: Krüger 1999, S. 887)

verbunden ist. In den meisten Fällen versuchen die Akteure sich an bestehende Erfolgsrezepte zu klammern, ohne dass diese scheinbare Sicherheit in ein Erfolgsmodell mündet. Dies führt später in den positiven Fällen zu der Einsicht, dass sich etwas ändern muss, dem sich die Phase über die Akzeptanz der Veränderung anschließt. Ab dann kann der Prozess in eine positive vorwärts gerichtete Entwicklung überführt werden, die auch in eine Experimentalkultur (Ausprobieren, Reflektieren, Integrieren) münden kann.

Bei der Analyse des Verlaufs von Änderungsprozessen in Medienunternehmen muss man sich darüber im Klaren sein, dass wir in der Regel unterschiedliche Phasen haben, die sich aus den unterschiedlichen Verantwortungsbereichen und der Nähe oder Distanz zum Change-Objekt/Change-Thema ergeben. Wenn auf der Ebene der Geschäftsführung und Verlagsleitung die Notwendigkeit zur Veränderung bereits als Ergebnis längerer Diskussionen erkannt wird und sich alle Mitglieder der Unternehmensführung zwischen ›Einsicht‹ und ›Akzeptanz der Veränderung‹ befinden, ist die nicht ganz so frohe Kunde für die betroffenen Bereichsleitungen oft noch nicht so gut verarbeitet. Die Folge: Gesprächs- und Kooperationspartner des Transformationsprozesses befinden sich in unterschiedlichen Phasen der Change-Kurve; die Unternehmensführung steht weiter vorne im Prozess, während Mitarbeitende sich noch teilweise im Schock-Szenario befinden.

Der **Change-Eisberg** (Abb. 16) zeigt die scheinbaren Sachkonflikte, die einer Veränderung entgegenstehen, die vielfach in messbaren Kriterien wie Qualität, Zeit, Budget beschrieben werden können. Unterhalb dieser so offensichtlichen Ebene stehen jedoch die Personen mit ihrer Haltung und ihrem Bewusstsein und den damit verbundenen Rollen gegenüber dem Veränderungsprozess. Es geht um die Promotoren, die den Wandel vorantreiben und dafür einstehen, die Opponenten, die gegen die Veränderung sind und die jeweils verdeckten Promotoren und Opponenten, die alle mit ihren individuellen Befindlichkeiten Gegenstand des bewussten Einflussmanagements von Seiten der Unternehmensleitung, der Führungskräfte und der Transformationsteams sind.

Wenn man sich mit Change-Management in der Praxis befasst, wird man feststellen, dass in den meisten Medienunternehmen – wie auch in anderen Organisationsformen – von vielen Mitarbeitenden und Führungskräften die Diskussion über die Notwendigkeit von Veränderungen zunächst auf einer scheinbaren Sachebene durchgeführt wird. Veränderungsprozessen liegen jedoch selten reine Sachkonflikte zugrunde. Es geht immer auch um Emotionen, Beziehungen und letzten Endes um Einstellungen und Haltungen gegenüber den Veränderungen generell. Als Führungsaufgabe resultiert daraus nicht nur ein Management von Sachfragen, sondern auch ein Management der Bewusstseinslagen der einzelnen Beteiligten sowie als machtpolitisches Instrumentarium das Einflussmanagement (Breyer-Mayländer 2020). Dies zu orchestrieren, ist eine der Aufgaben der Führungsebenen. Denn nur dann, wenn man die Menschen mit ihren unterschiedlichen Einstellungen, Haltungen, Erfahrungen und Befindlichkeiten im Blick hat, besteht die Möglichkeit zu einem echten Dialog. Die Einteilung der Mitarbeitenden kann dabei dadurch erfolgen, dass man die beiden grundsätzlichen Gruppen der Promotoren (Unterstützer des Veränderungsprozesses) und Opponenten (Gegner des Veränderungsprozesses) identifiziert. Sehr viel schwieriger sind das Erkennen und damit auch gezielte Ansprechen von verdeckten Opponenten und potenziellen Promotoren.

Aus Studien lässt sich ableiten (Vahs 2019, S.367), dass Menschen sachliche und persönliche Risiken getrennt beurteilen. Skeptiker, die weniger persönliche Risiken aber hohe sachliche Risiken sehen, sollten daher auf einer Sachebene adressiert werden. Hingegen müssen Bremser, die die sachlichen Risiken als niedrig einschätzen, die persönlichen Risiken jedoch eher hoch beurteilen, auf der persönlichen Ebene angesprochen werden. Die persönliche Ebene des Wandels wird von Seiten der Mitarbeitenden und Führungskräfte durch einige zentrale Grundfragen geprägt:

- Sicherheit des Arbeitsplatzes,
- Arbeitsort, Arbeitszeit, Arbeitseinkommen,
- Anforderungen (Qualifikation, Motivation, Verhalten),
- Positions- und Statusmerkmale,
- Positionelles Umfeld,
- Bezugsgruppe,
- Privates Umfeld.

Viele Mitarbeitende fühlen sich in diese Veränderungsprozesse wenig einbezogen und neigen generell gegenüber den großen, auch extern geprägten Veränderungen dazu, eher eine Objekt- als eine Subjekt-Rolle einzunehmen. Sie haben in solchen Situationen oder Phasen nur marginal ihren eigenen Handlungsspielraum im Blick und neigen dazu, eine passive Opferrolle einzunehmen. Daher kommt es auf Seiten der Führung darauf an, im Rahmen des Change-Managements die Teams und Mitarbeitenden in der Haltung zur Selbstverantwortung zu bestärken. Diese Rahmenbedingungen der Organisation und Gruppendynamik begünstigen auch die Haltung, dass man als Einzelner in diesem von externen Rahmenbedingungen aus Wettbewerbssituation und veränderter Mediennutzung geprägten Netz von Strukturen und Abhängigkeiten doch ohnehin nur wenig bewirken könne. Diese eigene Ohnmachtswahrnehmung mündet oftmals in Ohnmachtsbekundungen, die dafür sorgen, dass die für Veränderungen notwendige Energie im gemeinsamen Beklagen widriger Umstände aufgebraucht wird.

Nimmt man Stephen Coveys **Circle of Influence** (Covey 2014; Haimes & Schneiter 1996) als Basis für das weitere Vorgehen, dann kann man auch bei schwierigen Veränderungssituationen Menschen dazu bringen, sich als handlungsfähiges Subjekt und nicht primär als eingeschränktes, machtloses Objekt zu begreifen. Ausgangspunkt ist der Ansatz, dass wir in unseren Lebens- und Arbeitsumständen weniger ein Produkt äußerer Umstände als ein Produkt eigener Entscheidungen sind. Dieser Ansatz eröffnet – bezogen auf die persönlichen, individuellen Handlungsmöglichkeiten im Kontext der eigenen Profession – eine klare Sichtweise. Es geht nicht darum, die Einflüsse des äußeren Kreises der von uns nicht beeinflussbaren (oftmals negativ empfundenen) Rahmenbedingungen zu negieren oder zu verniedlichen, sondern es geht darum, diesem Thema bei der Frage »Wie können wir selbst aktiv werden?« kein übergroßes Gewicht beizumessen. Entsprechend gilt es im Rahmen der Veränderungsprozesse darauf zu achten, dass hier weder individuell noch als Gruppe Problem-Hypnose betrieben wird, sondern lediglich die feststehenden Rahmenbedingungen erfasst und benannt werden.

Der mittlere Ring umfasst die Themen, die man zwar als Einzelne*r nicht allein lösen kann, die jedoch in einer Gruppe, gemeinsam mit anderen, in Angriff genommen werden können. Hier gilt es, die gemeinsamen Entscheidungen – das sind im Kontext digitaler Transformationsprozesse der Großteil der Entscheidungen – durch individuelle Einflussnahme mit vorzubereiten und gemeinsam zu treffen. Der innere Kreis beschreibt die Sphäre der Themen, die man selbst als Einzelperson beeinflussen und treffen kann. Dieser Part wird, da er meist einen deutlich geringeren Anteil ausmacht als der große mittlere Ring und die externen Faktoren, mitunter in den Transformationsprozessen vernachlässigt. Man kann ihn jedoch an den Anfang des Gesamtprozesses stellen, denn zunächst geht es um eine eigene Haltung und eine eigene innere Klarheit, die sich auch daran festmachen lässt, dass man die eigenverantwortlichen Entscheidungen in einem überschaubaren Zeitrahmen trifft und diese dadurch auch für Außenstehende als konsistente Entscheidungen nachvollzogen werden können.

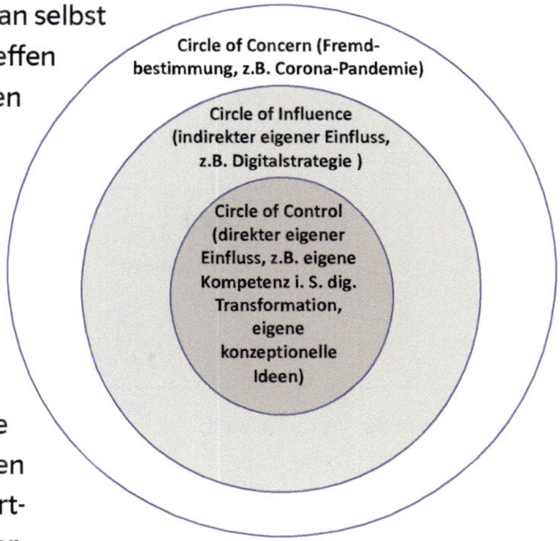

Abb. 17: Circle of Influence (eigene Darstellung auf Basis der Idee von Covey 2014)

Transformation und Transformationsmanagement

Die spezifischen Vor- und Nachteile der Organisationsentwicklung als Bottom-Up-Strategie und des Change-Managements als Top-Down ausgelöste Revolution von oben, legen nahe, dass man für eine nachhaltige Veränderung sich damit beschäftigen muss, wie man die Vorteile der beiden Verfahren in einer Kombination beider Prinzipien nutzen kann, ohne gleichzeitig die Summe der Nachteile beider Vorgehensweisen in Kauf nehmen zu müssen. Hier kommt die Transformation als tiefgreifende, grundsätzliche und nachhaltige Veränderung ins Spiel.

Dass für Medienunternehmen eine grundsätzliche und nachhaltige Veränderung eine besonders große Rolle spielt bzw. spielen muss, ist aufgrund der technologie- und marktgeprägten Veränderungen seit Jahrzehnten Konsens (Breyer-Mayländer, 2004, S. 111 ff.). Die Ziele liegen im Unterschied zur Organisationsentwicklung außerhalb des Systems und gestatten eine revolutionäre Veränderung, die bestehende Strukturen infrage stellt und sie auch überwinden kann. Letzteres ist auch ein Kennzeichen des von uns in diesem Buch bevorzugten Ansatzes der Transformation.

Man kann Transformationsmanagement als die Synthese aus beiden zuvor dargestellten Wegen der zielgerichteten Veränderung von Medienunternehmen als soziotechnische Systeme verstehen (Steinhoff 2018). Dabei stammt der Begriff Transformation etymologisch vom lateinischen Wortstamm transformare (= umformen) und bezieht sich auf eine grundlegende Veränderung, meist zielorientiert von einem Zustand A (z.B. printdominierter Presseverlag) zu einem Zustand B (z.B. digitalgeprägtes Medienhaus), bei der es unterschiedliche Rollen gibt, wie etwa das verändernde Subjekt und das zu verändernde Objekt (Czekala, 2018, S. 23; Abb. 18).

Abb. 18: Kernidee der Transformation (eigene Darstellung)

Bei den Objekten zeigt sich, dass bei den Veränderungen der digitalen Technologie die Geschäftsmodelle, Produkte und Organisationsstrukturen der Unternehmen deutlich beeinflusst werden (Nadkarni & Prügl, 2020; Hess et al., 2016, S. 124) – eine Entwicklung, die wir in allen Teilmärkten der Medienbranche (Kap. 2) so vorfinden. Als Begriff für die Veränderung von Organisationen wurde Transformation schon Mitte der 1990er Jahre von der Konstanzer Managementwissenschaft (Klimecki & Gmürr, 1996) verwendet, die sich in ihrer originären Entwicklung am St. Galler Managementmodell orientiert(e). Der Begriff des Transformationsmanagements umfasst dementsprechend alle Management-, Führungs- und Organisationsaufgaben, die erforderlich sind, um einen umfassenden Transformationsprozess zu initiieren, zu begleiten und erfolgreich abzuschließen.

An dieser Stelle lohnt sich noch eine kurze Reflexion darüber, ob es sich bei der digitalen Transformation im Medienbereich tatsächlich um einen Transformationsprozess handelt. Im Rahmen der Konferenz MedienhausNEXT, die am 7. März 2023 in Köln stattfand, hat der Geschäftsführer von Kölner Stadt-Anzeiger Medien (früher: Medienhaus DuMont) Thomas Schultz-Homberg diese Diskussion aufgeworfen, indem er darauf verwies, dass Transformation als Prozess ein Ziel und damit ein Ende habe und die digitale Veränderung stets neu ausgerichtet werden müsse, was eher dem Kriterium für eine Transition entspräche (Bissel 2023). Als Moderator der Veranstaltung stand es dem Autor im Rahmen der Veranstaltung nicht zu, diese Begriffsdifferenzierung noch weiter zu differenzieren, denn wenn man sich an gängige wissenschaftliche Begriffsanalysen hält, dann wäre ein zentraler Unterschied der Begriffe darin zu sehen, dass es bei Transformationsprozessen um »large-scale societal change processes (global, regional, local etc.) involving social-ecological interaction« (Hölscher, Wittmayer & Loorbach 2018, S. 2), also um die größere Dimension der Veränderung handelt. Insofern ist der Titel und die Begrifflichkeit des Buches passend gewählt und das eigentlich Spannende an der Reflexion der Begriffe ist der Umstand, dass man sich auch in der Verlags- und Medienpraxis verstärkt Gedanken macht, wie die entsprechenden Entwicklungen einzuordnen sind und was die veränderten Rahmenbedingungen auch für die Unternehmens- und Führungskultur bedeuten.

1.4 Technologiemanagement als Unterstützungsprozess

Die Bedeutung des Technologiemanagements für die wirtschaftliche Entwicklung von Medienunternehmen war bereits vor Jahrzehnten erkennbar oder in den technologisch noch weniger stark geprägten Segmenten der Medienbranche zumindest absehbar (Breyer-Mayländer & Werner 2003). Die dahinter liegende Theoriebildung hilft, den Umfang der zu erledigenden Aufgaben im Rahmen des Technologiemanagements einschätzen zu können (Janke & Burkhardt 2018).

Begriffe und Sichtweisen des Technologiemanagements

Man unterscheidet zwischen Produkt- und Prozesstechnologien. Die Rationalisierungs- und Automatisierungsschritte im Bereich der Medienproduktion, beispielsweise in der Druckindustrie, haben sehr früh zu einer Digitalisierung der Prozesstechnologien geführt. Seinerzeit beruhte ein Großteil der Produkttechnologien im klassischen Presse- und Buchbereich noch auf gedruckten Endprodukten und wies somit keine nennenswerten Veränderungen im Vergleich zu früheren Technologiesituationen auf (Abb. 20, 23). Während Prozesstechnologien sich auf die Kostenstruktur und damit auf die Entscheidung auswirken, für welche Zielgruppen (beispielsweise kleinere Zielgruppen von Nischenprodukten) man noch unter wirtschaftlichen Gesichtspunkten eigene Produktformen herstellen kann, hat eine Veränderung im Bereich der Produkttechnologie oftmals neue Anwendungsformen und komplett neue Zielgruppen und Marktstrukturen zur Folge. In solchen Fällen geht es nicht nur um eine technologische Entscheidung, sondern im Regelfall auch um eine Neuaufstellung des kompletten Geschäftsmodells.

Eine weitere Unterscheidung liegt in der Differenzierung zwischen Hochtechnologie und Niedrigtechnologie. Medienunternehmen im herkömmlichen Sinne haben im Regelfall keine Anwendungsformen im Bereich von Hochtechnologie, sondern beruhen auf technologisch anspruchsvollen wenngleich auch nicht im High-Tech-Bereich angesiedelten Verfahren und Praktiken. Eine weitere Differenzierung ergibt sich aus der Betrachtung von Technologien nach dem Grad ihrer Verbreitung. Je nach Phase einer Technologie gilt sie als Embryo- oder Nischentechnologie, deren wirtschaftliches und vollständiges technologisches Wirkpotential noch nicht bekannt ist. In diesen Phasen ist es für Unternehmen ein hohes Risiko, in diese Technologien zu investieren, da weder die Kostenstrukturen im Sinne des Total-Cost-of-Ownership bekannt sind, noch die Qualifikationen im Bereich der eigenen Mitarbeitenden ausreichend sind, um die Technologien zu beherrschen, weiterzuentwickeln und voranzutreiben. Typischerweise findet die Technologieentwicklung außerhalb der Medienunternehmen statt, solange es sich noch um embryonische Technologien handelt. Wie Abb. 19 zeigt, verändert sich mit steigendem Aufwand für Forschung & Entwicklung (F&E) bzw. Research & Development (R&D) der Wettbewerbscharakter von Technologien.

Schrittmachertechnologien sind ebenfalls noch nicht weit verbreitet. Es zeichnet sich in dieser Phase jedoch ab, dass die künftige Marktentwicklung durch diese Technologien geprägt sein wird. In dieser Phase

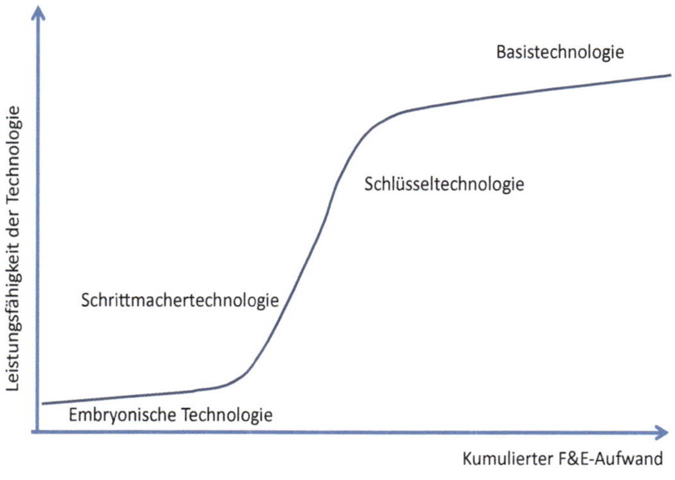

Abb. 19: Lebensphasen von Technologien als Basis ihrer aktuellen Bedeutung (Schuh, Klappert, Schubert & Nollau 2011, S. 43)

versuchen alle ambitionierten Marktteilnehmer (vornehmlich größere Medienunternehmen) in diese Technologien zu investieren, um in einer künftigen Marktsituation für die Anforderungen neuer Zielgruppen und Märkte gerüstet zu sein. Beispielsweise ist die Investition im Bereich der 3D-Technologien und künstliche Intelligenz, wie sie gegenwärtig von vielen großen Medienkonzernen vorangetrieben wird, unter diesem Gesichtspunkt zu interpretieren. Im weiteren Verlauf der Technologieentwicklung wird die Schrittmachertechnologie eine Schlüsseltechnologie. Sie eignet sich nur noch begrenzt zur Differenzierung im Wettbewerb, da die stärkeren Marktpartner alle in diesem Technologiebereich investiert haben. Es geht bei der weiteren Entwicklung von Medienunternehmen vorwiegend darum, die eigenen Mitarbeitenden, die bereits seit Jahren mit an Bord sind, auf das Potenzial und den Umgang mit diesen Technologien hin auszurichten. Die Weiterentwicklung der Qualifikationen an Bord des Medienunternehmens stehen damit im Vordergrund. In der letzten Phase einer technologischen Reifeentwicklung handelt es sich um eine Basistechnologie, die als Voraussetzung gilt, um überhaupt im Markt ernsthaft präsent zu sein.

Technologien lassen sich darüber hinaus grundsätzlich unterscheiden, wie wir im oberen Abschnitt unter dem Stichwort **Disruption** vorgestellt haben. Es geht dabei um die Zweiteilung zwischen evolutionären Technologien, die inkrementelle Verbesserungen gestatten, und disruptiven Technologien, die grundsätzliche Veränderungen bewirken, was den Funktionsumfang aber vor allem auch die Ausgestaltung von Geschäftsmodellen angeht. In der Erweiterung dieser Analyse hat Clayton M. Christensen eine weitere Differenzierung eingeführt, indem er zwi-

Autoren (Jahr)	Unterscheidungsform 1	Unterscheidungsform 2-3
Wildemann 1987	Produkttechnologie	Produktionstechnologie
Falk & Lyson 1998	Hochtechnologie	Niedrigtechnologie
Forster 1986	Schrittmacher-technologie	Schlüssel-/Basistechnologie
Christensen 1997	Disruptiv	Evolutionär
Christensen & Raynor 2003	Low-End-Disruption	New-Market-Disruption

Abb. 20: Unterscheidungsformen von Technologien (eigene Darstellung nach: Janke & Burkhardt 2018, S. 24)

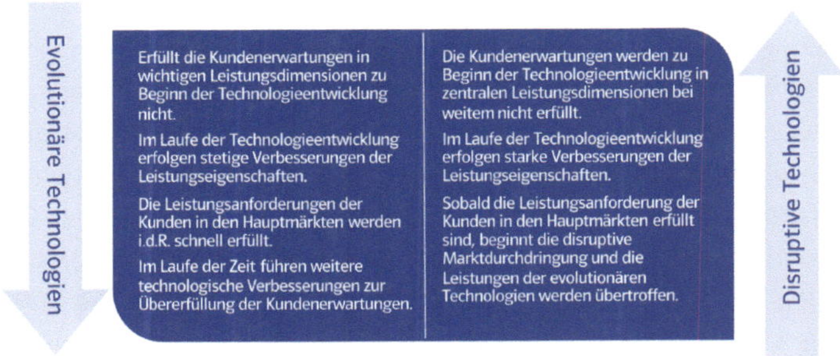

Abb. 21: Entwicklung evolutionärer versus disruptiver Technologien (Janke & Burkhardt 2018, S. 15)

schen Disruptionen im Low-End-Bereich des Marktes und im High-End-Bereich des Marktes beziehungsweise im Bereich neuer Märkte als ›New-Market-Option‹ beschrieben hat. Nachfolgende Abbildung gibt einen Überblick über die unterschiedlichen Prinzipien des Technologiemanagements (Abb. 20).

Da aus Sicht des Technologiemanagements im Mediensektor das Thema Disruption eine besonders zentrale Rolle spielt, sollen die wesentlichen Unterscheidungskriterien zwischen evolutionären und disruptiven Technologien (Abb. 21) systematisiert werden. Die evolutionären Technologien werden bei negativen Abweichungen vom Marktstandard Stück für Stück weiterentwickelt und können dazu benutzt werden, überschaubare Lücken zu schließen und am Ende zum Übertreffen der Kundenerwartungen zu führen. Bei disruptiven Technologien ist ein solches Vorgehen jedoch nicht ausreichend, da die bestehenden Technologien in den künftigen Wettbewerbssituationen die Anforderungen bei weitem nicht mehr erfüllen würden.

Die unterschiedlichen Lebensphasen, die eine Technologie im Rahmen des Technologiemanagements einnehmen kann, haben dazu geführt, dass das Marktforschungsunternehmen Gartner hierfür einen Hype-Cycle entwickelt hat, eine Standard-Diffusionskurve, mit der abgestützt werden kann, wie eine Technologie in den nächsten Monaten und Jahren sich künftig weiterentwickeln wird. Junge Technologien werden gehypt und überschätzt. Anschließend kommt eine Phase der Ernüchterung, in der die Erwartungen wieder etwas nach unten gehen, bevor dann eine solide stabile Weiterentwicklung der Technologie und ein solides Ansteigen der Erwartungen zu verzeichnen ist. Wir kennen diese Entwicklungen im Technologiebereich von den Erwartungen gegenüber

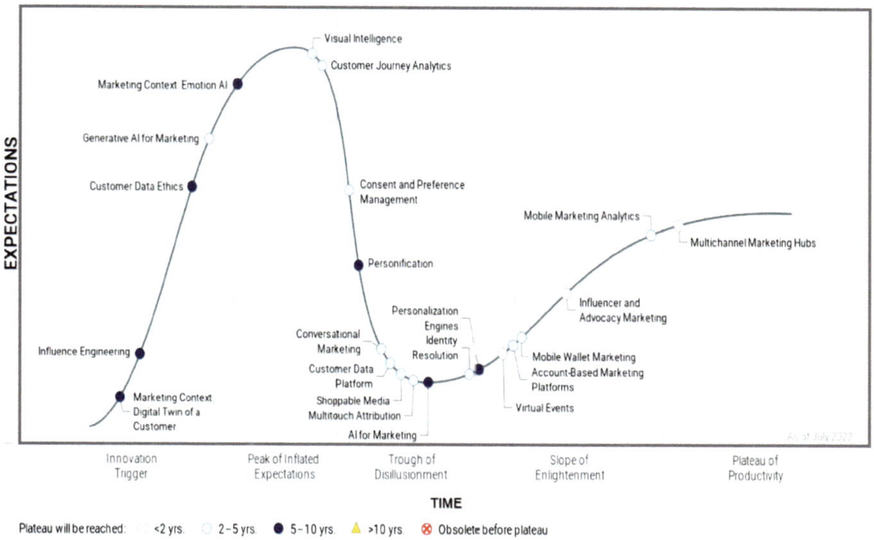

Abb. 22: Hype Cycle für Digital Marketing (Gartner 2022)

neuen Produkttechnologien wie dem Autonomen Fahren. Übertragen auf Medienunternehmen gibt es beispielsweise einen Hype Cycle für den Bereich des digitalen Marketings (Abb. 22).

Framework des Technologiemanagements

Das in Abb. 23 dargestellte Framework verknüpft unterschiedliche Ansätze aus dem Bereich der Theorie der Digitalisierung und der Medienökonomie (Breyer-Mayländer 2017, S. 209; Breyer-Mayländer & Werner 2003, S. 314, 316). Ähnlich wie wir bei unterschiedlichen Ansätzen der Produktentwicklung im Medienbereich die konkurrierenden Ansätze ›inside-out‹ und ›outside-in‹ diskutieren, – je nachdem, ob man davon ausgeht, dass man selbst weiß, was der Markt möchte und daher Innovationen für ein vermeintliches Kundenbedürfnis entwickelt, oder ob man vom Kundenbedürfnis ausgeht und damit außerhalb des Systems Verlag ansetzt – gibt es auch eine grundlegende Unterscheidung der Blickwinkel bei Innovationsansätzen im Technologiemanagement.

Hier gilt es zunächst die Unterscheidung zu treffen, ob Technology-Push oder Market-Pull das vorherrschende Prinzip sein sollte. Technology-Push ist der Ansatz, bei dem man bei neuen Produkten und Ge-

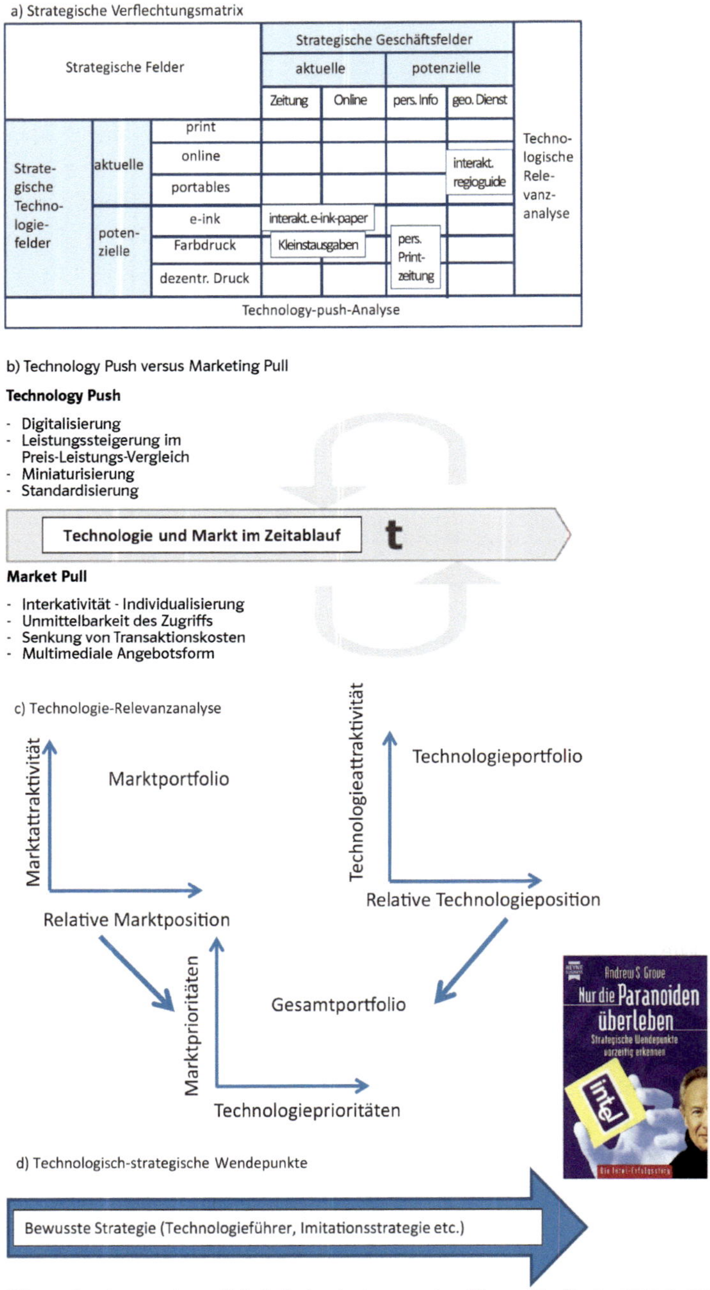

Abb. 23: Kundenzentrierte digitale Technologiestrategien (Breyer-Mayländer 2017, S. 309, basierend auf Pfeiffer & Dögl 1986, Krubasik 1982, S. 30, Grove 1999, S. 142)

schäftsmodellen zunächst von neuen technologischen Möglichkeiten ausgeht und anschließend bei den sich daraus ergebenden neuen technologiedominierten Produkten überlegt, für welche Zielgruppen und Anwendungsbereiche das neue Produkt einen Nutzen stiften kann. Damit entspricht der Technology-Push-Ansatz einer Variante des oben genannten Inside-Out-Prinzips. Dass dies durchaus eine beeindruckend erfolgreiche Geschichte sein kann, zeigen Innovationen wie der Durchbruch der Smartphones, den Apple mit der Entwicklung und Vermarktung des iPhones, damals noch unter der charismatischen Führung von Steve Jobs, in Gang setzte.

Mit reinen Bedarfsabfragen im Markt hätte man diesen Entwicklungsschritt im Sinne des Outside-In nicht rechtfertigen können, da viele der Anwendungsfälle von Smartphones den potenziellen Kunden nicht bekannt waren und von ihnen nicht hätten beschrieben werden können. Dies ist jedoch die Stärke der Market-Pull-Ansätze, bei denen Technologien dazu herangezogen werden, Probleme für konkrete Kundengruppen zu lösen.

Damit wird sichergestellt, dass Technologie nicht zum Selbstzweck eingesetzt wird. Der verzweifelte Versuch in Deutschland in den 1990er Jahren, digitale Sendetechnologien für den Rundfunk zu etablieren, zeigt, dass ein reines Denken in Technologieszenarien für Medienprodukte im Regelfall nicht hilfreich ist. Es muss dann im Sinne einer kundenzentrierten Digitalstrategie (vgl. Abb. 23) immer sehr schnell ein Kundenbezug hergestellt werden, bei dem es um konkrete Kundennutzen geht, die meist mit echten Painpoints, d.h. Problemen verbunden sind, die dem Kunden schmerzhaft bewusst sind und die man mit der technologiebasierten Innovation lösen oder mildern kann.

Wie das Modell (Abb. 23) als Ausgangspunkt für ein verlags- und medienspezifisches Framework zeigt, geht es daher um eine Kombination der Blickwinkel innen und außen und um die Verknüpfung von Positionsbestimmungen auf Technologie- und Marktbasis. Nur dann, wenn im Rahmen einer Technologierelevanzanalyse die Ergebnisse des Marktportfolios mit denen des Technologieportfolios abgeglichen werden, kann eine umfassende, kundenorientierte digitale Technologiestrategie für ein Medienunternehmen entstehen. Dies kann helfen, aktuelle Entwicklungen und die Auswirkungen auf die strategischen Geschäftsfelder zu systematisieren, wie anhand der historischen, da zwanzig Jahre alten Verflechtungsmatrix als Bestandteil von Abb. 23 nachvollzogen werden kann. Wenn man die Erfahrungen des unter einem sehr anspruchsvollen Technologiemanagementparadigma stehenden Markts der Speicher- und Halbleitertechnologie heranzieht, dann ist klar, dass in einigen Märkten die Marktposition auch zentral von der Klarheit und Bewusstheit der eigenen Technologiestrategie abhängt. Somit bedürfen Digitalisierungsthemen einer permanenten Steuerung (Hess 2022, S. 5) – sowohl durch eine ständige Überprüfung der innovativen fachlichen Lösungen (z. B. aus den Redaktionen) als auch durch die ständige Überprüfung innovativer technischer Lösungen (z. B. die Frage der Integration von Recommendations, d. h. Möglichkeiten der nutzerbasierten Beeinflussung des inhaltlichen Angebots).

Big Data und Smart Data im Verlags- und Mediengeschäft

In den drei marktbezogenen Funktionsbereichen des Verlagsgeschäfts Redaktion, Nutzer- und Werbevermarktung hat seit der Jahrtausendwende die Bedeutung datenzentrierter Projekte und Geschäftsmodelle nochmals an Bedeutung gewinnen können, obwohl bereits seit den 1980er Jahren eine ganze Reihe an Modellen und Entwicklungen am Start waren. Die früher bereits ausgereiften Modelle konnten in der Zwischenzeit immer einfacher in Verlagen und Medienhäusern realisiert werden. Durch das Buzzword ›Big Data‹ wurde dies unter eine eingängige Überschrift gestellt, die meist sehr breit eingesetzt wird. Der Begriff selbst beschreibt dabei zunächst nur die Datenmengen. Es geht jedoch letztlich um ein Analyseprinzip, das unter anderem die Echtzeitsteuerung von Unternehmensprozessen gestattet. Mit den diversen **V** (Volume, **V**elocity, **V**ariety, **V**eracity, **V**alue, **V**ariability, **V**agueness) (Vossen 2015, S. 35) haben die Daten an Bedeutung gewinnen können. Die Kernaufgabe umfasst dabei die Analyse und Filterung der riesigen Datenmengen, um sie

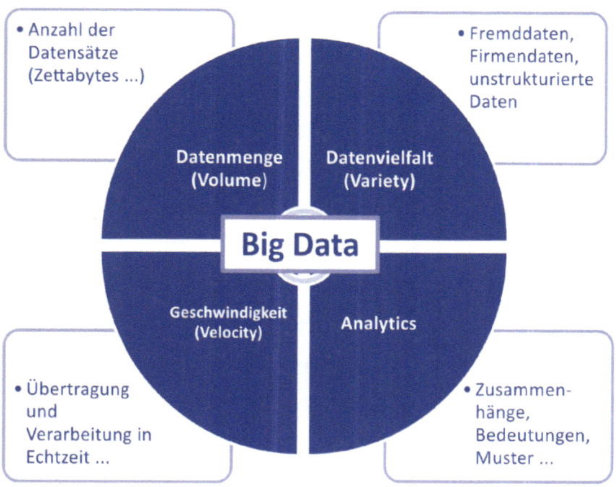

Abb. 24: Vier Grunddimensionen von Big Data (Breyer-Mayländer 2017, S. 118)

für sinnvolle Dienstleistungen oder unternehmerische Entscheidungsprozesse einzusetzen (Kao 2010, S. 29 ff.).

Die vier gängigsten Vs für Datenmenge, Datenvielfalt, Datengeschwindigkeit, Datenanalyse zeigen bereits das Handlungsfeld auf, das mit Big Data verbunden ist (Abb. 24). Dabei ist für unsere Betrachtungsweise vor allem das Thema der Zusammenhänge von Bedeutung. Medienunternehmen haben im Bereich Datenanalyse signifikante Erlöspotenziale gerade dann, wenn es um Maßnahmen des Paid-Contents geht, wie Recommendation Engines oder Data Analytics im Bereich der Werbevermarktung. Seit der Jahrtausendwende hat die Anwendung dieser Prinzipien im Kontext künstlicher Intelligenz (KI) / Artificial Intelligence (AI) durch Machine Learning dazu geführt, dass der Bereich Analytics weiter an Bedeutung gewonnen hat.

In den Verlagen und Medienunternehmen herrscht aktuell (2023) noch ein unterschiedlicher Kenntnisstand im Bereich großer Datenmengen und entsprechend heterogen sind auch Anzahl und Umfang der damit verbundenen Konzepte. Was die innovativeren Unternehmen und vor allem deren Führung und Teams eint, ist eine konsequente Nutzung von Daten im Rahmen des Digital Feedback-Loops (Bissel 2023); hier liefern digitale Medien eine Reihe von Nutzungs- und Feedbackdaten, die zur Weiterentwicklung, Optimierung oder auch Liveanpassung von Inhalten und Produkten verwendet werden. Es war zwar vor Jahren bereits möglich, über unterschiedliche Marktforschungsmethoden den Erfolg einzelner Bestandteile eines Presseprodukts, wie etwa des Feuilletonteils einer gedruckten Zeitung, zu ermitteln, aber das Interesse an der Information und die konsequente Nutzung derartiger Informationen war nicht sehr ausgeprägt. Egal ob klassische Mediennutzungsstudien oder Panelansätze mit technischer Unterstützung wie Readerscan (Bonk 2011) – stets waren nicht alle Mitarbeitenden und Führungskräfte an dem Anstieg an Transparenz interessiert. Selbst in den Fällen, in denen Daten, beispielsweise als Spin-off einer werbemarktorientierten Marktforschung vorlagen, wurde in vielen Fällen keine klaren Steuerungen aufgrund der vorliegenden KPIs (Key Performance Indicators) angestrebt. Es ist jedoch das Prinzip des Digital Feedback-Loops hier für eine konsequente Anpassung – beispielsweise von Angebotsinhalten, Präsentationsformen innerhalb des Layouts oder auch die Integration von Werbemitteln – zu sorgen.

Eine zum Jahreswechsel 2022/23 durchgeführte Studie unter Leser-/Nutzermarkt-Expert*innen der deutschen Zeitungsbranche ergab, dass

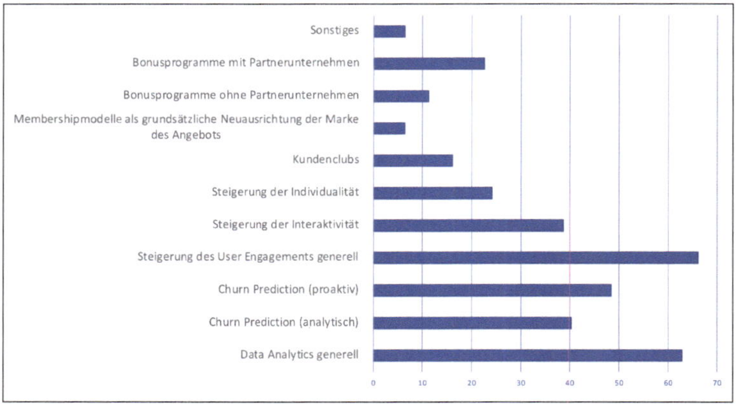

Abb. 25: Welche Maßnahmen nutzen Sie, um Kündigungen bei Ihren Abonnenten zu begrenzen (Mehrfachnennung möglich)? (Breyer-Mayländer 2023a)

ein Großteil der Verlage sehr klare Vorstellungen hat, wie eine datenzentrierte Steuerung eingesetzt werden kann, um beispielsweise trotz Preiserhöhungen im Jahr 2023 am Ende nur wenige Abbestellungen hinnehmen zu müssen (Abb. 25).

Dies ist nur ein kleiner Ausschnitt aus vielen datenzentrierten Modellen im Verlagssektor, welche die Produkte und Prozesse optimieren und letztlich in Steuerungsprozessen im Sinne des zitierten Digital-Feedback-Loops wirksam sind. Am Ende ist klar, dass es daher im Digitalsektor nicht das fertige Produkt, sondern lediglich das aktuelle Produkt zwischen zwei Iterationsschritten gibt. Das bedeutet auch, dass man die Prozesse entsprechend anpassen muss und vor allem ein gemeinsames neues Verständnis von einem professionellen Endprodukt notwendig ist.

Künstliche Intelligenz (KI) / Artificial Intellicence (AI)

Spätestens mit dem 2022 aufkommenden Hype um die Möglichkeiten der Generation von Inhalten durch das Produkt ChatGPT des Herstellers OpenAI hat die Diskussion über weitergehende Automatisierungsschritte und den Einsatz künstlicher Intelligenz die allgemeine Öffentlichkeit erfasst. Dabei waren nicht nur branchenübergreifend, sondern gerade mit Bezug auf die Kernfunktionen der Verlags- und Medienbranche die Auswirkungen von KI auf Konzeption, Content, Produktion, Distribution und Konsumption von Medien erkennbar (Breyer-Mayländer 2018), wobei vor allem die Auswirkungen auf den Content-Sektor und die damit verbundenen publizistischen Funktionen unterschiedlicher Medienprodukte immer wieder Gegenstand der Diskussion waren.

Dabei lohnt sich zunächst ein genereller Blick auf das Wesen von KI. Inzwischen gibt es hierzu eine ganze Reihe mehr oder weniger konsistenter Definitionen, die beispielsweise auf den Autonomiegrad und damit die Stärke der KI abheben (Abgrenzungen zwischen starker und schwacher KI). Für die Überlegungen, wie und wo KI als beispielhaftes Technologiefeld für Verlage und Medienunternehmen relevant ist, wollen wir jedoch den nachfolgenden Ansatz verfolgen:

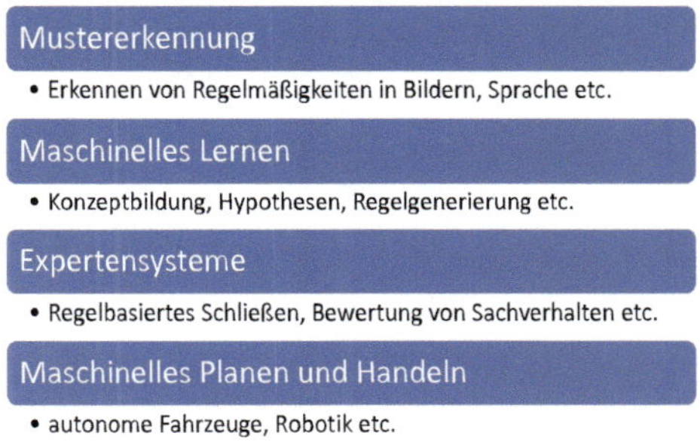

Abb. 26: Vier Bereiche der Künstlichen Intelligenz (eigene Darstellung nach: Stiemerling 2015, S. 762)

»Unter dem Begriff ›künstliche Intelligenz‹ werden in der Informatik unterschiedliche Ansätze und Methoden zusammengefasst, die versuchen, (vermeintlich) anspruchsvolle geistige Leistungen von Menschen nachzubilden bzw. zu simulieren. Die Methoden lassen sich grob in vier Bereiche mit jeweils unterschiedlichen funktionalen Zielsetzungen einordnen« (Stiemerling 2015, S. 762).

Wenn man die Anwendungsbereiche im Verlagssektor analysiert, dann geht es – unabhängig vom betroffenen Verlagsbereich – in sehr vielen Fällen um den Content-Sektor (Bläsi 2020). Presseverlage, die sich eingehender mit diesem Thema beschäftigen, betonen, dass es sich nicht nur um ein technologiestrategisches Thema für Medienunternehmen handele, sondern vor allem um ein Thema der kulturellen Veränderung sei. Insofern geht es im Rahmen der digitalen Transformation beim Thema KI sehr stark um den Bereich People & Culture, was erhöhte Anforderungen an Personalmanagement (Personalakqui-

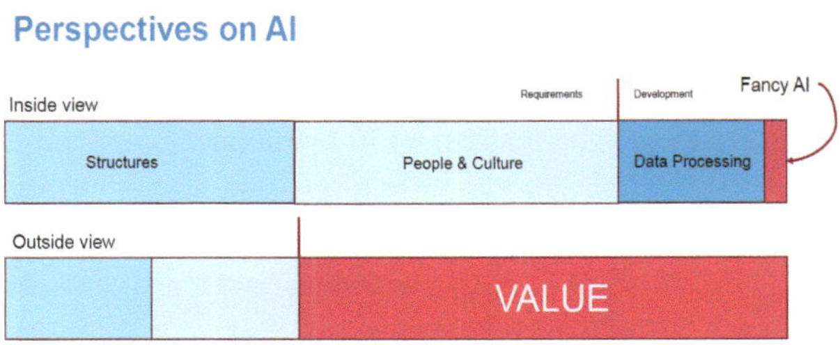

Abb. 27: KI als Thema für People & Culture (Zilz 2023, S. 6)

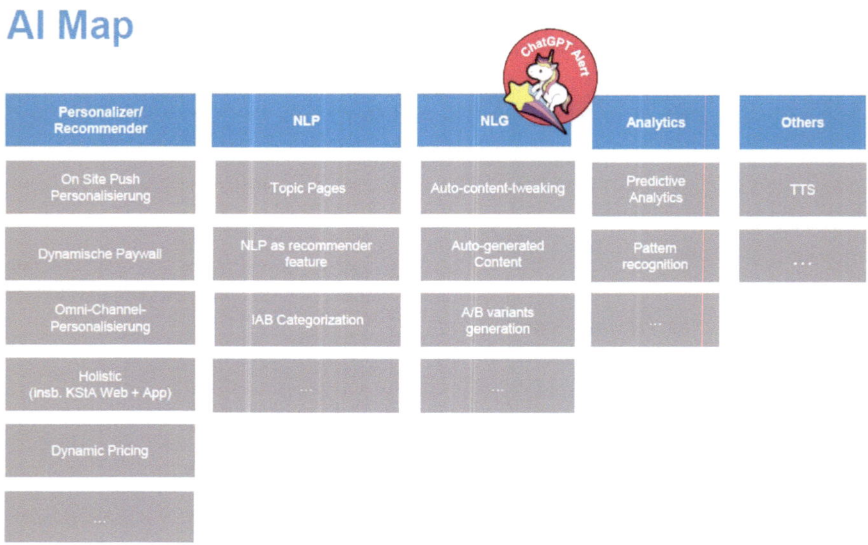

Abb. 28: Roadmap über künstliche Intelligenz bei Kölner Stadt-Anzeiger Medien (Zilz 2023, S. 17)

se, Personaleinsatz etc.), an die Führungsebene sowie an die Unternehmens- und Abteilungskultur stellt.

Auch wenn der Reifegrad der Umsetzung in den einzelnen Unternehmen sehr unterschiedlich sein kann, so zeigt die beispielhafte Zusammenstellung von Kölner Stadt-Anzeiger Medien zumindest die Bandbreite unterschiedlicher Themen am Beispiel eines Presse- bzw. Medienhauses auf (Abb. 28). Allein die Spalten für Personalisierung / Recommendation, Verarbeitung natürlicher Sprache / Natural Language Processing (NLP), Generierung natürlicher Sprache / Natural Language Generation (NLG) und Analytics zeigen dabei die Vielfalt der unterschiedlichen Themenbereiche.

Innovationsmanagement

Technologiemanagement stellt auch eine Voraussetzung für das Innovationsmanagement in Medienunternehmen dar, auch wenn wir uns darüber im Klaren sein müssen, dass Innovationsmanagement nicht immer mit neuen Technologien verbunden sein muss.

Im Bereich des Innovationsmanagements ist im Zuge der digitalen Transformation eine grundsätzliche Veränderung der Managementpha-

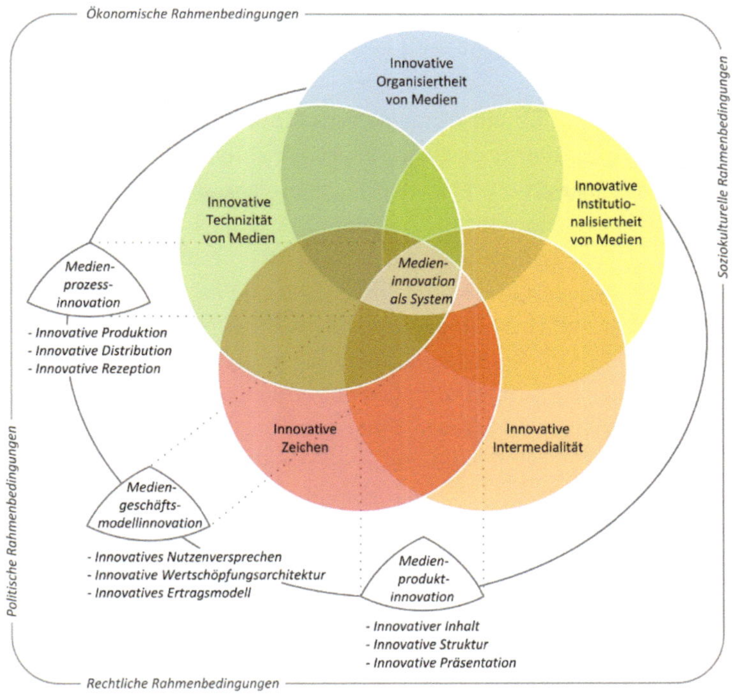

Abb. 29: Umfassendes Konzept von Medieninnovationen (Moinzadeh 2021, S. 328)

sen feststellbar. Ging es früher darum, Produktentwicklung mit aufwändigen Pflichtenheften und vorab definierten Grundanforderungen zu betreiben und Programmierungen anschließend den klassischen ›Wasserfallmodell‹ umzusetzen, haben inzwischen eine agile Arbeitsweise und stärker kundenzentrierte Entwicklungsformen in den Unternehmen Einzug gehalten. Mit Verfahren wie Design Thinking werden sehr früh im Rahmen des Innovationsprozesses die Vorstellungen von Seiten des Entwicklungsteams im Medienunternehmen mit Markt -und Kundenanforderungen rückgekoppelt, so dass eine frühzeitige Korrektur möglich ist. Diese Methode wird in der Innovationsberatung häufig genutzt und dient der Ideenfindung. Es handelt sich um eine systematische Herangehensweise, die in erster Linie dazu dient, komplexe Probleme praxisnah zu lösen.

Wenn man das Gesamtsystem von **Medieninnovationen** analysiert, sieht man auf den ersten Blick, dass der Technologiebereich nur einen kleinen Ausschnitt des komplexen Innovationssystems repräsentiert. Abb. 29 verdeutlicht die Unterschiede zwischen Medienprozessinnovation, Mediengeschäftsmodellinnovation und eine Medienproduktinnovation; in allen Innovationssegmenten nimmt die Technologie nur eine Teilrolle ein.

Es geht nicht nur um Medientechnik-Innovation sondern auch um Medien-Organisationsinnovation, Medien-Institutionsinnovation, Medien-Prozessinnovation, Medien-Produktionsinnovation und Medien-Geschäftsmodellinnovation (Moinzadeh 2021, S. 343). Neben der Einbettung des Technologiemanagements in den Gesamtprozess der digitalen Transformation von Medienunternehmen ist daher nochmals das Augenmerk auf die Unternehmensstruktur sowie die Führungs- und Unternehmenskultur in den Verlagen und Medienunternehmen zu richten. Nur dann, wenn die ›Transformations-Governance‹ steht und die strategischen und organisatorischen Voraussetzungen geschaffen sind, wird es gelingen, auf den Ebenen der Prozesse, Produkte und Wertschöpfungsketten die entsprechenden Veränderungen vorzunehmen (Hess 2022, S. 8). Die gestiegene Innovationsdynamik bei gleichzeitig zunehmender Komplexität haben dazu geführt, dass viele Innovationsprozesse nicht mehr als abgeschlossene Systeme, sondern in unterschiedlichen Abstufungen und Vernetzungsgraden als Open-Innovation-Prozess geführt werden (Habann 2013).

2 Technologien, Märkte und Produkte

Auch wenn grundsätzliche Veränderungen der Medienbranche anhand des Übergangs von der Medien- zur Digitalökonomie beschrieben werden können, stellt sich dennoch die Frage, was dies denn für die jeweiligen Einzelmedien als Mediengattung oder Werbeträger und für die jeweiligen Unternehmen konkret bedeutet.

- Durch welche technologischen Entwicklungen werden regionale Presseverlage, Zeitschriftenverlage mit General Interest-Medien, Buchverlage aus den jeweiligen Teilsegmenten oder Fachinformationsanbieter aktuell und in den nächsten Jahren beeinflusst?
- Wie werden sich die Produkte und Märkte jeweils konkret verändern?
- Wer von den genannten Akteuren kann sich durch Podcasts weiter differenzieren?

Hier hilft nur eine spezifische Betrachtung der Marktdaten und Branchenstrategien, denn die Entwicklungen sind keineswegs einheitlich. Während etwa im Zeitungsmarkt der Abschied von den gedruckten lokalen und regionalen Zeitungen in einigen Bereichen allein durch die hohen Distributionskosten in der Fläche unaufhaltsam ist, haben sich im Buchsektor die gedruckten Bücher in Deutschland als sehr robust erwiesen. Statt des produzierenden Buchhandels ist der verbreitende Buchhandel sehr viel stärker durch digitale Verschiebungen, d.h. konkret durch einen steigenden Anteil von E-Commerce-Plattformen und White-Label-Webshop geprägt.

In diesem Kapitel geht es um Rahmenbedingungen, Situation und Perspektiven einzelner Teilsegmente des Medienmarktes. Medien wie Tageszeitungen, Fachzeitschriften und Anzeigenblätter können nach wie vor noch relevante Umsätze im Werbemarkt verzeichnen. Dennoch sind

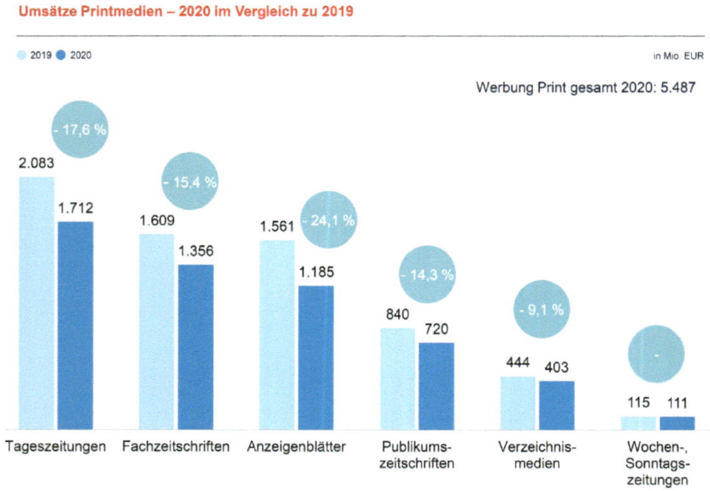

Abb. 30: Umsätze unterschiedlicher Printmedienkategorien im Vergleich (BVDA 2022, S. 13)

die gedruckten Medien im Bereich der Reichweiten stark unter Wettbewerbsdruck geraten und haben mit einem nahezu einbrechenden Werbeumsatz zu kämpfen.

Um Produkte im Rahmen des Transformationsprozesses beschreiben zu können, ist es entscheidend, die Veränderungen zu analysieren und zu systematisieren. Wenn man den Prozess der Medienproduktion auf abstrakter Ebene abbildet, erhält man nach der Logik der von Michael E. Porter etablierten Wertschöpfungsketten folgende Gliederung.

Wie in der Übersicht über Produkte und Akteure der Medienbranche in Kapitel 1 bereits deutlich wurde, beschreibt dieses Modell die unterschiedlichen Wertschöpfungsstufen und zeigt zugleich die Kreuz- und Querverflechtungen auf, die den Weg von der Erzeugung eines Medienprodukts bis zum Konsum charakterisieren. Für viele Medienunternehmen aus der Tradition der Presseverlage ist es ein Ziel, möglichst alle

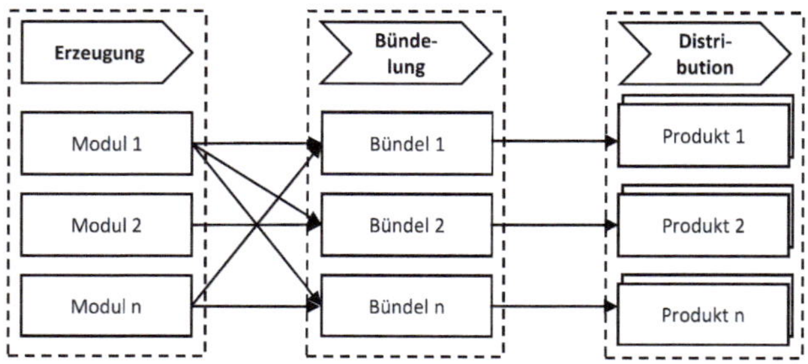

Abb. 31: Modell der modularen Medienproduktion (Hess 2022, S. 99)

entscheidenden Wertschöpfungsstufen entweder selbst anzubieten, oder zumindest deren Rahmenbedingungen maßgeblich mit zu beeinflussen. Dies hat nicht nur wirtschaftliche Gründe (mit einer durchgehenden Wertschöpfungskette sind höhere Margen erzielbar), sondern rührt auch aus dem Autonomieanspruch im Rahmen der verfassungsgemäßen Medienfreiheit her. Bereits auf der Ebene der Bündelung haben sich jedoch mit branchenfernen Aggregatoren neue Player etabliert, was den Wettbewerb im Rahmen der digitalen Transformation zusätzlich verschärft.

2.1 Lokale und regionale Medien

Die in diesem Abschnitt untersuchten Produkte, Unternehmen und Märkte sind an den klassischen Medienformen aus dem Bereich der Zeitung und Anzeigenblätter orientiert. Unter Anzeigenblättern versteht man periodisch erscheinende Werbedrucksachen, die unentgeltlich und unbestellt an alle Haushalte eines lokal abgegrenzten Bezirks zugestellt werden (Breyer-Mayländer & Werner 2003, S. 83). Interessanterweise hat der Umfang der redaktionellen Berichterstattung in Anzeigenblättern seit den 1990er Jahren stark zugenommen, sodass in einer Phase, in der die klassischen Zeitungsverlage mehr und mehr um die Reichweite in ihren Verbreitungsgebieten kämpfen mussten, Anzeigenblätter oftmals als Produkte derselben Mediengruppen und Medienunternehmen eine publizistische Kompensationswirkung entfalten konnten. Es lohnt sich also, beide Teilmärkte komplementär zu betrachten.

Zeitungen

Eine Zeitung ist ein publizistisches Produkt, das sich aufgrund das Kriteriums der Universalität in unterschiedliche Rubriken gliedert. Dabei haben sich drei Kriterien etabliert, nach denen die klassischen Printprodukte im Zeitungsbereich untergliedert werden können (Breyer-Mayländer & Werner 2003, S. 96 f.):

Periodizität Hier geht es um die Unterteilung zwischen Tageszeitungen und Wochenzeitungen.

Verbreitungsgebiet Hier geht es um die Unterteilung zwischen lokalen, regionalen und überregionalen Zeitungen.

Vertriebsform Hier geht es um die Unterteilung zwischen Abonnement auf der einen und Kauf- oder Boulevardzeitung auf der anderen Seite.

Die digitalen Produktformen bieten keine Unterscheidung mehr nach diesen Prinzipien. Lediglich die Vertriebsform ist auf der Ebene der Bezahlformen im Paid-Content-Bereich noch als Unterscheidungskriterium vorhanden. Sie liefert jedoch keine publizistisch relevante Differenzierung.

In diesem Markt geht es um nachrichtenorientierte Angebote, die meist in lokalen oder regionalen Märkten verbreitet werden und deren redaktionelle Orientierung trotz ihres Anspruchs auf Universalität darauf abzielt, das gesellschaftliche und politische Geschehen im lokalen oder regionalen Raum abzubilden. Die gedruckten oder digitalen Nachrichtenangebote hängen in unterschiedlichem Maße von einer Finanzierung im Werbe- und (zumindest teilweise) Nutzermarkt ab. Kostenlose Wochenzeitungen, wie sich die Mediengattung der Anzeigenblätter seit 2023 selbst auf Verbandsebene bezeichnet, sind nicht auf eine Nutzerfinanzierung ausgerichtet, aber alle anderen Produktvarianten sehen zumindest eine Co-Finanzierung der Nutzerschaft vor. Dies stellt beim Aufbau digitaler Newsplattformen eine nicht unerhebliche Hürde dar, denn im deutschen Markt ist die Zahlungsbereitschaft für nachrichtenorientierte Medien im internationalen Vergleich eher schwach ausgeprägt (fög 2021, S. 129).

Produkte und Technologien

Es fällt schwer, Anfang und Ende des digitalen Transformationsprozesses der Medienbranche zu beschreiben. Denn schließlich sind bei den nach wie vor zahlreichen Anbietern im deutschen Medienmarkt sehr unterschiedliche Erfahrungen im Bereich der Digitalisierung vorhanden. Die Vorreiter hatten bereits in der zweiten Hälfte der 1990er Jahre begonnen, digitale Produkte zu etablieren, und konnten diesbezügliche Erfahrungen sammeln, während späte Kandidaten, beispielsweise lokale Zeitungen mit einer Auflage von rund 50.000 Exemplaren mitunter erst seit wenigen Jahren in größerem Umfang in den Digitalbereich investieren. Eine gute Wasserstandsmeldung über die aktuellen Herausforderungen in der Branche gibt jeweils die Trendumfrage der Unternehmensberatung

Schickler in Zusammenarbeit mit dem Bundesverband Digitalpublisher und Zeitungsverleger (BDZV). Die Trendumfrage für das Jahr 2022 ergab drei große Trendbereiche: die Personalisierung von Diensten, die Schaffung von Angeboten für unterschiedliche Zielgruppen und das Ziel, unterschiedliche Kompetenzfelder für die digitale Transformation zu schaffen (BDZV & Schickler 2022).

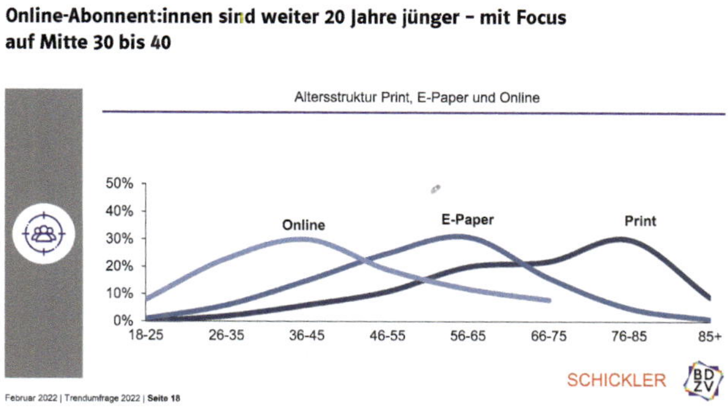

Abb. 32: Schaffung von Angeboten für unterschiedliche Zielgruppen (BDZV & Schickler 2022, S. 18)

Der deutsche Markt ist – im Unterschied zu internationalen Zeitungsmärkten – nach wie vor durch den Typus des lokalen oder regionalen Medienhauses geprägt, das entsprechende Abonnementzeitungen herstellt und vertreibt; der Einzelverkaufsanteil beläuft sich auf weniger als fünf Prozent. Auch wenn Abb. 32 zeigt, dass der Diversifikationsprozess im Rahmen der digitalen Transformation sehr vielfältige Produktvarianten mit sich bringt, ist es keineswegs so, dass alle digitalen Produktformen einfache Wachstumsfelder darstellen. So ist die Reichweite von E-Paper, die gerade für die kombinierte Reichweitendaten der Werbevermarktung eine Rolle spielt, bei den lokalen und regionalen Zeitungstiteln Anfang der 2020er Jahre in eine Phase der Stagnation und des Rückgangs geraten.

Bei der Schaffung von Angeboten für unterschiedliche Zielgruppen muss man zunächst die unterschiedlichen Alterskohorten betrachten, die man nicht über die Inhalte, sondern allein über die Form und technische Beschaffenheit der einzelnen Angebote schwerpunktmäßig erreichen kann. So sind lokale und regionale Podcasts das jüngste Medium, mit dem man schwerpunktmäßig Zielgruppen zwischen 18 und 35 Jahre erreicht. Online-Medien decken einen größeren Altersbereich ab, haben ihren Schwerpunkt jedoch im Bereich der 40-Jährigen. Das Medium E-Paper überwiegt bei den 60-jährigen, während die Printausgaben ihren Schwerpunkt bei den über 70-jährigen verzeichnen.

Branchenstatistiken auf Basis der geprüften Daten der Informationsgemeinschaft zur Feststellung der Verbreitung von Werbeträgern (IVW)

IVW Die Informationsgemeinschaft zur Feststellung der Verbreitung von Werbeträgern e. V. mit Sitz in Berlin ist ein 1949 gegründeter Verein. Er wird von Medienunternehmen, Werbungtreibenden sowie Werbe- und Media-Agenturen in Deutschland unterhalten und stellt vierteljährlich statistische Daten zur Reichweite verschiedener Medienerzeugnisse bereit.

zeigen, dass die Rückgänge im Bereich der Reichweiten der gedruckten Produkte nicht komplett durch den Anstieg an E-Paper-Nutzung ausgeglichen werden können. Derzeit gilt die parallele Publikation einer Vielzahl verschiedener Printprodukte, angepasst auf einzelne Teilzielgruppen (z.B. spezifische Alterssegmente), als erfolgversprechend. Im Idealfall wird nicht nur die technische Produktform und der Verbreitungsweg angepasst, sondern es findet eine zunehmende inhaltliche Anpassung an die Bedürfnisse und Interessen der Nutzerschaft statt, analog zum generellen Trend zur Personalisierung und Individualisierung von Medien.

Marktstrukturen

Bei der Analyse der Marktstrukturen bildet die Medienvielfalt den Rahmen für den kompletten lokalen, bzw. regionalen Markt. Obwohl die in Abb. 33 dargestellten Medienkanäle bereits seit mehr als zehn Jahren in lokalen und regionalen Mediengruppen existieren, zeigen sie doch deutlich, dass im Rahmen des Diversifikationsprozesses die dominierenden klassischen Mediengattungen wie Zeitungen, Anzeigenblätter oder Privatradio ihren dominierenden Einfluss verlieren. Auch seinerzeit absehbare Entwicklungen, wie Location Based Services (LBS), sind nach wie vor für die Analyse von Nachrichtenmedien relevant (Uphaus et al. 2022). Als neuer lokaler Medienkanal, der meist außerhalb des Newsbereichs mit einer Tendenz zu Special Interest- und Community-Formaten zum Einsatz kommt, sind Podcasts erwähnenswert. Sie sind einerseits in vielen Fällen auditive Digital-Communities, die jedoch durch ihre Konsumform als auditives Begleitmedium auch den Rundfunkmarkt im Bereich Hörfunk/Radio signifikant beeinflussen.

Viele regionale Mediengruppen bündeln ihre Verlagsaktivitäten mit unterschiedlichen Zeitungsbeteiligungen, kostenlosen Wochenzeitungen, Dienstleistungsaktivitäten (z.B. im Bereich Werbung und Vertrieb) sowie komplementären Medienformen (z.B. Beteiligungen an privaten, auf lokale und regionale Märkte zugeschnittene Rundfunkanstalten) unter dem Dach einer aktiven Konzernmutter. Innovative lokale und regionale Medienunternehmen ermöglichen – neben der Integration na-

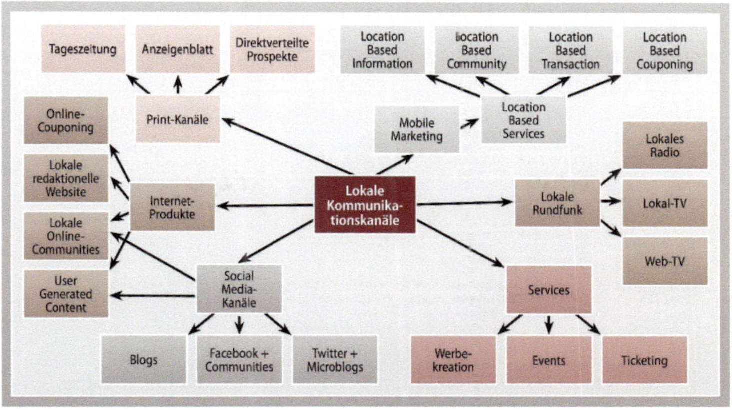

Abb. 33: Lokale Kommunikationskanäle als Spielfeld für lokale und regionale Medienunternehmen (Breyer-Mayländer 2011)

hezu aller denkbaren regional begrenzten Medienformen – auch zahlreiche Dienstleistungen oder Corporate-Venture-Investitionen in digitale Start-ups. Damit wird im Zuge der digitalen Transformation eine Diversifikation und zusätzliche Absicherung des Unternehmens angestrebt.

Die Rückgänge im Bereich der vertrieblichen Reichweite von Zeitungen und die teilweise damit verbundenen Rückgänge im Bereich der Werbeerlöse haben dazu geführt, dass lokale und regionale Medienunternehmen aus dem traditionellen Zeitungsbereich zunehmend unter der schwierigen Erlössituation leiden. Signifikante Umsatzeinbußen und der damit verringerte Erlösbereich sind mit den zugleich steigenden Kosten nicht in Einklang zu bringen. Es hat daher in den vergangenen Jahren eine immer stärkere Konzentration stattgefunden. Die wenigen verbliebenen mittelgroßen und größeren Mediengruppen hatten kleinere Marktteilnehmer aufgekauft, um Skalierungsmöglichkeiten zu nutzen, die ihre eigenen Geschäftsfelder stabilisieren sollen. Diese Konzentrationsschritte finden nach wie vor statt (Röper 2022, S. 299), dennoch ist es bedenklich, dass bei einigen größeren Übernahmen mehr Zeit verging, bis tatsächlich Käufer und Interessenten gefunden werden konnten und der Prozess in den 2020er Jahren in Summe sehr viel länger andauerte als dies noch vor fünf oder gar zehn Jahren der Fall war. Für einige Konzerninvestoren scheinen diese Märkte nicht mehr attraktiv genug zu sein, um kleinere und mittlere Marktteilnehmer aufzukaufen und sie in der eigenen Gruppe zu konsolidieren. Eine Verlangsamung des Konzentrationsprozesses in manchen Teilsegmenten der Presse-

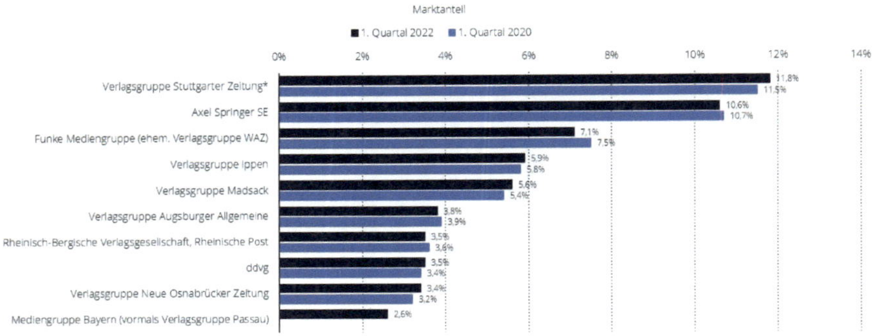

Abb. 34: Marktanteile der Verlagsgruppen an der Auflage im Tageszeitungsmarkt in Deutschland im 1. Quartal 2022 und 2022 (Statista nach: Röper 2022, S. 296 auf Basis der Daten der IVW)

und Medienbranche muss daher noch kein Signal zur Entspannung oder Entwarnung sein.

Der deutsche Zeitungsmarkt ist inzwischen durch die Zusammenschlüsse der mittleren und größeren Verlagsgruppen und die Aufnahmefunktion vieler kleinerer Verlage einer steigenden Konzentration unterworfen. Die führenden Verlagsgruppen haben sich dabei auf die kostengünstige Kombination unterschiedlicher Zeitungsmarken spezialisiert und versuchen, durch die Economies of Scale ein zukunftsorientiertes Geschäftsmodell in der Kombination gedruckter und digitaler Medien in den jeweiligen lokalen und regionalen Räumen zu ermöglichen. Einen Überblick über die im Geschäft mit Tageszeitung führenden Mediengruppen bietet Abb. 34. Dabei sind die Zeichen bei einigen Medienunternehmen im Bereich der Zeitungen und Regionalmedien klar auf De-Investment gesetzt (Springer SE), was zu einer weiteren Verstärkung der Konzentrationstendenzen führt. Aus Sicht der publizistischen Vielfalt ist das Stand heute (2024) dennoch in vielen Fällen weniger kritisch als es zur Jahrtausendwende war, da es in vielen medialen Themenfeldern eine größere Vielfalt an unterschiedlichen Angeboten aus unterschiedlichen Branchenkontexten gibt. Die größte Lücke entsteht jedoch in der lokalen und regionalen Berichterstattung, die auch mit dem Problem einhergeht, dass es für wichtige Kernkompetenzen der Verlage (Zeitungen und Anzeigenblätter), wie Nachrichten aus der Kommunalpolitik, weniger Interesse und Nachfrage gibt.

ECONOMIES OF SCALE (Skaleneffekte) beschreiben die Abhängigkeit von Input und Output in der Produktion und bezeichnen Kostenvorteile, die sich im Rahmen einer Massenproduktion durch größere Produktionsmengen oder andere Produktionsfaktoren ergeben.

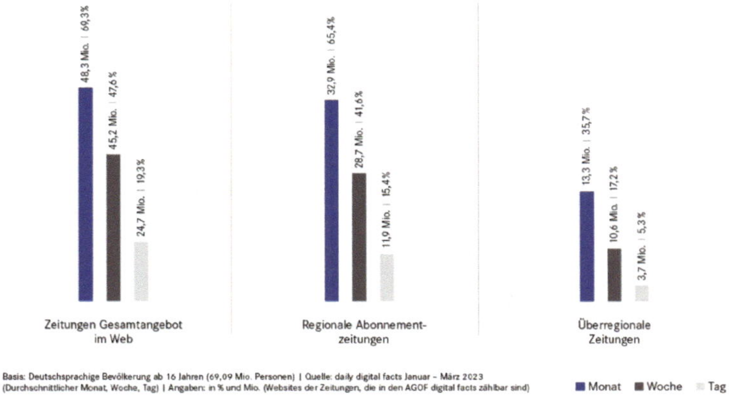

Abb. 35: Reichweite der digitalen Zeitungsangebote (BDZV 2023)

In Deutschland gibt es nach wie vor über 300 unterschiedliche lokale und regionale Abonnementzeitungen und die Anzahl der verkauften Exemplare pro Erscheinungstag liegt immer noch bei 13,47 Mio. (IVW 2. Quartal 2023). Damit ist Deutschland immer noch ein Land der Zeitungsvielfalt, wenngleich in vielen Regionen der publizistische Wettbewerb aufgrund der Auflagenrückgänge und Marktbereinigungen deutlich zurückgegangen ist. Aneinandergrenzende Verbreitungsgebiete wurden dabei in ihrem Wettbewerbsumfang reduziert. Die Wettbewerber arrondieren ihren Markt, indem sie sich aus Kreisen zurückziehen, in denen sie lediglich die ›Zweit-Zeitung‹ darstellten. Wie beim allgemeinen Modell der Anzeigen-Auflagen-Spirale gezeigt wurde, ist es für eine Zweit- oder Drittzeitung kaum möglich, sinnvolle Erlöse im Werbemarkt zu erwirtschaften. Da es sich beim Werbemarkt der Zeitungen um einen schrumpfenden Markt handelt, ist es nur folgerichtig, dass die Verlage ihre Kosten senken und sich aus unattraktiven Wettbewerbsgebieten zurückzuziehen. Im publizistischen Sinne ist dies jedoch bedauerlich, da es mehr und mehr sogenannte Ein-Zeitungs-Kreise gibt, bei denen die interessierte Zeitungsleserschaft lediglich ein Medium zur Auswahl hat. Dies bringt eine Informationslücke mit sich, gerade für Zielgruppen unter 50 Jahren, die noch nicht geschlossen wurde (Breyer-Mayländer 2019, S. 37).

Im Zuge der digitalen Transformation wird immer wieder darüber diskutiert, ob diese Rückgänge an publizistischer Vielfalt nicht durch die zusätzlichen Möglichkeiten des Internets kompensiert werden können. Da es jedoch im Bereich lokaler und regionaler Informations-Dienste keine alternativen Plattformen gibt, ist hier die Reichweite der digitalen

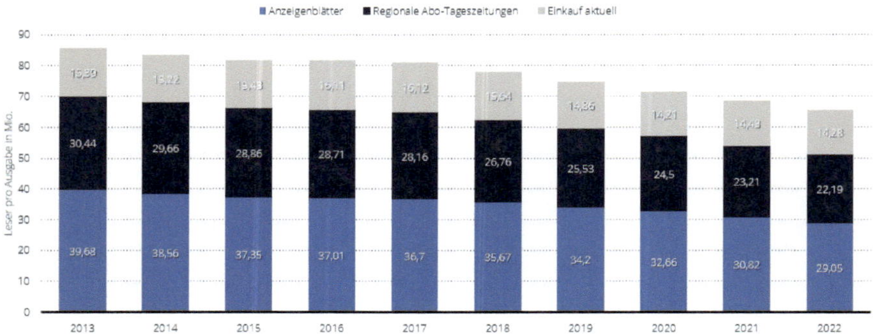

Abb. 36: Entwicklung der Reichweiten der Anzeigenblätter (Statista auf Basis der Daten des IfD 2022)

Angebote der lokalen und regionalen Medienhäuser maßgebend. Diese ist jedoch im Vergleich zu den Rückgängen im Printbereich nach wie vor überschaubar. Auch im Hinblick auf die Wirtschaftlichkeit der Medienunternehmen können die digitalen Aktivitäten derzeit noch nicht vollständig die Rückgänge im klassischen Printgeschäft kompensieren (BDZV Umsatzerhebung).

Anzeigenblätter (kostenlose Wochenzeitungen)

Wer nun annimmt, dass lediglich die von der Nutzerschaft zu bezahlenden gedruckten Zeitungen unter Auflageneinbußen leiden, wird mit einem Blick auf die gedruckten Auflagen der Anzeigenblätter in Deutschland eines Besseren belehrt. Obwohl hier vom Geschäftsmodell her die Leserschaft nicht als zahlende Kundschaft in Anspruch genommen wird, sind deutliche Rückgänge in den vergangenen zehn Jahren zu verzeichnen. Die Zahl der Anzeigenblattverlage reduzierte sich von 485 im Jahr 2011 auf 334 im Jahr 2022 (BVDA 2022).

Selbst wenn man direkte Prospektverteilmarken, wie Einkauf aktuell (Deutsche Post AG), mit in die Vertriebs- und Verbreitungsmöglichkeiten von redaktionell begleiteter Direktwerbung einbezieht, ist in Deutschland ein Rückgang der Auflagen für diese Möglichkeit der Werbekommunikation festzustellen (Abb. 36). Der Umstand, dass typische Werbekunden für Prospekte und Direktverteilung, wie der Lebensmitteleinzelhandel (LEH), entweder ganz aus diesen Medien aussteigen oder den Anteil im Werbe-Mix deutlich gegenüber den digitalen Medien reduzieren, verdeutlicht den Abwärtstrend.

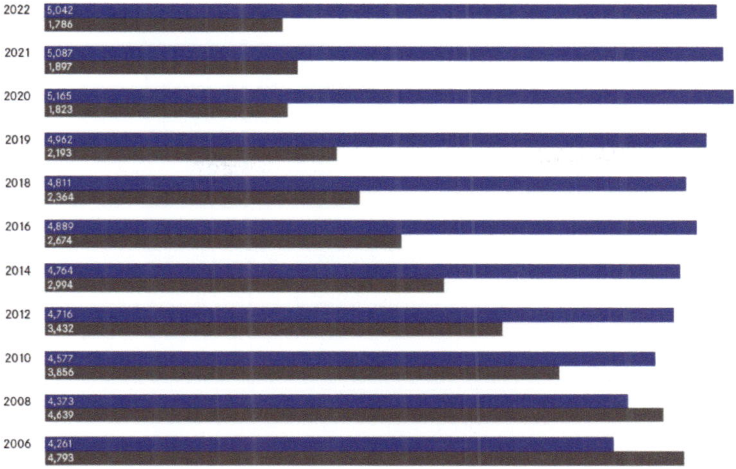

Abb. 37: Entwicklung der Anzeigen- und Vertriebsumsätze der Zeitungen [Mrd. Euro] (BDZV 2023a)

Wie Abb. 37 zeigt, hat sich die Erlösstruktur der Zeitungs- und lokalen, regionalen Nachrichtenmedien in den vergangenen Jahren radikal umgekehrt. Waren es früher noch zwei Drittel Werbeerlöse gegenüber einem Drittel Vertriebserlöse, so hat sich dieses Verhältnis erstmals im Jahr 2010 umgekehrt, als der Anteil der Vertriebserlöse höher war als der der Werbeerlöse (Breyer-Mayländer 2010). Seit dem Jahr 2021 liegt das Niveau der Werbeerlöse nur noch bei einem Drittel der Gesamterlöse. Dieser radikale Rückgang im Werbegeschäft erklärt sich durch die mediale Vielfalt, die wir mit der Darstellung aller möglichen kommunale Kommunikationsformen aufgezeigt haben und die Rolle der Zeitung als Werbemedium verändert hat. In einer Situation, in der die Zeitung nicht mehr zu einem allgemein gängigen Produkt gehört, das in der jeweiligen Region von der Mehrzahl der Bevölkerung bzw. den aktiven Kundinnen und Kunden abonniert wird, verliert dieses Medium an Stellenwert bei lokalen und regionalen Kampagnen. Es ist somit nicht mehr das Erstmedium, das trotz hoher Kosten belegt wird, sondern es ist ein Zweit- oder Drittmedium, das im Mediaplan der Agenturen und Kunden nur dann mitberücksichtigt wird, wenn bereits andere Medien für eine grundsätzliche Abdeckung in der Region gesorgt haben.

Diese veränderte Rolle der Zeitung als Werbemedium wird auch durch Abb. 38 bestätigt: Es sind digitale Werbeformen, die bei kommunalen und regionalen Kampagnen die Nummer 1 darstellen und Be-

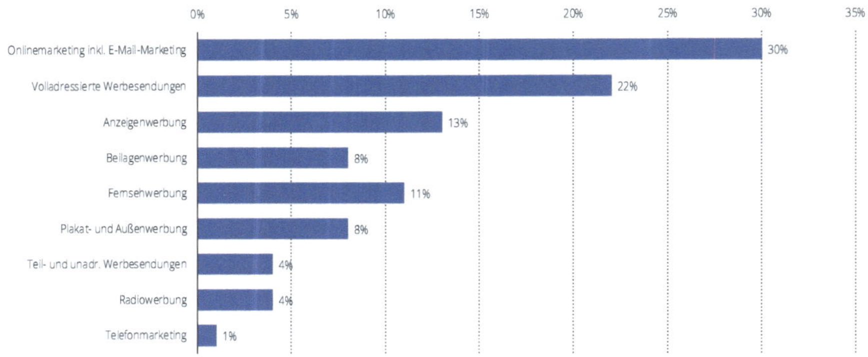

Abb. 38: Verteilung des Werbeaufwands im Handel auf die einzelnen Werbemedien (Dialog + Klassik) im Jahr 2021 (Statista auf Basis der Daten der Deutschen Post 2022, S. 16

rücksichtigung bei Planung und Buchung finden noch bevor man auf die typischen Werbemittel der etablierten Werbeträger zurückgreift. Beispielsweise hat das LEH-Unternehmen Rewe seinen Verzicht auf gedruckte Prospekte ab Juli 2023 mit einer eigenen crossmedialen Kampagne begleitet (Schasche 2023). Zwar steckt in der Kategorie des Online-Marketings auch ein Potenzial für die digitalen Plattformen der regionalen und lokalen Medienhäuser, doch findet dieses Werbegeschäft auf einer anderen Preisbasis und damit auf einem grundsätzlich anderen ökonomischen Level statt als im Printgeschäft. Dies macht die Transformationssituation nicht nur finanziell, sondern vor allem auch kulturell innerhalb des jeweiligen Unternehmens schwierig. Einige Geschäftsführungen sprechen hier von der ›Bausparkasse‹ des Print-Geschäfts, mit dem die Neubauten im Bereich der digitalen Angebote und Geschäftsmodelle vorfinanziert werden, bevor diese ambitionierten Produkte in der Lage sind, die Umsatz- und Erlösrückgänge aus dem Printgeschäft zu kompensieren (Schultz-Homberg 2023).

2.2 Zeitschriften – von General bis Special Interest

Der Markt der Zeitschriften wird traditionell in unterschiedliche Teilsegmente aufgeteilt, die noch unverändert ihre Berechtigung haben.

Publikumszeitschriften Dieses Segment umfasst klassische General-Interest-Zeitschriften und Nachrichtenmagazine, wie etwa *Spiegel, Focus, Stern, Bunte.* Diese Kategorie umfasst jedoch auch den Markt der Special-Interest-Zeitschriften. Es umfasst mehr als 1.000 Zeitschriftentitel.

Fachzeitschriften Sie sind für sehr kleine und enge Zielgruppen konzipiert und haben daher keine vergleichbaren Auflagengrößenordnungen wie dies bei Publikumszeitschriften, selbst im Special-Interest-Bereich, der Fall ist. Die Unterscheidung zwischen Special-Interest und Fachzeitschriften mag bei beruflichen Fachzeitschriften auf den ersten Blick nicht direkt einsichtig sein. Sie resultiert jedoch im Wesentlichen aus der Rolle der Zeitschrift im Werbemarkt. Special-Interest-Zeitschriften adressieren eine spezifische Zielgruppe, die sich für das Thema aus privaten und persönlichen Motiven interessiert, während bei beruflichen Fachzeitschriften die Zeitschrift von Institutionen abonniert wird und die Leserschaft sich aus beruflichen Gründen mit diesem Thema beschäftigt. Die Kategorie umfasst mehr als 5.000 Titel mit zumeist niedrigen Auflagen.

Konfessionelle Zeitschriften Dieses Segment besitzt innerhalb der Verbandsorganisation des Medienverbands der freien Presse (mvfp) eigene Gremien, die Publikationen werden traditionell gesondert erfasst. Die Kategorie umfasst rund 100 Titel, die nur eine begrenzte Auflagenhöhe besitzen.

Produkte und Technologien

Abb. 39 zeigt die Entwicklung der Titelzahlen im Bereich der Publikumszeitschriften. Die meisten der Titel werden von der Informationsgemeinschaft zur Feststellung der Verbreitung von Werbeträgern Leistung

	2022 [2]	2020	2018	2016	2014
Gesamt	1 303	1 312	1 437	1 497	1 512
davon mind. 14-täglich	125	125	127	130	134
anteilig in %	9,6	9,5	8,8	8,7	8,9
seltener	1 178	1 187	1 310	1 367	1 378
IVW-geprüft	406	420	498	506	524
von gesamt in %	31,2	32,0	34,7	33,8	34,7
davon mind. 14-täglich	101	101	108	106	107
in %	80,8	80,8	85,0	81,5	79,9
seltener	306	319	390	400	417
in %	26,0	26,9	29,8	29,3	30,3

1) Jeweils zum Jahresende.
2) Stand Ende März 2022.

Quelle: WIP-Pressedatenbank; eigene Berechnungen nach IVW-Auflagenlisten; revidierte Fassung.

Abb. 39: Entwicklung der Titelanzahl der deutschen Publikumspresse (Vogel 2022, S. 321)

(IVW) geprüft. Die Zahl der Titel hat jedoch in den vergangenen Jahren merklich abgenommen, liegt jedoch nach wie vor bei deutlich mehr als 1.000 Titeln im deutschen Markt.

Hinter der Titelsumme im Bereich der Publikumszeitschriften verbergen sich unterschiedliche Themenfelder mit den entsprechenden Zielgruppen, darunter befinden sich (Stand 2022) 70 monatlich erscheinende Frauenzeitschriften, 68 Wohn- und Gartenzeitschriften, 47 Kinderzeitschriften, 46 Sportzeitschriften, 33 Wöchentliche Frauenzeitschriften, 33 Titel der Motorpresse, 29 Zeitschriften der Stadt- und Veranstaltungsszene, 28 Programmzeitschriften, 26 Titel der Wirtschaftspresse, 26 Esszeitschriften sowie 24 aktuelle Zeitschriften und Magazine. Für diese Zielgruppen sind nicht nur unterschiedliche redaktionelle Kompetenzen und Ausrichtungen erforderlich, sondern es müssen auch im Bereich der Werbevermarktung unterschiedliche potenzielle Werbekunden und deren Agenturen adressiert werden.

Um die Rolle der Zeitschriften als Werbeträger einschätzen zu können, muss man sich mit der Reichweite der Titel insgesamt befassen (Abb. 40), denn unstrittig ist: Die publizistische Reichweite wächst durch Digital-Angebote. Der Medienverband der freien Presse (MVFP) dokumentiert für 2022:

- 1,35 Mio. Leser pro Ausgabe (Print exklusiv),
- 3,27 Mio. Nutzer pro Erscheinungsintervall (Digital exklusiv),
- 0,21 Mio. Nutzer (Print und Digital).

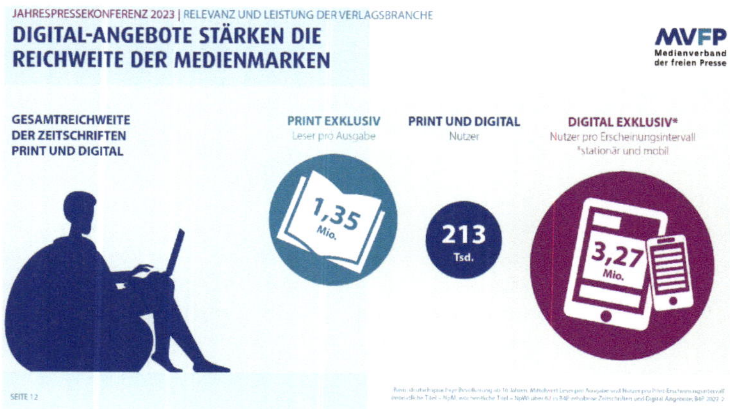

Abb. 40: Kombination aus Print- und Digitalreichweite zur Sicherstellung der publizistischen und werblichen Relevanz (MVFP 2023, S. 12)

Marktstrukturen

Der Markt der Publikumszeitschriften weist eine hohe Konzentration auf. Auch nach dem Rückzug von Springer wird das deutsche Marktgeschehen von einer begrenzten Anzahl an Marktteilnehmern dominiert. Es handelt sich dabei also um ein klassisches Oligopol (Vogel 2022). Wie in einschlägigen Zusammenstellungen, wie etwa den jährlich erscheinenden Basisdaten von Media Perspektiven, der Fachzeitschrift der ARD Sales & Services, ersichtlich wird, betreiben die meisten Zeitschriftenhäuser aus dem Bereich der Publikumspresse ab einer gewissen Größe unterschiedliche Geschäftsfelder.

Bei den Publikumsmedien kommt dem traditionellen Stammgeschäft nicht nur eine besondere Aufmerksamkeit zu, sondern es handelt sich dabei – gerade bei den größeren Unternehmen – um einen Bereich mit einer sehr großen Komplexität. Die nachfolgende beispielhafte Darstellung des Burda Verlags (Abb. 42) zeigt, dass allein das Segment der Publikumszeitschriften mit unterschiedlichen inhaltlichen Schwerpunkten und Unternehmensstandorten einen größeren Abstimmungs- und Koordinationsbedarf verursacht. Entsprechend gilt es in den Unternehmen darauf zu achten, dass einerseits eine dezentrale Verantwortung auf der Ebene der einzelnen Markentitel und Märkte stattfindet, um rasch und damit auch kundenorientiert und marktnah reagieren zu können. Andererseits muss man auch eine ausreichende Koordination im Sinne eines kostenoptimierten Managements auf der Ebene der Gesamtgruppe im Blick haben.

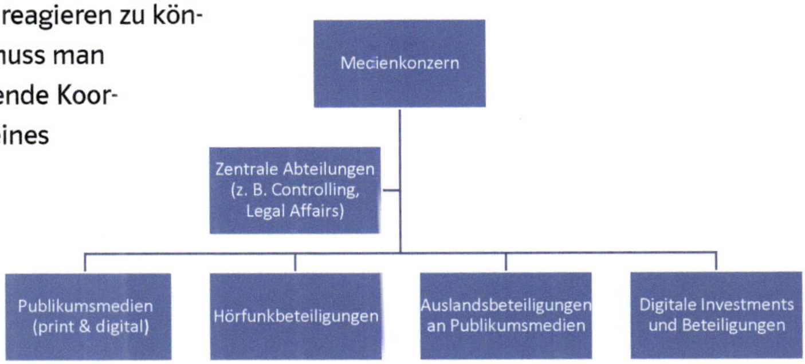

Abb. 41: Schematischer Unternehmensaufbau von Medienunternehmen aus dem Bereich Publikumspresse (eigene Darstellung)

Aufgrund der Wachstumsgrenzen im traditionellen Kerngeschäft der gedruckten Publikumszeitschriften haben die meisten Unternehmen aus diesem Segment des Medienmarktes die vergangenen Jahre dazu benutzt, die Diversifikation in ihren Unternehmen weiter voranzutreiben. So belegt die Branchenstatistik des Verbandes, dass der Umsatz in nicht klassi-

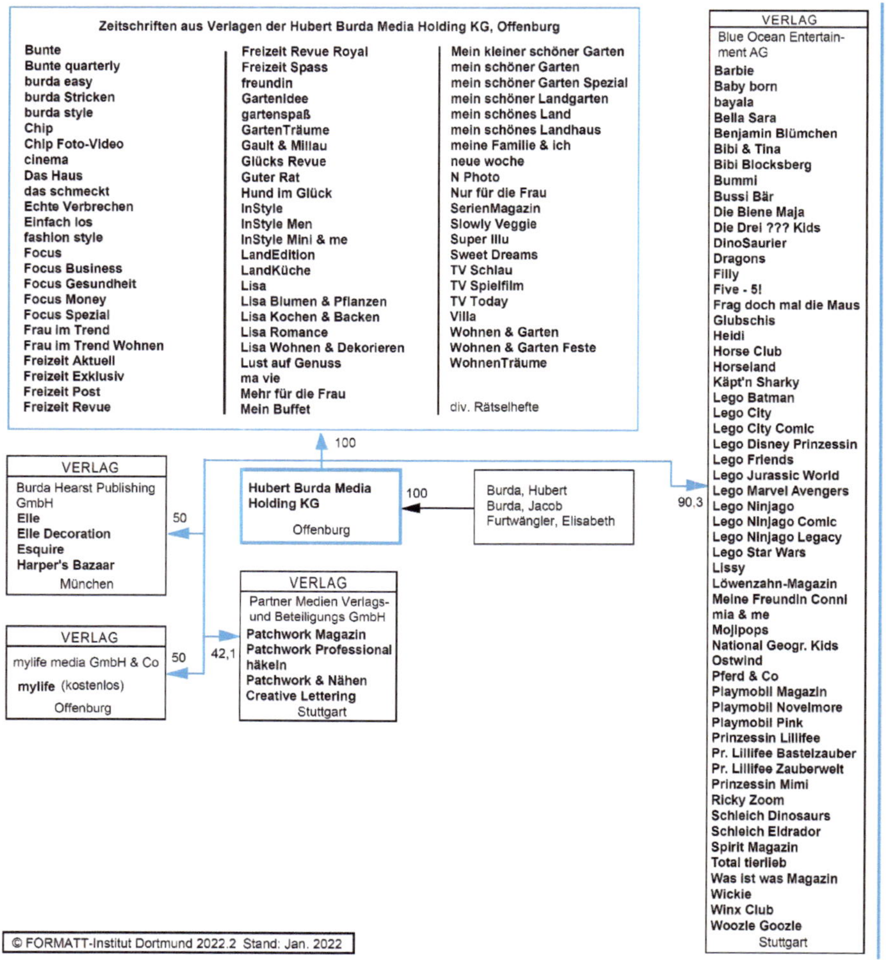

Abb. 42: Beteiligungen des Burda-Konzerns an Printmedien in Deutschland 2021 (Media Perspektiven 2021, S. 37 auf Basis von Formatt)

schen Geschäftsfeldern 2021 erstmals mehr als 30 Prozent des Gesamtumsatzes erreicht hat:

- Software und Services 771 Mio. Euro (+36%),
- Stellen-Plattformen 853 Mio. Euro (+17%),
- Online-Shops, Vergleichsportale etc. 2.537 Mio. Euro (+10%),
- Bildung 202 Mio. Euro (+2%),
- Messen, Kongresse, Events 56 Mio. Euro (−4%).

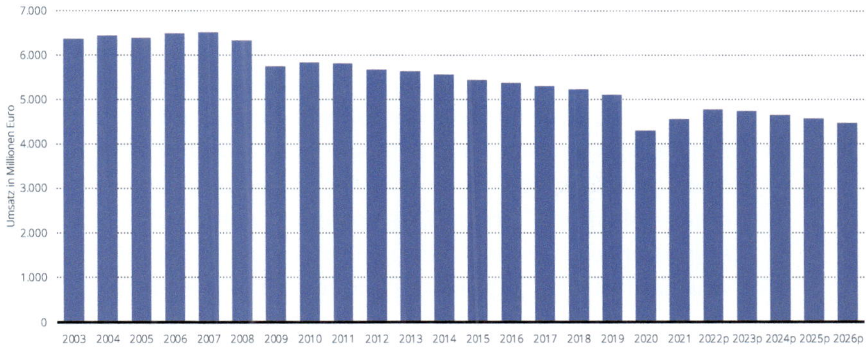

Abb. 43: Gesamtumsätze auf dem Zeitschriftenmarkt in Deutschland [Mio. Euro] (Statista auf Basis von PwC 2022, S. 177f.)

Ähnlich wie im Zeitungsbereich geht es auch für die Zeitschriftenverlage darum, die Erlösverluste bei den gedruckten Produkten mehr und mehr durch Paid-Content-Modelle im Bereich der digitalen Angebote zu kompensieren. So stieg der Umsatz von 197 Mio. Euro im Jahr 2020 auf 348 Mio. Euro in 2022 (MVFP 2023).

Angesichts der nach wie vor noch begrenzten Erlöse durch Paid-Content stellt sich allerdings die Frage, ob im Bereich der gedruckten Produkte die mögliche Preisspanne bereits ausgereizt ist. Im Zeitungsbereich war die Optimierung der Vertriebserlöse der gedruckten Produkte eine der entscheidenden Herausforderungen für die meisten Verlagsakteure. Im Bereich der Publikumszeitschriften kann man derzeit ein durchaus hohes durchschnittliches Preisniveau feststellen, das im Wettbewerb zu anderen Mediengattungen nur im individuellen Rahmen größere Preisentwicklungen nach oben zulassen wird. Hier bedeutet insbesondere die konjunkturelle Situation im Kontext der Krisen der vergangenen Jahre für die Verlage eine spürbare Begrenzung bei der Optimierung des Vertriebserlöses.

Trotz der steigenden Bemühungen, die Verluste im Printgeschäft durch weitere digitale Angebote auf Basis identischer Redaktionskompetenzen auszugleichen, ist über die Jahre hinweg ein deutlicher Umsatzrückgang mit Zeitschriften im deutschen Markt nachweisbar (Abb. 43). Die vier großen Publikumsverlage (Bauer, Funke [ehemals WAZ], Burda, Klambt) können zwar nach wie vor einen Großteil des Marktes auf sich vereinen, das Gesamtvolumen des Marktes hat jedoch im Vergleich zu anderen Teilmärkten des Medienbereichs an Bedeutung verloren. Deshalb verfolgen die Verlage im Markt der Zeitschriften generell das Ziel, durch weitere Investitionen die digitale Transformation voranzutreiben und auf einem vermutlich kleineren Niveau – was Gesamtumsatz und Mitarbeitendenzahl angeht – ein robustes digital transformiertes Geschäftsmodell in ihren Kernkompetenzfeldern weiter zu betreiben. Die Wirksamkeit dieser Strategie hängt jedoch in hohem Maße davon ab, wie sich die Angebote und der daraus resultierende Produktnutzen gerade bei jungen Zielgruppen im Wettbewerb zu anderen Angeboten und anderen Substitutionsprodukten darstellt. Die Geschäftsentwicklung 2021 im Vergleich zu 2020 zeigt eindeutig, dass die Wachstumsfelder im Digitalen liegen, selbst wenn man berücksichtigt, dass die digitalen Geschäftsfelder noch eine kleinere Basis als die etablierten Printgeschäftsfelder aufweisen:

- Vertrieb von Printprodukten: -4%,
- Vertrieb von Digitalprodukten (inkl. E-Paper): +24%,
- Paid-Content: +12%,
- Anzeigen Print: −0,7%,
- Anzeigen Digital +19%,
- Onlinebasierte Geschäfte: +21%,
- Voice-/Podcast-Angebote: +7%,
- Brand-Business: +1%,
- Veranstaltungen +30%.

Marktstrategisch können die Publikumsmedien nur durch eine weitere Differenzierung der Produkte und einen weiteren Ausbau des Angebots dafür sorgen, dass auch unter künftigen Rahmenbedingungen (z.B. gesetzliche Rahmenbedingungen im Bereich des Datenschutzes) und Wettbewerbssituationen (unterschiedliche Wettbewerber aus dem Bereich der Aggregatoren und Suchdienste) ein funktionsfähiges Geschäftsmodell für Publikumsmedien etabliert werden kann.

2.3 Fachmedien – für Wissenschaft und Professionals

Fachzeitschriften unterscheiden sich von Special-Interest Zeitschriften dadurch, dass ihre Nutzerschaft sich mit diesen Themen aus beruflichen Gründen befasst. Dies kann einerseits in den professionellen Bereich münden, indem beispielsweise Fachthemen aus besonderen Branchen abgedeckt werden, oder in den Bereich wissenschaftlicher

Fachzeitschriften, bei denen es um den fachlich wissenschaftlichen Austausch geht. Aufgrund der Zielgruppendefinition sind wissenschaftliche Fachzeitschriften meist englischsprachig und im internationalen Kontext angesiedelt. In den vergangenen Jahren gab es immer größere Diskussionen über die relativ hohen Abonnementpreise die Universitäts- und Hochschulbibliotheken, die die Steuerzahler aufzuwenden hatten, um an den Forschungsergebnissen teilzuhaben, die zuvor bereits im öffentlichen Forschungssystem durch Steuergelder finanziert wurden.

Dadurch entstand der Wunsch nach einer Umkehrung der Geschäftsmodelllogik in Form von Open-Access-Fachzeitschriften. Die Fachzeitschriften und Fachbücher, die als **Open-Access**-Publikationen angeboten werden, sind für die Nutzerschaft (Leser*innen) kostenfrei verfügbar. Diese Lösung hat den Vorteil, dass die Forschungsergebnisse öffentlich abrufbar sind. Damit die Medienunternehmen dennoch ein tragfähiges Geschäftsmodell entwickeln können, sind die Beiträge für die Autor*innen kostenpflichtig. Das heißt, die Forscher*innen oder die dahinterstehenden Institutionen bezahlen Verlage dafür, dass ihre Forschungsergebnisse professionell verbreitet werden. Dies hat neben den einschlägigen renommierten wissenschaftlichen Fachverlagen auch eine Reihe von Trittbrettfahrern auf den Plan gerufen, die ›Predatory Journals‹ herausgeben, bei denen keine professionelle Qualitätskontrolle beispielsweise durch Peer-Review-Verfahren gewährleistet ist. Auch wenn verschiedene Personen und Institutionen, z. B. Bealslist, versuchen, hier Licht ins Dunkel zu bringen, besteht nach wie vor sowohl für die Nachfrager auf Seiten der Leserschaft als auch für die Nachfrager auf Seiten der Wissenschaft lediglich eine begrenzte Markttransparenz, was die Differenzierung zwischen professionellen, internationalen Journals und den skizzierten schwarzen Schafe angeht.

PEER-REVIEW-VERFAHREN
Begutachtungsverfahren für wissenschaftliche Fachbeiträge bei Fachzeitschriften und Konferenzen. Meist als Double-blind-Review-Verfahren, bei dem mehrere Gutachter*innen einen Beitrag begutachten, ohne dass ihnen die Identität der Autor*innen bekannt ist und ohne dass die Autor*innen die Namen der Gutachter*innen kennen.

Das Geschäft mit wissenschaftlichen Fachzeitschriften ist eng mit dem Geschäft von wissenschaftlichen Fachbüchern gekoppelt, weshalb die meisten größeren Player in diesem Markt neben Fachzeitschriften (Journals) und Fachbüchern auch Konferenzen anbieten und damit das ganze Spektrum der Kommunikation im Wissenschaftsbereich unterstützen.

Produkte und Technologien

Die Diversifikation im Bereich der Fachmedien zeigt sich daran, dass die im Medienverband der freien Presse (MVFP) organisierten Verlage inzwischen eine Vielzahl an unterschiedlichen digitalen Vertriebserlösen anbieten. Von insgesamt 1,95 Mrd. Euro digitale Vertriebserlöse der Fachmedien im Jahr 2021 entfielen:

- rund 1,15 Mrd. Euro auf den Verkauf digitaler Ausgaben, Datenbanken, Dossiers und Marktforschung,
- 0,4 Mrd. Euro auf Fachbücher,
- 0,4 Mrd. Euro auf Software/Workflow-Lösungen.

Bereits seit der Jahrtausendwende haben wissenschaftliche Fachverlage begonnen, ihre Wertschöpfungskette zu hinterfragen und als produktunabhängige Struktur zu organisieren. Die nachfolgende Abbildung zeigt, wie aus der traditionellen Print-Wertschöpfungskette eine produktneutrale – damit auch für den Digitalbereich geeignete – Wortschöpfungsdarstellung entstehen kann.

Ein interessanter Wandel der Produktebene und damit auch der Wahrnehmung von Fachinformationen fand seit der Jahrtausendwende im Bereich der professionellen Fachinformationen statt. Ausgehend von den öffentlichen Fachinformationsinitiativen nach dem Sputnikschock des Westens (Kuhlen 1986, S. 264) haben inzwischen die privaten Content-Angebote neben der klassischen Internet- und Fachinformationsrecherche die Arbeit von Informationsbrokern (Kuhlen 1995, S. 333 ff.; Kuhlen 1999, S. 161ff., 196f.) ersetzt. Durch das Zusammenwachsen von Branchensoftware und Fachinformationsinhalten gibt es eine Reihe von Produkten, bei denen wissensbasierte Systeme der Fachinformation mithilfe schwacher künstlicher Intelligenz (z.B. Natural Language Processing, Machine Learning) in der Lage sind, professionelle Beratungsleistungen spezialisierter Berufsgruppen zu unterstützen.

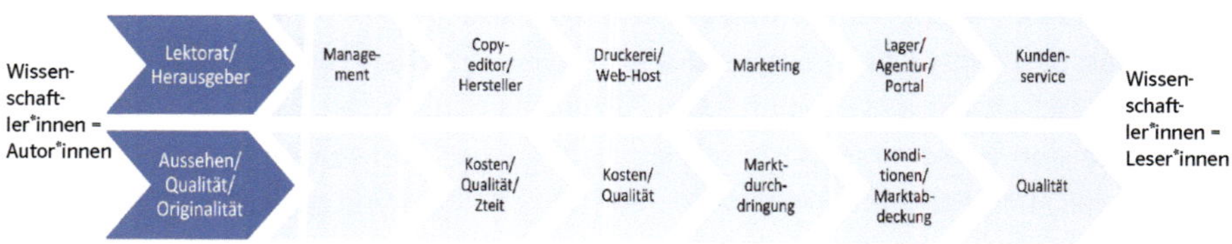

Abb. 44: Produktneutrale Wertschöpfungsdarstellung

Beispielhaft sind Produkte im Bereich der Rechtswissenschaft und Medizin, wo beim Schreiben oder Diktieren des Arztbriefs oder Anwaltsschriftsatzes nicht nur das Fachvokabular bei der entsprechenden Diktiersoftware hinterlegt ist, sondern beispielsweise im Schreibmodus die relevanten Urteile, Medikamente oder Studien angezeigt werden, die man mit einem Klick in das entsprechende Schriftstück integrieren kann. Als im deutschen Rechtsgebiet Wolters Kluwer dieses Prinzip im deutschen Markt eingeführt hatte, kam es bei der klagefreudigen Klientel der Rechtsanwälte zu einem Rechtsstreit, ob der Verlag damit nicht gegen das Rechtsberatungsgesetz verstoße. Der Verlag berief sich im Rahmen des Prozesses auf den Grundsatz, dass es sich dabei lediglich um eine Weiterentwicklung der bereits jahrzehntelang etablierten Formularhandbücher handele. Da in Deutschland Code Law gegenüber Case Law bevorzugt wurde, griff der Gesetzgeber u.a. auch diese Diskussionen rund um die Einzelfallentscheidung auf und erließ mit dem Gesetz zum Legal-Tech-Inkasso eine neue Rechtsgrundlage (Mina, Zerres, Zerres 2022, S. 24). Der Umstand, dass Fachinformationsverlage als Teil des neuen Legal-Tech-Marktes zu sehen sind, verdeutlicht im Bereich einzelner Fachdomänen das Zusammenwachsen von Fachinformations- und Softwareprodukten. Verlage kommen damit ihrer Rolle, Domänenwissen zu strukturieren und aufzubereiten, auch weiterhin nach.

Professionelle Fachzeitschriften mit einer Nutzerschaft, die aus beruflichen Gründen auf die darin enthaltenen Fachinformationen angewie-

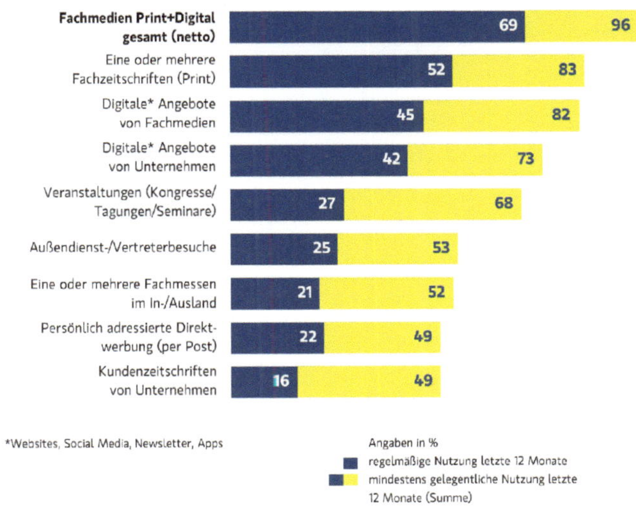

Abb. 45: Nutzung von B2B-Informationsquellen durch professionelle Entscheider. (Deutsche Fachpresse 2018, S. 2)

sen ist, sind im Leser- und Werbemarkt im Business-to-Business-Geschäft (B2B) angesiedelt. Entsprechend sind auch die alternativen Informationskanäle für die Nutzerschaft in beiden Teilmärkten auf Fachmessen, Kongresse oder direkte dialogorientierte Kommunikationsformen angewiesen. Die Deutsche Fachpresse verortet die Nutzung und den Einfluss von B2B-Informationsquellen wie in Abb. 45 dargelegt.

Marktstrukturen

Wenn man die Struktur das Fachinformationsmarktes detaillierter analysiert, stellt man fest, dass gerade bei den wissenschaftlichen Fachzeitschriften die Auswahl von relevanten und mit einer ausreichenden Innovationsdynamik ausgestatteten Fachbereichen entscheidend ist, um sich als Verlag weiterentwickeln zu können. Ein Portfolio mit einer klaren Ausrichtung an unterschiedlichen Fachgebieten hilft für eine gezielte Marktbearbeitung. Springer Science und Business Media differenziert in diesem Zusammenhang zwischen 27 unterschiedlichen Fachbereichen.

Bei den Fachverlagen, die professionelle Fachzeitschriften für die berufliche Nutzerschaft herausgeben, hat sich in vielen Fällen eine Mar-

Abb. 46: Aufbauorganisation und Geschäftsfelder von Vogel Medien (Vogel Medien o.J.)

Beispielhafte Geschäftsfelder im Bereich Fachmedien (Konradin Verlag)

Verlage	Druck	Shop
Unternehmen Konradin Verlag Robert Kohlhammer GmbH Konradin Medien GmbH Dr. Curt Haefner-Verlag GmbH Konradin Selection GmbH VISIONS Verlag GmbH Dialog GmbH	**Unternehmen** Konradin Druck	**Unternehmen** Medienservice Konradin GmbH
Bereiche Industrie Architektur Handwerk Genuss Wissen Arbeitswelt Augenoptik	**Bereiche** Kataloge Zeitschriften Beilagen Verzeichnisse NewMedia	**Bereiche** wissenschaft-shop.de architekturbuch.de bm-medienservice.de malerblatt-medienservice.de medienservice-holz.de medienservice-medizin.de
Dienstleistungen Kommunikationsdienstleistungen (z.B. Leadgenerierung, Corporate Publishing, MAFO) Direktabo.de Fachjobs24.de **Digitale Medienproduktion** MMCD NEW MEDIA GmbH Dienstleistungen Film/Redaktion/E-Learning	**Dienstleistungen** Druckvorstufe Bogenoffset Rollenoffset Weiterverarbeitung	

Abb. 47: Beispielhafte Geschäftsfelder im Bereich Fachmedien (Konradin Verlag)

kenvielfalt etabliert, mit der man die oben genannten unterschiedlichen Kommunikationskanäle und Informationsangebote im B2B-Geschäft abdecken könnte. Darüber hinaus investieren größere Mediengruppen auch in neue Geschäftsmodelle (Abb. 46; Beispiel Vogel Medien), wobei die Unternehmensgliederung durchaus unterschiedliche Wertschöpfungsstufen umfassen kann (Abb. 47; Beispiel Konradin Verlag).

Fachmedien sind nach wie vor die entscheidenden Informationsmedien, wenn es um eine professionelle Meinungsbildung in den jeweiligen Fach- und Branchensegmenten geht. Dennoch hat auch hier der intermediale Wettbewerb dafür gesorgt, dass die Entwicklungsspielräume für einzelne Titel und die Verlage insgesamt in den vergangenen zehn Jahren enger geworden sind. Die Branche befindet sich auch hier mitten in einem Transformationsprozess, bei dem die Umsatzrückgänge in den einzelnen traditionellen Segmenten durch neue zusätzliche Angebote abgefedert werden müssen. Nach den Studien der Deutschen Fachpresse sind Fachmedien mit 69 % regelmäßiger Nutzung in den vergangenen 12 Monaten und 96 % mindestens gelegentlicher Nutzung im selben

Zeitraum das führende Informationsmedium von professionellen Entscheidern. Fachzeitschriften Print verzeichnen in diesen Kategorien 52 % regelmäßige und 83 % gelegentliche Nutzung, während digitale Angebote auf 45 % regelmäßige und 82 % gelegentliche Nutzung kommen. Die interessanteste Feststellung der Marktforschung der Deutschen Fachpresse stammt aus der Analyse der Nutzung nach Altersgruppen. Hier zeigen sich keine signifikanten Unterschiede zwischen den Nutzern bis 39 Jahre und der Gesamtnutzerschaft. Auch professionelle Entscheider über 40 Jahren nutzen Fachzeitschriften und digitale Fachmedienangebote intensiv.

2.4 Buchverlage

Buchverlage erscheinen mitunter im allgemeinen Transformationsprozess der Medienbranche vordergründig wie ein Fels in der Brandung. Wenn man die Ist-Daten des Börsenvereins des Deutschen Buchhandels und die Prognosedaten des *German Entertainment and Media Outlook: 2022–2026* von Pricewaterhouse Coopers International (PwC) zugrunde legt, dann zeigt sich, dass allen Digitalisierungstendenzen zum Trotz eine sehr große Konstanz im deutschen Markt zu verzeichnen ist (PwC 2022, S. 176). Die einzige klare Veränderung ist ein Zuwachs der Fachbücher von 2.088 Mio. Euro Umsatz in 2005 auf prognostizierte 3.519 Mio. Euro in 2025 (PwC 2021, S. 151).

Bücher als gedruckte Produkte dominieren jetzt und auch in absehbarer Zukunft das Geschehen – zumindest im Marksegment der Publikumsverlage, maßgeblich vertreten durch die Bereiche Belletristik und Kinder- und Jugendbuch (Störiko-Blume 2021, S. 30ff.). In diesen Marktsegmenten wird der Zusatznutzen von E-Books nicht so hoch eingeschätzt, wie dies bei Sach- und Fachbüchern der Fall ist, wo Suchfunktionen und Verwaltungs- und Markiermöglichkeiten eine größere Rolle spielen. Bezogen auf die Ausprägungen im Markt zeigen sich spezifische Schwerpunkte im Bereich der inhaltlichen Genres (Abb. 48). Inhaltlich kann man den Buchsektor wie die Fachzeitschrift *Buchreport* nach folgenden Hauptmärkten unterscheiden (Wilking 2023, S. 18):

- Publikumsverlage (31 %),
- Verlage für Bildungsmedien und Sprachen (15 %),
- Verlage für Fachinformationen und Wissenschaft (54 %).

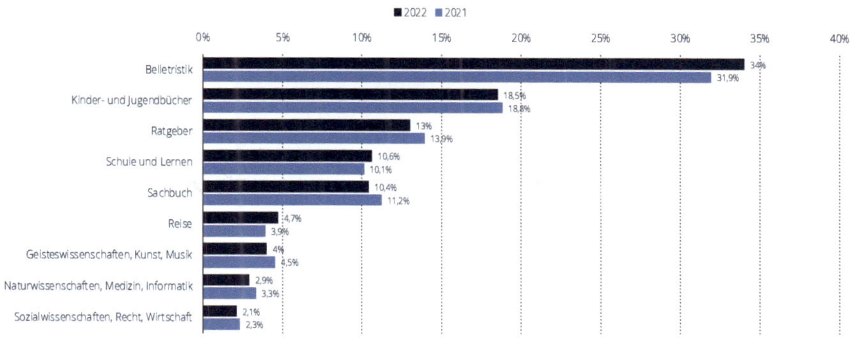

Abb. 48: Umsatzanteile der einzelnen Warengruppen im Buchhandel in Deutschland 2020 und 2021 (Statista nach: Börsenverein des Deutschen Buchhandels 2023, S. 3)

Parallel zu diesen inhaltsorientierten Differenzierungen gibt es weitere Unterscheidungskriterien, die eher die physischen Produktformen im Blick haben, so operiert man in Branchenstatistiken u.a. mit der Trennung zwischen Hardcover- und Taschenbuchverlagen, Audioverlagen und E-Book-Anbietern. Die jährlich vom Börsenverein des Deutschen Buchhandels im Rahmen der ›Schnell-Umfrage Verlagsbuchhandel‹ ermittelte Umsatzentwicklung nach Geschäftsarten, differenziert nach den Kriterien Bücher, Zeitschriften, Online-Dienste, sonstige Waren, Nebenrechte und Anzeigen.

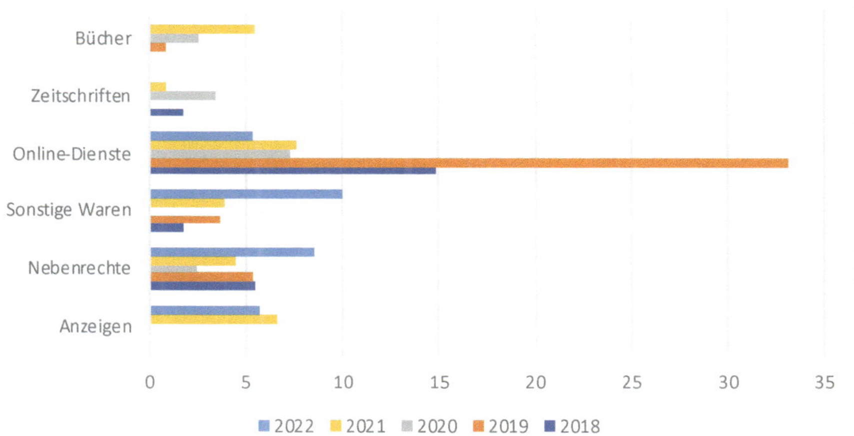

Abb. 48a: Umsatzentwicklung nach Geschäftsarten 2018–2022. (Börsenverein des Deutschen Buchhandels 2023, S. 53)

Produkte und Technologien

Selbst in den Fällen, in denen das Endprodukt keine technologischen Innovationssprünge beinhaltet, da es sich um gedruckte Bücher handelt, ist eine deutliche Veränderung auf der Ebene der Prozesstechnologie vorhanden. Durch die Digitalisierung des Publikationsprozesses gibt es nicht nur mehr gestalterische Möglichkeiten im Bereich der Druckvorstufe, sondern auch Produktformen, wie Printing-on-Demand, die mit Hilfe von Digitaldruckverfahren keinen klassischen Auflagendruck mehr vorsehen (Walch 2022, S. 112) und damit auch die Publikation von Nischentiteln ermöglichen, wie wir es bereits als Beispiel für den Long-tail (Kap. 1.1) dargestellt haben.

Bei den technologiegeprägten Produktformen spielen **E-Books** eine besondere Rolle. Sie sind aufgrund der Wechselwirkung zwischen technischen Publikationsformaten und technischen Plattformen ein weiteres Beispiel für Netzeffekte. Autor*innen streben die Publikation auf den technischen Formaten an, die für sie den größten Markt an E-Book-Readern und damit die weiteste Verbreitungsmöglichkeit erschließen. Das Format ePub ist hier führend, aber auch proprietäre Formate, wie azw für das Endgerät Kindle von Amazon, haben einen großen Marktanteil.

Die besondere Bedeutung der E-Book-Entwicklung liegt in den Auswirkungen auf die Vertriebs- und Marktstrukturen. Als digitales Produkt ist ein Vertrieb über den stationären Handel nicht wirklich sinnvoll. Entsprechend spielen hier neue Intermediäre wie Abonnementdienste (Amazon Kindle Unlimited, BookBeat, Skoobe oder Skoutz Lesefutter etc.) eine Rolle. Sie sind mit ihrer Sortimentspolitik die neuen Gatekeeper im Markt. Parallel dazu findet der Vertrieb über Online-Plattformen statt, wie die E-Commerce-Angebote spezialisierter Online-Buchhändler oder die Webshops allgemeiner Sortimentsbuchhandlungen.

Für die künftige Nutzung von E-Books wird es entscheidend sein, wie weitere technologische Features, wie Social Reading (Austausch über Gelesenes in der Community innerhalb des E-Books) und die technischen Möglichkeiten von enhanced E-Books von Autoren- und Verlagsseite genutzt werden, wenn es um interaktive Inhalte und Multimedia-Elemente wie Videos, Audios und Animationen geht.

Die enge Verbindung zwischen neuen Technologien und Vertriebs- und Marktstrukturen im Buchgeschäft kann man auch bei den Self-Publishing-Plattformen erkennen, die es Autoren ermöglichen, ihre Bücher unabhängig von klassischen Verlagen zu veröffentlichen. Diese scheinbare Unabhängigkeit ist jedoch mit einer neuen Abhängigkeit von den jeweiligen Plattformen (z.B. Amazon Kindle Direct Publishing [KDP]) verbunden. Autor*innen, die sich für Selfpublishing entscheiden, geben an, dass die Kontrolle über die Inhalte, die Rechte und die Vermarktung für sie im Vordergrund stehen (Haselhoff & Pfuhl 2016, S. 6).

Eine weitere technischen Innovation mit direkten Auswirkungen auf die Buchbranche ist der Bereich **Data Analytics**. Die Analyse von Nutzungsdaten von E-Books, sowie Vertriebsdaten der E-Commerce-Plattformen können dazu benutzt werden, um die Weiterentwicklung von Produkten auf der Ebene der Lektorate und Programmverantwortlichen auf eine optimierte, da marktorientierte Datengrundlage zu stellen. Darüber hinaus sind durch collaborative filtering personalisierte Empfehlungen im Buchvertrieb etabliert, die auf einer Analyse der Nutzungsvorlieben beruhen (Sieland 2016). In einem solchen Umfeld kommt der Größe des Datenbestands und den technischen Möglichkeiten der Plattform eine eigene Bedeutung zu, weshalb große Anbieter wie Amazon hier im Vorteil sind. Ohnehin ist im Sinne der Marktstrukturen die Nutzung von Metadaten beim Vertrieb über Amazon für viele Verlage eine nahezu existenziell bedeutsame Aufgabe.

COLLABORATIVE FILTERING
Online-Käufer*innen erhalten unverlangt mit Hilfe eines Algorithmus generierte, individuelle Kaufvorschläge aufgrund gemeinsamer Profile und Verhaltensmuster mit vergleichbaren Benutzergruppen.

Auf der Ebene der Marktkommunikation hat sich die Buchbranche in einigen Segmenten sehr eng an den Social-Media-Sektor angenähert. Nicht nur Booktok als buchaffine Subsektion von Tiktok ist hier von Bedeutung. Wobei Booktok-Schaufenster im stationären Handel am deutlichsten zeigen, wie eng hier die digitale und reale Welt verbunden sind. Es gibt Booktube, Bookstagram und damit auf allen relevanten Social-Media-Kanälen eine enge Verbindung zum Thema Bücher (Reddan 2022).

Die enge Verbindung zwischen Social Media und realen Marktentwicklungen lässt sich sehr gut am Beispiel der Booktok-Bestsellerlisten darstellen. Auch wenn die Branche eine gesunde Skepsis gegenüber den diversen Bestsellerlisten besitzt, geben sie einen Hinweis auf die zunehmende Bedeutung der Social-Media-Kanäle. Der Einfluss von Buchvideos auf Booktok auf die Verkaufszahlen ist so stark, dass Mediacontrol sich im Jahr 2023 für die Erstellung einer neuen Bestsellerkategorie entschieden hat. Die Booktok-Charts nutzen neben den Mediacontrol-Absatzzahlen auch die quantitativen Daten von Booktok. Tobias Henning von Tiktok weist in dem Zusammenhang darauf hin, dass viele

Content-Creator*innen auf Tiktok nicht nur das Buch, sondern auch die haptische Form des Buchs bis hin zum Einsortieren ins Buchregal inszenieren und somit auch eine deutliche Verbindung zwischen den Medienformen erkennbar sei (Schulte 2023).

Marktstrukturen

Der augenfälligste Wandel in der Buchbranche vollzieht sich auf der Ebene der Vertriebswege, wo seit der Etablierung des Internetbuchhandels fast ein Viertel des Umsatzes auf diesem Weg generiert wird (Abb. 49). Die im vorigen Jahrhundert relevanten Vertriebswege, Buchgemeinschaften und Warenhäuser, sind hingegen marginalisiert mit weniger als ein Prozent. Die bereits vor dem Wettbewerb zwischen den Distributionskanälen bestehende ausgereifte Logistikstruktur, wonach die beim Barsortimenter (Großhandel) gelisteten Titel am Folgetag beim stationären Handel (Sortimentsbuchhandel) abgeholt werden können, hat den Sortimentsbuchhandel nicht davor bewahrt, signifikante Marktanteile auch im Bereich der gedruckten Bücher an den Online-Kanal zu verlieren. Kompensiert wird dieser Verlust zu einem großen Teil durch den Umsatz über eigene (White-Label-)Webshops, die das gesamte Buchangebot umfassen. Omni-Channel-Strategien gelten als Gebot der Stunde; eine Online-Präsenz via Webshop und Social Media gilt als unabdingbar.

Durch die Preisbindung ist die Preispolitik als Wettbewerbsfaktor zwischen den Vertriebskanälen in Deutschland neutralisiert. Dennoch gibt es in Verbindung mit E-Books und Abonnementmodellen eine Ent-

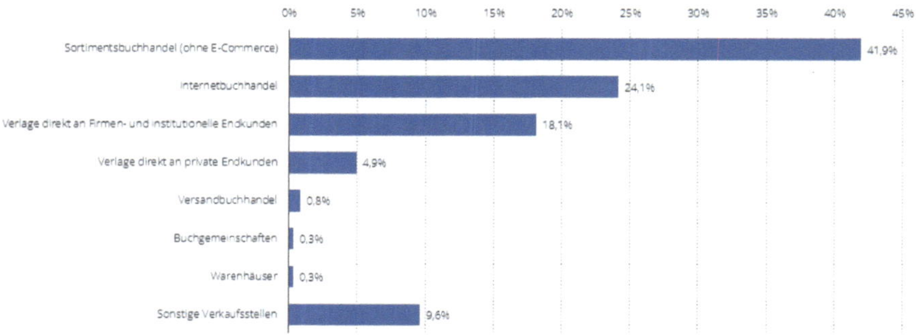

Abb. 49: Umsatzanteile des Buchhandels nach Vertriebswegen (Börsenverein des Deutschen Buchhandels 2023)

wicklung zu differenzierten Geschäftsmodellen. Obwohl im Vergleich zu anderen klassischen Medienmärkten, wie etwa dem Pressemarkt, der Bereich der Buchverlage ein noch sehr stabiles Umfeld besitzt, gibt es auch hier eine gewisse Dynamik im Bereich der Akteure. So gibt es sowohl auf der Ebene des herstellenden als auch verbreitenden Buchhandels immer wieder Fusionen und Übernahmen. Auf Handelsseite ist die ›strategische Partnerschaft‹ zwischen Thalia und Osiander (Zusammenarbeit in den Bereichen IT, Webshop und Warenbezug) im Jahr 2020 ein eindrucksvolles Beispiel für den Wunsch nach Skaleneffekten und einer Verbesserung der Marktposition. Für die Verbraucher ist eine derartige Fusion kaum wahrnehmbar, wenn – wie im vorliegenden Fall – die beiden Marken eigenständig weiterbestehen und lediglich interne Synergien genutzt werden. Auf der Ebene des herstellenden Buchhandels gibt es immer wieder kleinere oder größere Übernahmen bzw. Fusionen, die zu zahlreichen Imprints führen.

Wenn man das Modell der Five Forces (Kap. 1) ernst nimmt, dann ist eine Konzentration im Bereich des Buchhandels (Barsortiment, Sortimentsbuchhandel) auch ein Problem für den herstellenden Buchhandel (Buchverlag), da es eine erhöhte Marktmacht der nachgelagerten Wirtschaftsstufe (Handel als Kunde) bedeutet. Es wird gerade für kleinere Verlage mit Nischenprodukten in einem solchen Umfeld zunehmend schwieriger, mit den eigenen Novitäten im Handel so präsent zu sein, dass eine nachhaltige Marktbearbeitung auf der Ebene der Endverbraucher mit einer entsprechenden Kommunikation möglich wird. Umgekehrt sind Konzentrationstendenzen auf der Ebene der Verlage auch ein Problem der Programm- und Angebotsvielfalt, was mitunter als Argument für das Wachstum im Selfpublishing-Sektor gesehen wird.

Dass Konzentrationstendenzen der nachgelagerten Wirtschaftsstufe Handel jedoch nicht nur ein Thema des stationären Handels darstellen, zeigt die Causa Amazon. Amazon ist auf unterschiedlichen Ebenen im Buchgeschäft etabliert. Neben der Rolle als Online-Händler ist Amazon auch eine Plattform für andere Online-Buchhandlungen; insbesondere auf dem Feld der Antiquariate und Gebrauchtbücher. Über Audible verfügt Amazon über eine eigene Plattform im Bereich der Hörbücher und Podcasts. Überdies bietet es mit seinem Kindle eine eigenes E-Book-Lesegerät an (dem deutsche Buchhandelsunternehmen das nahezu gleichstarke Produkt Tolino entgegengestellt haben). Entsprechend ist es für viele Verlage eine wichtige Kompetenz, die Metadaten für Amazon so aufzubereiten, dass in der jeweiligen Datenkategorie die maximale Wirkung erzielt werden kann. Es geht dabei um: Buchtitel, Untertitel, ISBN, Autor(en), Coverbild, Serieninformationen, Hauptbeschreibung, Hörprobe, Verlag, Stichwörter, Zielgruppen, Warengruppenzuordnung etc.

Eine andere Ebene, die sich durch die technologischen Möglichkeiten des Self-Publishings verändert hat, ist die Autoren-Verleger-Beziehung. Der direkte Draht zum Konsumenten als Form der Disintermediation kann auch bewirken, dass nicht nur der traditionelle Handel und Zwischenhandel ausgeschaltet wird, sondern auch auf die Institution Verlag verzichtet wird. Dabei können viele Funktionen eines Verlags (technische Aufbereitung, Lektorat und inhaltliche Aufbereitung, Vertrieb und Marketing) mitunter von den Autor*innen mehr oder weniger professionell ausgeführt werden, was am Ende dann doch den Einsatz professioneller Dienstleister erfordert (Schickerling & Schwarz 2023, S. 124).

2.5 Content-Marketing und B2B-Communication

Content-Marketing ist im Vergleich zu den zuvor beschriebenen klassischen Produktsegmenten des Pressewesens (Kap. 2.1–2.3) vielleicht ein Bereich, der etwas befremdlich wirkt. Es handelt sich jedoch um einen traditionellen Bereich der Pressebranche (z. B. Kunden- und Mitgliederzeitschriften), der durch eine systematische Weiterentwicklung im Rahmen der digitalen Transformation und der damit verbundenen Diversifikation der Kommunikations- und Dialogkanäle eine steigende Bedeutung erreichen konnte (Breyer-Mayländer 2023).

Der Bereich des Content-Marketings geht aus den ursprünglichen Segmenten des Zeitschriftenbereichs hervor, die im Bereich der Verbands- und Vereinszeitschriften sowie Mitarbeitenden-, Kunden- und Betriebszeitschriften ihre Wurzeln haben. Die Grundidee des Content-Marketings lässt sich tief in der Geschichte des Verlagswesens verorten. Die Idee als Medienunternehmen generell die Content-Kompetenz in unterschiedliche Produktformen zu gießen, führte bereit sehr früh dazu, dass Verlage aus dem Buchbereich sich überlegten, ob sie ihre Kompetenz zur Aufbereitung von Inhalten auch in den Dienst anderer Kundengruppen stellen könnten (Schönstedt & Breyer-Mayländer 2010, S. 74ff.), wobei die Wirtschaftsprinzipien der Verlage von der gesponserten Literatur bis zum Regieverlag fließend sind. Bekanntes Beispiel für Content-Marketing im Buchsektor ist der *Guide Michelin* des französischen Reifenherstellers (Berger et al. 2019, S. 49) – ein Gourmetführer, der das Markenimage stärkt und ursprünglich zum verstärkten Gebrauch des Automobils als Verkehrsmittel und damit zur Steigerung des Bedarfs an neuen Bereifungen führen sollte (Martin 2013, S. 70).

Produkte und Technologien

Zeitschriften- und Zeitungsverlage entwickelten im jeweiligen Marktkontext ihre Antwort darauf, wie man eigene redaktionelle Kompetenzen für andere zugänglich machen könnte. So wurden im Zeitschriftensektor Unternehmensbereiche für **Kundenzeitschriften** (Corporate Publishing) definiert, die entweder im bestehenden Verlag oder als Tochtergesellschaft im Konzernverbund Kundenzeitschriften für Organisationen oder Institutionen im weitesten Sinne erstellten. Dass dies teilweise extrem auflagenstarke Produkte zur Folge hatte, kann man von den führenden Titeln im Segment Kunden- und Mitgliederzeitschriften ableiten. Die ADAC Motorwelt war über viele Jahre hinweg die auflagenstärkste Zeitschrift in Deutschland (von Velsen-Zerweck 2011, S. 155).

Im Zeitungsbereich versuchte man typischerweise durch sogenannte Sonderthemen eigene, werbekundenspezifische redaktionelle Umfelder zu schaffen. Diese mehrseitigen Sonderausgaben werden auf dem Rotationspapier der Zeitung produziert und enthalten informative redaktionelle Beiträge sowie Anzeigen der Planzielgruppe des Werbemarkts. ›Der Garten im Frühling‹ als Anzeigenumfeld für Gärtnereien und Baumärkte oder ›Jetzt wird geheiratet‹ als Werbemedium für Gastronomie und Dienstleistung rund um das Event Hochzeit sind typische Produkte, die aus dieser Überlegung heraus entstanden. Der Unterschied zu Kundenmedien, wie es im klassischen Corporate-Publishing-Sektor der Fall ist, besteht darin, dass die Redaktion bei Sonderveröffentlichungen noch nicht direkt vom Werbekunden gebrandet ist, sich jedoch unter dem Label einer Verlagspublikation an den Bedürfnissen der Werbetreibenden orientiert. Hier lag und liegt auch häufig die Schwäche von derartigen Konzepten. Die enger werdenden Märkte im Werbegeschäft führten dazu, dass einige Häuser mit einer sehr aktiven Werbemarktausrichtung eine nahezu unbeschreiblich große Anzahl an unterschiedlichen Sonderthemen parallel positionierte, was zu überspezifischen und publizistisch wie wirtschaftlich eher fragwürdigen Produkten führte.

Die Herausforderungen für den Erhalt der Glaubwürdigkeit sind daher bereits vor dem Aufkommen der digitalen Content-Marketingformate und dem zunehmenden Verschwimmen von Rollen und Genres nicht zu unterschätzen. Sowohl Zeitschriften- als auch Zeitungsverlage mussten bereits vor Jahren Lösungen erproben, wie man die Ressource Content direkt oder indirekt Werbekunden zugänglich machen kann, ohne an Glaubwürdigkeit und Vertrauen zu verlieren.

Unabhängiger Journalismus versus native Advertising und Content-Marketing

Für alle Medienunternehmen in der Tradition der Presseverlage gilt grundsätzlich, dass die Unabhängigkeit ihrer Redaktion nicht eingeschränkt werden darf. Auch nicht durch die wirtschaftliche Notwendigkeit, Rückgänge oder gar Einbrüche im Werbegeschäft durch neue Angebote und Formate zu kompensieren. Diese Debatte, die in den vergangenen Jahrzehnten immer wieder mit unterschiedlichen Schwerpunkten aufbrandete, hat nichts an Aktualität verloren, vielmehr durch die vielen neuen digitalen Formate an Vielfalt gewonnen.

In der Praxis bedeutet dies, dass bereits bei der Etablierung neuer Werbeformate geprüft werden muss, ob hier aus Sicht unterschiedlicher Stakeholder (von der Medienaufsicht bis hin zu den eigenen Leser*innen) negative Mischformen entstehen. Eine erste Stufe, die in gewissem Sinne eine systematische Vermischung darstellt, sind **Advertorials**, die – wie der Name bereits sagt – eine Art Hybridform zwischen redaktionellen (editorial) Kompetenzen und Werbekompetenzen (advertising) repräsentieren. Advertorials sind spezifische Werbeformate, die redaktionelle Kompetenzen des Trägermediums beinhalten, aber im Sinne der oben skizzierten Sonderveröffentlichungen geprägt sind. Falls die Sonderveröffentlichung dabei von einem Werbekunden beauftragt ist, beispielsweise die Publikation einer Hochschule über ihre Studienangebote als Sonderveröffentlichung einer regionalen Tageszeitung, dann sind die Kriterien des Content-Marketings bereits erfüllt. Das Medienunternehmen ist mit seiner (Sonderthemen-)Redaktion der Dienstleister zur Aufbereitung der Inhalte, die vom Werbekunden (in diesem Fall der Hochschule) geliefert werden. Für die Medienunternehmen stellt dies eine weitere Form der Werbefinanzierung dar, die gerade in den enger werdenden Märkten von Bedeutung ist.

Je mehr man sich in die Grauzone zwischen Redaktion und Werbung begibt, desto beliebter sind Begriffe, die als Frames gewissermaßen die Logik der neuen Produktsegmente erklären sollen. Neben Advertorials gilt dies auch für **native Advertising**. Hierbei geht es um »advertisement (...) embedded in its digital environment« (Matteo & Zotto 2015, S. 176). Die Logik der Advertorials wird dabei auf den digitalen Sektor ausgedehnt und beispielsweise mit den Social-Media-Präsenzen der Medienunternehmen kombiniert.

Mit dem Aufbau einer eigenen Dienstleistungseinheit für Content-Marketing, ausgehend von den bestehenden Ansätzen des Corporate Publishings oder der Sonderthemenredaktionen, haben zahlreiche Medienunternehmen aus dem Pressebereich in Deutschland ihre weitere Ausdifferenzierung der Geschäftsfelder entsprechend auch auf dieses Feld ausgeweitet. Das Ganze ist dabei Teil eines grundsätzlichen Transformationsprozesses, der Geschäftsfelder, Produkte und Geschäftsmodelle gleichermaßen betrifft (Breyer-Mayländer 2022).

Für Medienunternehmen, die im klassischen Pressesektor ihre Wurzeln und Schwerpunkte haben, besteht eine zentrale Herausforderung darin, die neuen Möglichkeiten des Content-Marketings effizient umzusetzen und dabei die Entwicklungsperspektiven in den Kerngeschäften zu stärken. Der zu leistende Spagat besteht demnach darin, wichtige bestehende Strukturen beizubehalten, um im Interesse des Vertrauens und der Glaubwürdigkeit der hauseigenen Medienmarke(n) keine Assets zu gefährden, parallel aber neue Strukturen und Prozesse zu initiieren, um den zusätzlichen digitalen Anforderungen gerecht zu werden.

Die für Content-Marketing ausgeflaggten Bereiche, die unter dem Namen **Corporate Publishing** als Geschäftsbereiche gestartet sind, zeigen deutlich, dass es aus Sicht der Kunden darum geht, möglichst die Originalkompetenz, die eine bekannte Medienmarke im Content-Bereich besitzt, zu buchen und für die eigene Kommunikationsarbeit nutzbar zu machen. Ob es sich um eine Fluggesellschaft handelt, die eine bekannte Zeitschriftenmarke als Ankerpunkt für ihr Bordmagazin wünscht, oder um Kundenmagazine von Energieversorgern – stets geht es darum, nach Möglichkeit nicht nur die inhaltlich-handwerkliche Kompetenz für das eigene Projekt zu gewinnen, sondern darüber hinaus auch von der Glaubwürdigkeit der Marke zu profitieren. Dies ist jedoch gerade der Punkt, der bei der Zurverfügungstellung von Content-Ressourcen ambivalent ist, da eine großzügige Instrumentalisierung von journalistischen Ressourcen genau diesen Wert der Ressource schwächen würde. »Medienqualität und wahrgenommene Unabhängigkeit sind zentrale Vorbe-

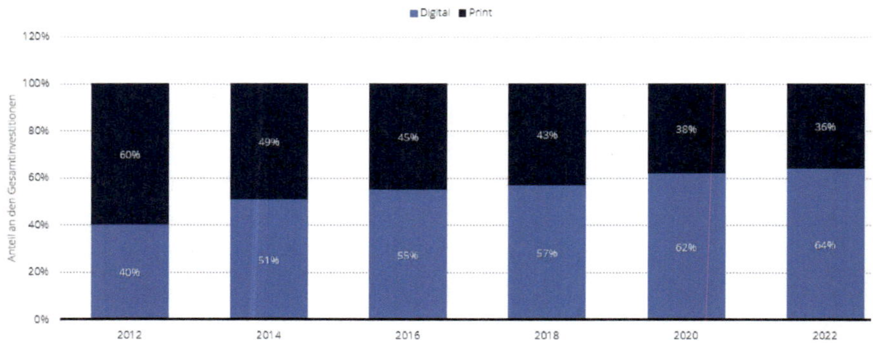

Abb. 50: Content Marketing Forum (Statista auf Basis der Daten des Content Marketing Forums Mai 2020)

dingung für Vertrauen in Medien (…). Ein geschwächter Journalismus ist daher, wie bereits erwähnt, nicht im Interesse der Unternehmenskommunikation« (Meißner & Vogler 2022, S. 243).

Die organisatorischen Einheiten für Kundenkommunikation wurden in den meisten Presseverlagen von Beginn an vom normalen Content-Geschäft abgetrennt. Kleinere Unternehmen haben hierfür eine eigene Abteilung, wie etwa eine Sonderthemenredaktion, die nicht der Redaktionsleitung, sondern der Geschäftsführung oder dem Marketingbereich untersteht. Größere Unternehmen haben Tochtergesellschaften im Konzernverbund etabliert, deren Unternehmensname in vielen Fällen nicht mit dem Konzernnamen verbunden ist und damit eine eigenständige Markenführung ermöglicht. Die zunehmende Diversifizierung des Content-Publishing-Sektors durch digitale Varianten traditioneller Geschäftsfelder hat dabei gewissermaßen automatisch in den Übergang zum Content-Marketing geführt (Weichler 2014, S. 176ff.), wie er dann auch von Seiten des Verbands Content Marketing Forum nachvollzogen wurde.

Der langsame und sukzessive Zuwachs des Digitalanteils an den Content-Marketing-Aktivitäten hat sich über Jahre hinweg stabilisiert. Dabei zeigt ein Blick auf die Mitglieder des Content Marketing Forums, aus welchen drei Quellen sich derzeit die Hauptakteure speisen, die den Markt prägen. Content-Marketing-Akteure bestehen aus folgenden Gruppen (CMF 2022):

- Dienstleister ohne Bezug zu einem Medienkonzern oder Kunden, die aus der Agentur- und Dienstleisterbranche stammen.
- Dienstleister, die eine Abteilung oder Tochtergesellschaft eines

Medienkonzerns (oftmals eines traditionellen Pressehauses) oder sich daraus entwickelt haben.

- Dienstleister, die eine Abteilung oder Tochtergesellschaft eines Kundenkonzerns sind oder sich daraus entwickelt haben.

Aus Sicht der Medienunternehmen im Rahmen des übergeordneten Transformationsprozesses ist es ein strategisches Geschäftsfeld, in dem sich die Abteilungen und Tochtergesellschaften nach der Profit-Center-Logik unternehmerisch ihren eigenen Platz im Markt erkämpfen und behaupten müssen.

2.6 Podcasts

Der Markt der Podcasts ist ähnlich wie die Entwicklung von Hörbüchern (Snelling 2021) eine Erfolgsgeschichte mit Verspätung. Bereits seit der Jahrtausendwende gab es Podcasts als Wortbeiträge zur zeitsouveränen Nutzung, die – im Unterschied zu einem Hörspiel per Radio – jederzeit abgerufen und genutzt werden können. Aber erst mit der großen Verbreitung leistungsstarker mobiler Endgeräte auf Basis der Smartphones hat sich daraus zuzüglich der Ausweitung der entsprechenden inhaltlichen Angebote seit 2015 ein Trend im deutschen Markt entwickelt. Hier zeigt sich besonders deutlich die in Kapitel 1 beschriebene Abhängigkeit eines

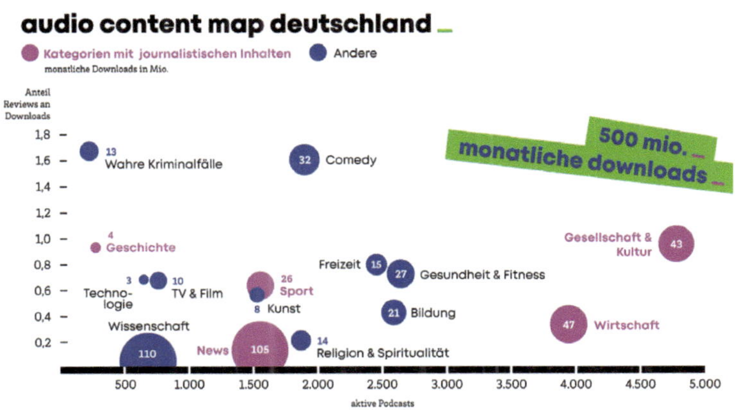

Abb. 51: Journalistische Kategorien bei Podcasts in Deutschland (Franke & Falke 2022, S. 114). Produkte und Technologien. Eigene Darstellung auf Basis der Auswertung der Wake Word GmbH/Stand Januar 2022

zweiseitigen Marktes. Solange es wenig attraktive Angebote gibt und die Nutzerschaft aufgrund der Begrenztheit der Endgeräte die Produzenten von Inhalten nicht ermutigen, ist es kaum möglich, einen sinnvollen Markt in Gang zu setzen.

Ein Blick auf die in Deutschland genutzten Inhalte zeigt, dass im Podcast-Segment zahlreiche journalistisch-redaktionelle Inhalte zu finden sind (Abb. 51). So erreichten Anfang des Jahres 2022 News Podcasts über 100 Mio. Downloads im Monat und gehörten somit zu den reichweitenstärksten Kategorien im Podcast-Markt.

Produkte und Technologien

Welche Schwerpunkte nachhaltig erfolgreich sind (Abb. 52) belegt die ARD-Podcast-Studie (Winkler, Schmidtke & König 2021). Sie zeigt, dass bereits auf Platz 2 und 3 typische Themen der Presseverlage zu finden sind, denn Politik und Nachrichten gehören zu den Kernkompetenzen im Zeitungs- und Nachrichtenmagazinbereich. Auch das auf Platz 4 positionierte Genre der ›Wahren Kriminalfälle‹ ist eine Domäne der großen Zeitschriftenmarken im deutschen Markt. Ähnlich wie viele Buchverla-

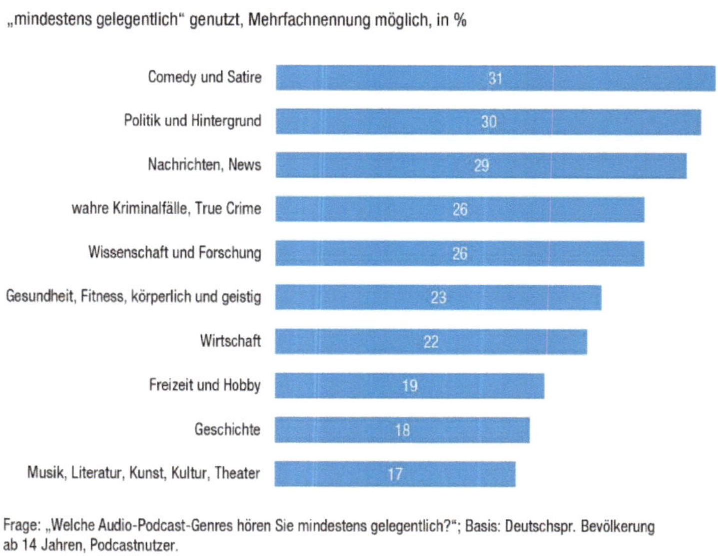

Abb. 52: Beliebte Podcast-Genres (Domenichini 2022, S. 361)

ge, die Hörbücher und deren Verbreitung über entsprechende Plattformen, beispielsweise Audible (Amazon), Bookbeat oder Spotify, gewissermaßen als Liebe auf den zweiten Blick für sich entdeckt haben, ist auch bei den Presseverlagen die Experimentierfreude mit Podcasts erst in den vergangenen Jahren aufgekommen.

Wenn man neben den Genres einzelne Podcasts im Detail analysiert, stellt man schnell fest, dass die großen Medienanbieter, wie etwa der Zeit Verlag oder die Seven-One-Media-Gruppe mit Seven-One-Audio den Markt dominieren.

Marktstrukturen

Bei der Analyse der Marktstrukturen ist die Frage interessant, auf welchem Weg Podcasts an die jeweilige Zielgruppe herangetragen werden. Hier sieht man, dass der Zugang zu Zielgruppen über bereits existierende digitale Medienplattformen gerade bei journalistisch geprägten Podcasts von entscheidender Bedeutung ist.

Daher haben die etablierten Medienunternehmen einen entscheidenden Vorteil, wenn es um die Vermarktung von Podcasts geht, da sie die Vorteile ihrer bestehenden digitalen Plattformen mit dem neuen Geschäftsfeld nutzen können. Dies erweist sich für Marktneulinge als Marktzugangsbarriere, da sie den Weg über etablierte Podcast-Plattformen suchen müssen und dabei einen Revenue-Share in Kauf nehmen müssen. Ihr Geschäftsmodell ist daher bereits durch eine prozentuale Vertriebsgebühr für die Plattform belastet.

REVENUE-SHARE
Revenue-Share beschreibt ein auf vielen digitalen Plattformen gängiges Prinzip, wonach die über die Plattform generierten Umsätze als Basis für die Bezahlung der Plattformbetreiber als Mittler dienen. Nach diesem Modell treten die Anbieter einen Teil ihrer Umsätze ab – eine Art Vertriebsprovision.

Neben Audio-Plattformen wie Spotify geht es dabei auch um musikfremde Audioplattformen wie Audible aus dem Amazon-Verbund. Die Art des Zugangs zu Podcasts prägt auch deren Nutzung, was die nachfolgende Abbildung verdeutlicht. Dabei sind langfristige Modelle wie Abonnements für die Planungssicherheit der Anbieter (z.B. aus dem Segment der Pressebranche) von besonderer Bedeutung (Abb. 53).

Die Verlage müssen also künftig die Aufgabe lösen, wie sie außer den Podcasts auch andere zeitbasierte Medien neben ihren etablierten printnahen digitalen Produkten im Markt etablieren können. Dabei

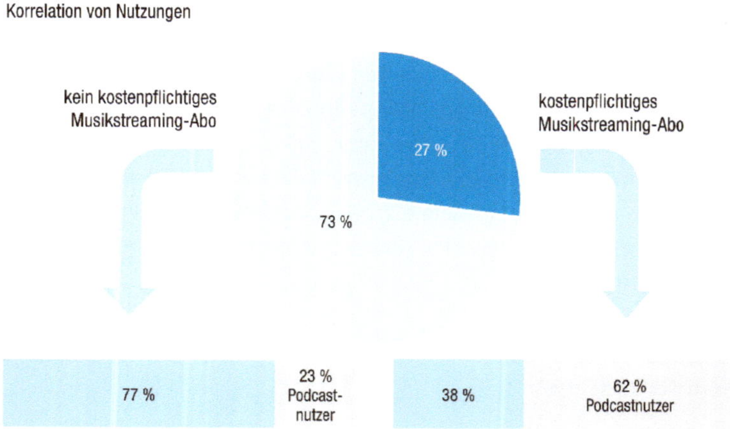

Abb. 53: Streaming versus Abonnement bei Podcasts (Domenichini 2022, S. 361)

stellt sich die Frage, welche Plattformen notwendig sind, um einen effektiven Marktzugang zu besitzen.

Ein Blick auf den Markt der Videoplattformen zeigt, dass hier die großen internationalen Marken dominieren. Die alternative Möglichkeit, die eigenen digitalen Verlagsplattformen zu nutzen, um Videos und Podcasts zu vertreiben, hat stets den Nachteil, dass lediglich die bereits sehr eng mit der Marke verbundenen Nutzer*innen angesprochen und erreicht werden können. Generell kommt dem Bewegtbildbereich eine zentrale Rolle zu, wenn es darum geht, die nachrichtenorientierten Informations- und Unterhaltungsangebote der früheren Presse in digitaler Form aufzubereiten (Murschetz & Friedrichsen 2017). Sollen neben den Gelegenheitsnutzern und Stammkunden auch weitere Zielgruppen erschlossen werden, ist bei einer Vermarktung über die eigene digitale Plattform ein sehr intensives Online-Marketing auf Seiten der Verlage erforderlich.

Bedeutung des Marktsegments für nachrichtenorientierte Medienhäuser

Die Fachzeitschrift *DNV (Der neue Vertrieb)* hat 2022 eine eigene Studie durchgeführt, bei der 250 Angebote mittelgroßer und großer Zeitungsverlage untersucht wurden (Rakel & Bissel 2023, S. 4). Ziel war es, im Rahmen einer quantitativen Analyse den Podcast-Hype in den Pandemiejahren 2020-2021 nachzuvollziehen und anschließend qualitativ beispielhafte Plattform- und Abo-Strategien zu analysieren (Rakel & Bissel 2023, S. 5).

Die Analyse von DNV zeigt zunächst, dass die Pandemiejahre 2020 und 2021 zu einer extremen Ausdehnung des Angebots geführt haben. Da sich das anfangs noch niedrige Ausgangsniveau in diesen Jahren stark erhöht hat, darf es nicht verwunden, dass in den Folgejahren weniger neue Angebote auf den Markt kamen. Denn Podcasts bedeuten – bei aller Medienkonvergenz und Newserfahrung für Anbieter aus dem klassischen redaktionellen oder gar newsgeprägten Presse- und Mediensektor – richtig Zusatzarbeit (Tantschienez 2022, S. 125f.).

Die ansteigenden Werbeumsätze (2019: 9 Mio. Euro, 2020: 16 Mio. Euro, 2021: 30 Mio. Euro, 2022: geschätzte 39 Mio. Euro) sehen zwar angesichts des Schrumpfungsverhaltens im Printgeschäft für pressegeprägte Medienunternehmen geradezu verheißungsvoll aus, doch man muss sich darüber im Klaren sein, dass sie sich auf einen stark ausgedehnten Angebotsmarkt verteilen. Die Umsätze pro Podcast sind daher weniger verheißungsvoll und wir befinden uns derzeit in einem Markt, der laut Diskussionen mit Anbietern auch noch darunter leidet, dass im Bereich der regionalen Werbung weder die Werbungtreibenden noch die Werbevermarkter in den Reihen der Medienhäuser das volle Potenzial des Kanals Podcast ganz erfasst haben. Vor dem Hintergrund einer stabilen Nutzungszeit von Podcasts in Deutschland stellt sich die Frage, wie die Verlage das Angebot im Verhältnis zu ihren bisher etablierten Print- und Digitalprodukten inhaltlich verorten.

Da die Kernkompetenz der von DNV untersuchten Zeitungsverlage im regionalen Sektor liegt, ist es wenig überraschend, dass die Kernkompetenz der häufigsten Angebote im regionalen Bereich liegt (Rakel & Bissel 2023, S. 9). Auch das Thema Sport als eines der emotionalen Themen in der Berichterstattung – unabhängig davon, ob lokal, regional, landes- oder bundesweit – bietet sich für eine Ausdehnung der Formate an.

Die Podcast-Studie von BDZV und Zeitungs Marktforschungs Gesellschaft (ZMG) zeigt: Es gibt signifikante Unterschiede zwischen Zeitungspodcasts und dem Durchschnitt der Podcasts im Nutzerverhalten. Bei den Hörer*innen von Zeitungspodcasts sind News und Lokales deutlich höher platziert (Klimzcak & Halamuda 2022, S. 5). Auch bei den Zeitungshäusern rangieren True-Crime-Formate weit oben, analog zur Beliebtheit des Formats im allgemeinen Podcast-Markt. Es ist ein Format, das bisher vor allem von nationalen Medienmarken mit Erfolg gespielt wurde. Bei der Umsetzung der Formate gibt es keineswegs eine starke Normierung, wie wir das im Printbereich der Zeitungsbranche kennen, wo tägliche und wöchentliche Erscheinungsweise das Geschäft prägen. Wie auch bei den anderen Digitalangeboten der Pressebranche sind Update-Cyclen und Erscheinungsrhythmen ein breites Experimentierfeld. Bei den Podcasts haben sich wöchentliche und zweiwöchentliche Erscheinungsrhythmen und als Haupterscheinungstag der Freitag herausgebildet, wobei der Markt sehr heterogen ist (Rakel & Bissel 2023).

Die breite Landschaft von Plattformen, die zur Distribution und Vermarktung von Podcasts eingesetzt werden können, zeigt, dass sich der Markt noch in einer Strukturierungsphase befindet. Viele Verlage nutzen eine **Freemium**-Strategie (z.B. Süddeutsche Zeitung, Neumann 2022, S. 118), bei der die kostenpflichtigen Podcasts sowohl über die eigene Plattform abgewickelt werden, als auch Fremdplattformen, wie Apple oder Spotify, für die freien Angebote genutzt werden. Andere Angebote, wie etwa der *Frühdenker* Podcast der FAZ, sind eng mit anderen FAZ-Abonnement-Bundles verknüpft.

Anhand von zwei Fallstudien lassen sich die Erfolgsfaktoren von Presse-Podcasts nachvollziehen. Der erste Fall kommt aus dem Bereich der Special-Interest- bzw. beruflichen Fachzeitschriften. Die Zeitschrift *Business Insider* hat mit *Macht & Millionen* einen Podcast entwickelt, der die Kernkompetenz der Marke (Wirtschaft) mit dem boomenden Segment True Crime verbindet und über Wirtschaftskriminalität berichtet. Inzwischen verfügt der Podcast als eigene Marke über eine eigene ›Kanalarchitektur‹ (Abb. 54). Dies führt am Ende zu einem eigenen Markenleben, sodass einige Podcastnutzer erst über den Podcast *Macht & Millionen* auf das Muttermedium *Business Insider* aufmerksam werden. Im Rahmen der Live-Tour, die von den beiden Machern des Podcasts, Chefredakteur Kyhan Özgenc und Redakteurin Solveig Gode, durchgeführt wurde, haben die beiden im Dialog mit ihrer Kernzielgruppe und dem damit verbundenen Feedback folgende Erfolgsfaktoren ermittelt (Gode & Özgenc 2023, S. 5):

- Community (interaktiv),
- verständlich, weiterbildend, unterhaltsam, spannend oder Infotainment,
- Nahbare Hosts,
- Exklusive, gut recherchierte Inhalte,
- Behind-the-Scenes-Eindrücke aus dem (investigativen) Journalismus.

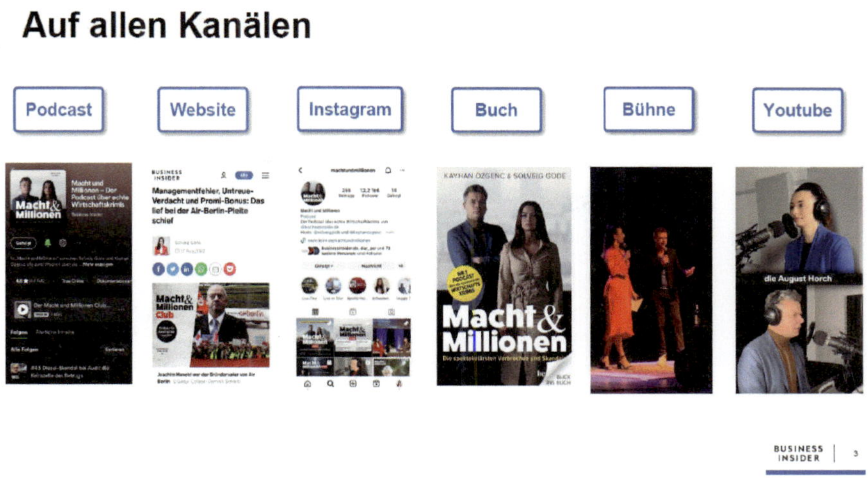

Abb. 54: Kanalvielfalt eines Podcasts am Beispiel Macht & Millionen (Gode & Özgenc 2023, S. 3)

Wenn man diesem Beispiel aus dem Segment der Zeitschriften ein Beispiel eines großen regionalen Tageszeitungshauses gegenüberstellt, sieht man parallele Entwicklungen, die jedoch durch die Ausrichtung des Contents und die spezifischen Stärken des Medienhauses in andere Produkte und Positionierungen münden. Für die meisten regionalen Medienhäuser stellt sich zunächst die Frage, welche Themen im Schnittfeld eigener Kompetenzen, persönlicher Interessen der Mitarbeiter*innen und der Nachfrage etablierter oder neuer Kundengruppen liegen. Bei der in Düsseldorf ansässigen Rheinischen Post ergeben sich daraus folgende Kanäle (Pawlitzki 2023, S. 52):

- Aufwacher,
- Rheinpegel,
- Fohlenfutter,
- Tonspur Wissen,
- Gründerzeit,
- Trip Tipps für 9.

Dabei hat sich das auf den Fußballclub Borussia Mönchenglattbach zugeschnittene Angebot *Fohlenfutter* als besonders nachfragestark erwiesen (Pawlitzki 2023, S. 8). Zwei Reporter betreiben das Angebot, das in Artikeln, Social Media, Newsletter und Podcast kommuniziert wird und u.a. dazu dient, Reichweiten zu generieren. Hierdurch ist eine Mehrfachverwendung von Inhalten sowie eine zielgruppenspezifische Ansprache

Abb. 54: Kanalvielfalt eines Podcasts am Beispiel Macht & Millionen (Gode & Özgenc 2023, S. 3)

auf verschiedenen Kanälen und Cross-Promotion möglich. Insgesamt ist die Einbindung des Podcast in die sonstigen Kommunikationsaktivitäten und in das Produktportfolio der Rheinischen Post ein zentraler Erfolgsfaktor, wie er auch für andere Medienhäuser aus dem Pressesektor abgeleitet werden kann (Pawlitzki 2022). Podcast sind damit Teil einer Markenstrategie, bei der alle Funktionsbereiche des Verlags zusammenwirken (Abb. 55).

Die Studie von DNV kommt zu dem Schluss, dass es sich bei Podcasts für Presseverlage, speziell für Zeitungsverlage, um einen Markt in der Reifephase handele (Rakel, Bissel 2023, S. 27). Wenn wir jedoch die noch nicht abgeschlossene Integration von Podcasts in Prozesse von Redaktion, Nutzer- und Werbevermarktung heranziehen, dann kann man auch zu der Einschätzung gelangen, dass der Markt zwar an Reife zugelegt hat, die gesamte Produkt- und Marktentwicklung und die damit verbundenen Vermarktungsstrukturen in alle Richtungen derzeit jedoch keineswegs am Ende ihres Entwicklungszyklus stehen.

3 Transformationsstrategien

Medienunternehmen, die sich zukunftssicher im Markt behaupten und weiter entwickeln wollen, benötigen angesichts der zunehmend unsicheren und dynamischen Umgebung, bei der frühere Gewissheiten jetzt und auch in Zukunft keine Gültigkeit mehr haben, Klarheit über den künftigen Veränderungsprozess. Sie brauchen eigene Transformationsstrategien, da sich nicht nur die eigene Branche gezielt weiterentwickelt, sondern das eigene Unternehmen im Rahmen dieser Veränderungsbewegung neue Spielräume erschließen und nutzen muss. Nur wer die Veränderungen und absehbaren Entwicklungen des eigenen Marktes präsent hat, wer darauf aufbauend die Geschäftsmodelle der etablierten Produkte hinterfragen kann und neue Produkte sehr rasch am Markt testet, hat in diesem dynamischen Branchengeschehen eine Zukunft. Die entscheidenden Fragen für die strategische Entwicklung der Medienunternehmen werden demnach sein:

- Welches Problem unserer (potenziellen) Kunden lösen wir besser als andere?
- Wie können wir unsere Lösung mithilfe unseres Marketing-Mix bestmöglich kommunizieren?

Das Transformationsmanagement ist für alle Unternehmen – genauso wie für die Wirtschaft und Gesellschaft insgesamt – ein sehr langfristiger Prozess (Breyer-Mayländer 2020a), der in der Medienbranche bereits mehr als zwei Jahrzehnte andauert. Es ist daher nicht verwunderlich, dass alle Schritte zur langfristigen Ausgestaltung der Transformation aus Sicht der einzelnen Unternehmen in das strategische Management eingepasst werden müssen. Entsprechend geht es in diesem Kapitel um die Entwicklung und Weiterentwicklung eigener Transformationsstrategien. Dass trotz immer wieder aufkommender Diskussionen Transformation

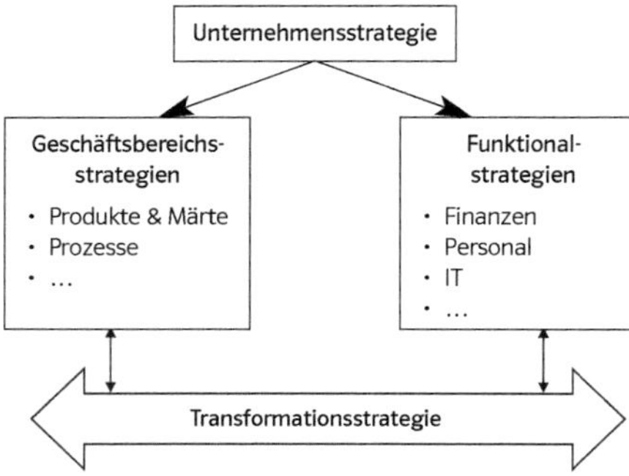

Abb. 56: Abgrenzung von Transformationsstrategien gegenüber anderen strategischen Bereichen (Hess 2022, S. 178)

im Verhältnis zu Transition durchaus der passende Begriff ist, haben wir bereits im Kap. 1 geklärt. In Studien zu regionalen Medienunternehmen lässt sich international feststellen: Es bedarf einer Überarbeitung der kompletten Strategie und Ausrichtung von Medienunternehmen, um langfristig erfolgreich zu sein und die Anforderungen einer Transformation zu erfüllen (Piepponen et al. 2022).

Bei der Entwicklung einer Transformationsstrategie und der damit verbundenen Agenda geht es zunächst um eine Analyse der Marktchancen, wobei es nicht auf die aktuelle, sondern die künftige Situation in den Märkten ankommt. Anschließend gilt es, mit den Methoden des strategischen Managements den Gesamtprozess der Transformation zu unterstützen. Einer der Schwerpunkte für die Umsetzung einer Transformationsstrategie im Medienbereich ist im Regelfall das Geschäftsmodell, das ebenfalls einem Transformationsprozess unterliegen muss. Hierzu gibt es unterschiedliche Vorgehensmodelle, von denen als ein besonders einfaches aber deshalb auch in der Praxis sehr gut anwendbares Verfahren das Lean Start-up-Prinzip dargestellt werden soll. Am Ende sollte anhand von klaren Zielsetzungen der gesamten Prozess der digitalen Transformation auch auf einer strategischen Ebene gesteuert werden. Damit wird vermieden, dass zu kurze Planungshorizonte tiefgreifende Veränderungen innerhalb des Unternehmens verhindern, da sie im Vergleich zu den etablierten Produkten und Geschäftsmodellen in der Anfangsphase weniger lukrativ erscheinen. Derartiges Denken kann Innovationen im Keim ersticken – eine Erfahrung, die in den vergangenen 25 Jahren einige mittelständische Verlagsunternehmen machen mussten.

Eine Transformationsstrategie umfasst den Gesamtbereich der Unternehmensstrategien. Es geht um eine Transformation der einzelnen Geschäftsfelder, wie sie im Rahmen der Geschäftsfeldstrategie definiert werden und um die entsprechenden Änderungen in den einzelnen Funktionsbereichen, bzw. Verrichtungen, wie sie in den Funktionalstrategien festgelegt sind (Abb. 56). Damit wird einerseits das Verhältnis des Transformationsprozesses zu anderen strategischen Themen deutlich, aber auch die umfassende Denkrichtung von Transformationen überhaupt. Eine richtige Transformation im Unternehmen wird daher alle Bereiche beeinflussen und bedarf einer sorgfältigen Vorbereitung und Umsetzung.

Das Spannungsverhältnis zwischen revolutionären und evolutionären Veränderungsschritten im Rahmen der Transformation wird mit dem Begriff der **Beidhändigkeit** (Ambidextrie) verbunden (Tushman & O'Reilly 1996; Nußbaum 2022). Es beschreibt die Fähigkeit, sowohl inkrementelle Verbesserungen im Rahmen der ›alten‹ Medienprodukte und Geschäftsmodelle als auch Innovationssprünge bei neuen Medienprodukten mit neuen Geschäftsmodellen zu etablieren. Vor allem für eine nachhaltige Veränderung, wie sie im Prinzip der digitalen Transformation angelegt ist, benötigen Medienunternehmen und ihre Akteure auf der Führungs- und Fachebene die Fähigkeit, mit dieser Beidhändigkeit umzugehen (Nyagadza 2022). Dies hat eine gewisse Ähnlichkeit zu pragmatischen Paradoxien, wie sie für Unternehmensentscheidungen und auch Gründungsszenarien typisch sind (Ameln 2021). Vom Grundsatz her sind es zentrale Entscheidungen mit zwei Alternativen, die jeweils logisch und rational erscheinen, aber paradoxerweise miteinander in Konflikt stehen und sich gegenseitig ausschließen, wie etwa Fokus vs. Flexibilität (Blank 2013). Es geht jedoch auch bei der Ambidextrie nicht um ein scheinbares ›entweder oder‹, sondern um ein durchdachtes ›sowohl als auch‹. Es beinhaltet stets auch die Chance und die Notwendigkeit des organisationalen und persönlichen Lernens (vgl. Guth 2021). Damit ist es Aufgabe der Führungskräfte, den gesamten Transformationsprozess entsprechend gut zu orchestrieren, um den Herausforderungen der digitalen Transformation gerecht zu werden (Udovita 2020).

3.1 Marktanalyse in Medienmärkten

Um entscheiden zu können, welche Schritte im Hinblick auf die Transformation von Produkten und Geschäftsmodellen erforderlich sind, bedarf es zunächst einer fundierten Einschätzung der Situation in den einzelnen Märkten. Wie in Kap. 2 bei der Analyse des Marktes der Podcasts bereits angeklungen ist, werden Produkte und Märkte oft in Lebenszyklusmodellen eingeschätzt (Abb. 57). Dies hilft bei der strategischen Analyse, um eine Vorstellung davon zu bekommen, wie sich die Wettbewerbssituation künftig entwickeln wird (in einem gesättigten Markt ist das in der Regel ein Verdrängungswettbewerb) und welche Chancen

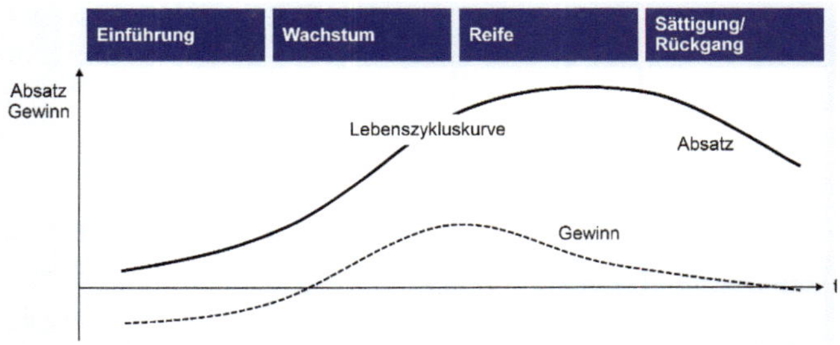

	Einführung	Wachstum	Reife	Sättigung/Rückgang
Absatz	niedrig	starke Zunahme	Absatzmaximum	fallend
Gewinn	Verlust	steigend	rückläufig	erste Verluste
Kundenprofil	Innovatoren	frühe Adopter	große Mehrheit	Nachzügler
Wettbewerber	wenige	zunehmend	haben sich etabliert	ziehen sich zurück
Marketingziele	Produktbekanntheit steigern	Marktanteil vergrößern	Marktanteil verteidigen	Ausgaben minimieren

Abb. 57: Lebenszyklen als Modell für die Entwicklung eines Marktes oder Produktes (Lippold 2020, S. 121)

neue oder nach einem Relaunch neu positionierte Produkte im jeweiligen Markt(segment) haben werden.

Eine Marktanalyse hat zunächst die Aufgabe festzustellen, welche Märkte generell für den Einstieg eines Medienunternehmens attraktiv erscheinen. Dazu muss man sich vor Augen führen, wie die Normentwicklung eines Marktes im Medienbereich aussieht. Junge Märkte im Anfangsstadium sind nur begrenzt attraktiv, sodass die neu am Markt aktiven Medienunternehmen zunächst einiges an Anstrengungen unternehmen müssen, um über ein gewisses Maß an Umsatz hinaus zu kommen, bis ein tragfähiges Geschäftsmodell entsteht, bei dem auch das Kosten- und Erlösmodell unter dem Gesichtspunkt der Skalierbarkeit und der Fixkostendegression attraktiv genug erscheint.

Von entscheidender Bedeutung ist daher: Auf Seiten des Verlagsmanagements muss es eine klare Vorstellung darüber bestehen, welche Märkte ein weiteres Wachstumspotential haben oder wo – gerade bei den angestammten Produkten und Märkten – eine zunehmende Degeneration des Marktes zu erwarten ist. In den meisten angestammten Märkten der von uns hier betrachteten Medienunternehmen ist eine Sättigungs- oder Degenerationsphase in den bisherigen Kernmärkten zu beobachten. Es ist also erforderlich, dass Unternehmen in der Lage sind, früh genug in andere Märkte zu investieren, solange noch eine Querfinanzierung aus gut laufenden Geschäften anderer Märkte möglich ist.

Dies führt in der Summe zu der sehr weit verbreiteten und daher auch bekannten Betrachtungsweise der Portfoliotechnik des Boston-Consulting-Groups (BCG)-Marktanteils-Marktwachstums-Portfolios (Abb. 58).

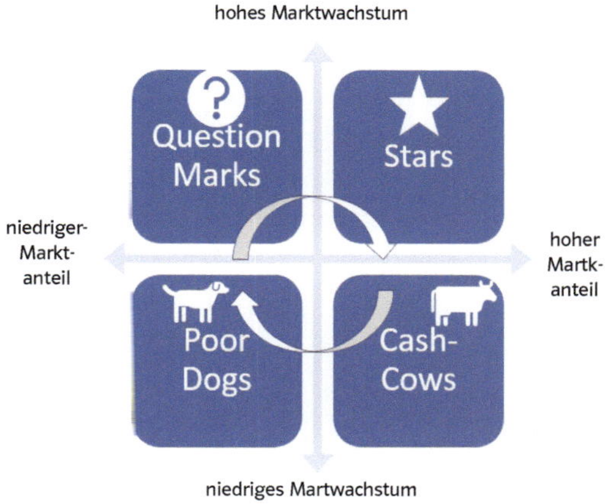

Abb. 58: Marktanteil-Marktwachstum-Portfolio nach BCG (eigene Darstellung in Anlehnung an: Drews 2008; Kaufmann 2021, S. 233ff.)

Die **Portfolio-Methode** hat den großen Vorteil, unterschiedliche Sichtweisen auf Märkte und Teilmärkte im Medienbereich kombinieren zu können. Wenn beispielsweise ein Zeitungsverlag feststellt, dass die Reichweite in seinem Kernverbreitungsgebiet zunehmend sinkt und damit auch die Wirtschaftlichkeit – vor allem durch den drastischen Rückgang im Bereich der Werbeerlöse – gefährdet ist, stellt sich die Frage nach der Zukunftsfähigkeit. Viele Verlage müssen dann die Entscheidung treffen, ob sie sich zumindest an den Rändern des Verbreitungsgebiets aus dem Markt zurückziehen, da die Zustellung mit einer schlechten Auslastungsquote unverhältnismäßig teuer erscheint.

Zugleich sind in anderen Teilmärkten des eigenen Hauses, beispielsweise im Bereich Anzeigenblätter und Direktzustellung, ebenfalls Einbußen im Werbemarkt zu verzeichnen. Wo kann nun also das Wachstum herkommen? Die parallel zum Rückgang der Printauflagen aufgebauten digitalen Angebote werfen bereits erste Erträge ab, erzielen zwar auf der eher noch geringen Ausgangsbasis ein überdurchschnittliches Wachstum, sind jedoch noch nicht so weit entwickelt, dass ihr Volumen in der Lage ist, die Rückgänge komplett zu kompensieren. Es besteht daher die Notwendigkeit, neue Investitionen vorzunehmen.

Mit dem Verfahren des **Marktanteil-Marktwachstum-Portfolios** lassen sich diese Überlegungen in ein Schema einsortieren, nach dem auf den ersten Blick erkennbar wird, wo die einzelnen Geschäftsfelder des Unternehmens anzusiedeln sind. Neue Produkte werden üblicherweise in einem Markt mit einem hohen Marktwachstum begonnen, wobei zu Beginn der Marktanteil der eigenen Produkte überschaubar ist. Das Unternehmen hat damit ein Produkt im Feld der Fragezeichen positioniert. Falls es gelingt, in dem Markt mit der gleichbleibend hohen Wachstumsdynamik einen höheren Marktanteil zu erringen, entwickelt sich das Fragezeichen zu einem Star. In dieser Phase des Portfolios (in Verbindung mit dem Produktlebenszyklus) gelingt es zum ersten Mal, schwarze Zahlen mit dem Produkt zu schreiben und den Break-Even-Punkt zu erreichen. Sobald die Marktwachstumsdynamik nachlässt, der Marktanteil jedoch nach wie vor stark ausgeprägt ist, erhält man eine sogenannte Cash-Cow. In dieser Phase verdient das Unternehmen mit dem Produkt während der kompletten Phase Geld. Es ist die Aufgabe der Unternehmensleitung darauf zu achten, dass diese Phase möglichst lange andauert, der Marktanteil nicht ebenfalls zurückgeht und das Produkt erst am Ende seines Lebenszyklus zu einem Poor-Dog wird, das nicht mehr kostendeckend betrieben werden kann. Dieser wird entweder neu positioniert (z.B. durch einen Relaunch) und damit wiederum zu einem Fragezeichen oder möglichst schnell zu einem Star weiterentwickelt, oder er wird – falls keine weiteren Wachstums- und Entwicklungsperspektiven bestehen – aus dem Portfolio herausgenommen und aufgegeben. Die Überlegungen lassen sich auch auf einzelne Verlags- und Mediengruppen übertragen, wie das Beispiel von Axel Springer zeigt (Bing 2022, S. 258).

RELAUNCH Wiedereinführung eines bereits eingeführten Produkts durch eine überarbeitete Version. Das Ziel: den Lebenszyklus eines Produktes zu verlängern oder das Produkt auf eine sich verändernde Zielgruppe oder auf neue technische Standards hin auszurichten.

3.2 Strategisches Management

Ausgehend von Überlegungen zur Marktanalyse, die durch das Modell der Five-Forces von Michael E. Porter (Kap. 1) ergänzt werden, gilt es im Rahmen des strategischen Managements als Teil des Transformationsmanagements, die Stoßrichtung der neuen Produkte zu analysieren und anschließend in einem kompakten Prozess und Zeitrahmen zu entscheiden.

Die nachfolgend dargestellte **Ansoff-Matrix** (Abb. 59) hilft bei einer derartigen Analyse. Die Medienunternehmen können sich bei der zunehmenden Diversifikation der Zielgruppen und Märkte überlegen, ob sie nun unabhängig davon, ob es sich um traditionelle oder neue digitale Produktformen handelt, neue Produkte und / oder neue Märkte ansteuern sollen. Wenn es darum geht, Wachstum mit einem bestehenden Produkt im bestehenden Markt zu erzielen, dann ist dies nur durch eine intensivere Marktdurchdringung möglich, was einen sehr großen Marketing- und Kommunikationsaufwand erfordert. Eine lohnende Strategie entsteht dadurch, dass man in einem bestehenden Markt und damit bei den bestehenden Kundenbeziehungen bleibt, jedoch mit neuen Produkten diesen Markt adressiert und damit eine Produktdifferenzierung vornimmt. Das Risiko ist aufgrund der bestehenden Markt- und Kundenkenntnisse überschaubar.

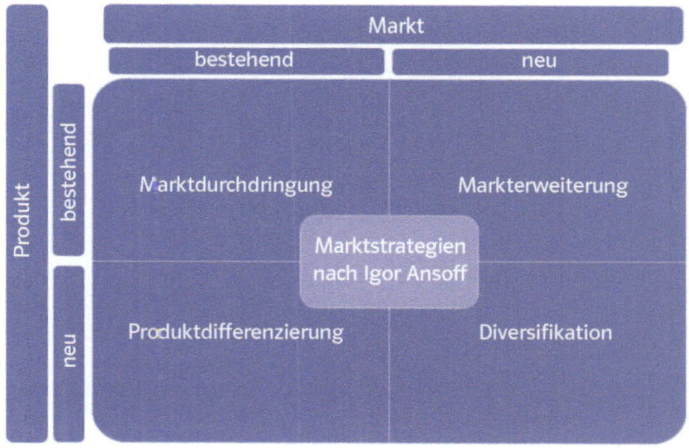

Abb. 59: Marktstrategien nach Igor Ansoff (eigene Darstellung nach: Ansoff 1965; Watts, Cope & Hulme 1998)

Einen ähnlichen Grad an Unsicherheit muss das Medienunternehmen in Kauf nehmen, wenn mit bestehenden Produkten ein neuer Markt adressiert werden soll. Dies ist bei den von uns oben dargestellten Unternehmen aus dem klassischen Bereich der Publikumsmedien (Zeitschriften) oftmals die Erschließung internationaler Märkte mit etablierten Produktformen, Redaktionskonzepten und Vertriebsstrategien.

Falls ein Medienunternehmen einen neuen Markt mit neuen Produkten adressieren möchte, ist dies oftmals ein notwendiger Schritt, um eine ausreichende Radikalität der Veränderungsschritte zu erzielen. Zugleich ist es die Konstellation, in der das Unternehmen das größte Risiko eingeht, da weniger auf bestehende Erfolgsrezepte zurückgegriffen werden kann. Wenn man sich jedoch die radikale Veränderung von Märkten im Medienbereich aufgrund disruptiver Technologien vergegenwärtigt, ist es in vielen Bereichen die einzig mögliche Entscheidung, um tatsächlich eine komplett neue Marktsituation für die neuen Produktbereiche zu schaffen. Wenn es um die Frage geht, welche Marktchancen nun wahrgenommen werden sollen und im Rahmen der digitalen Transformation weiter auszubauen sind, kann es erforderlich sein, zunächst einmal einen Abgleich der Ortsbestimmung der Stärken und Schwächen des eigenen Unternehmens in Bezug zu den Chancen und Risiken die durch Mark- und Umweltbedingungen vorhanden sind vorzunehmen. Hierzu bietet die **SWOT-Analyse** einen geeigneten Rahmen. Die Stärken und Schwächen des Medienunternehmens aus inter-

Abb. 60: SWOT-Analyse mit einer internen Betrachtung (Stärken und Schwächen) und einem externen Blickwinkel außerhalb des Unternehmens (Chancen und Risiken) (Lippold 2020, S. 52; vgl. auch: Helms & Nixon 2010; Künzli 2012)

ner Sicht (beispielsweise gute redaktionelle Kompetenzen als Stärke, aber mangelnde medienneutrale Orientierung von vielen Funktionen als Schwäche) steht dabei an erster Stelle der Analysepunkte. In einem zweiten Schritt geht es darum, die Umweltbedingungen des Medienunternehmens zu untersuchen um zu klären, wo Chancen und Risiken für das eigene künftige Geschäft liegen können.

Ausgehend von dieser reinen Auflistung von Einzelpunkten lässt sich bereits im ersten Teil der SWOT-Analyse ein generelles **Stärken-Schwächen-Profil** anfertigen (Abb. 61), mit dem man sehr rasch Handlungsfelder erkennen und Maßnahmen ableiten kann. Wie bei der Nutzung persönlicher Talente und Stärken gilt es auch im Unternehmenskontext darum, auf die eigenen Stärken zu setzen und daraus eine Strategie abzuleiten. Die Maxime ›Stärken stärken‹ ist auch hier wesentlich besser als ausgehend von einer Schwäche großen Aufwand in die Überwindung und Reduzierung von Schwächen zu stecken. Während die Stärke die Basis für Exzellenz sein kann, führt die Investition von Zeit, Energie und Geld in den Bereich der Schwächen bestenfalls zu Mittelmaß. Mittelmaß wiederum ist jedoch keine solide Basis, um im Wettbewerb langfristig zu bestehen. Die stärkenbasierte Führungsausbildung, wie sie etwa vom BDZV für Führungskräfte im Transformationsprozess durchgeführt wurde, zeigt, dass dieser Ansatz erfolgreich ist (Breyer-Mayländer & Zerres 2023a).

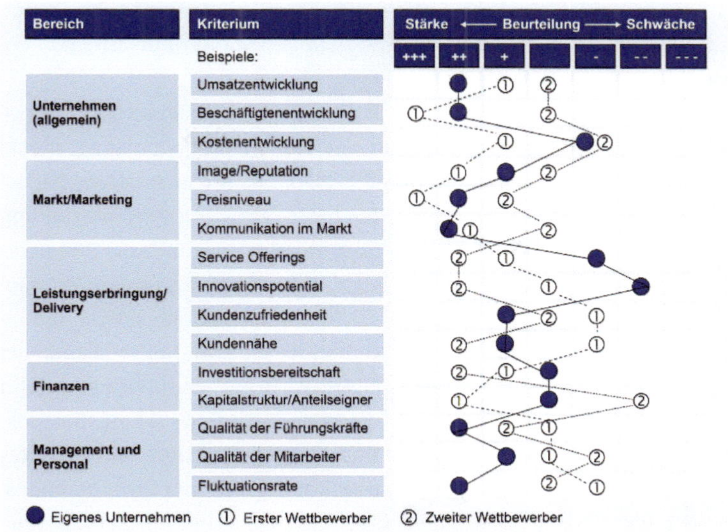

Abb. 61: SWOT-Analyse mit Stärken-Schwächen-Profil (Lippold 2020, S. 52, 56)

Die im Rahmen des Stärken-Schwächen-Profils gewonnenen Erkenntnisse lassen Schlussfolgerungen darüber zu, welche Maßnahmen hilfreich sein können, um das Unternehmen strategisch weiter zu entwickeln (Abb. 62). Dabei ist es insbesondere sinnvoll darauf zu achten, dass man Maßnahmen in den Bereichen anstrebt, wo es darum geht, Stärken mit einer Chance zu kombinieren (der ideale Zustand) oder Stärken mit einem Risiko in Verbindung zu bringen, um das Risiko durch die Potenziale der Stärke zu begrenzen. Ein ebenfalls noch attraktives Feld im strategischen Markt in der strategischen Matrix ist die Kombination aus einer externen Chance, die mit einer betrieblichen Schwäche in Verbindung steht. Hier gilt es dann Wege zu finden, die Schwächen zu begrenzen beziehungsweise zu verändern und damit das Unternehmen in die Lage zu versetzen, die be-

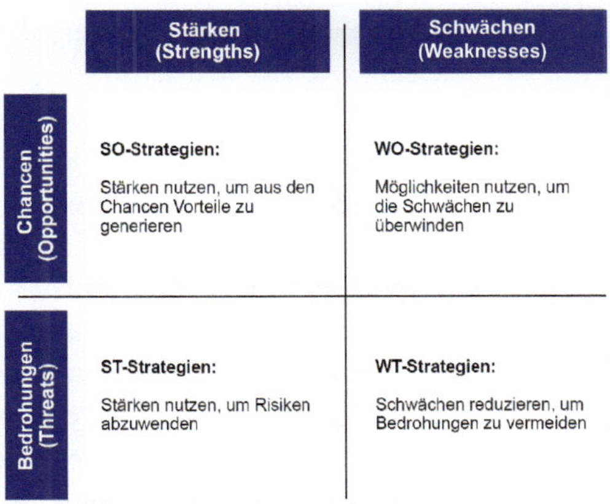

Abb. 62: SWOT-Analyse Strategiezuordnungen im SWOT-Portfolio (Lippold 2020, S. 84)

stehende oder absehbare Chance zu nutzen. Maßnahmen, bei denen Schwächen auf Risiken treffen, sind dagegen vom grundsätzlichen Potenzialgehalt her kritisch zu beurteilen.

Um die überaus langfristigen Folgen der grundsätzlichen strategischen Veränderungen im Rahmen des Transformationsmanagements richtig abzuschätzen und um Handlungsspielräume zu erhalten, bedarf es einer strukturierten Vorstellung über mögliche Zukunftszustände. Das strategische Verfahren, das mittelständischen Unternehmen sowie Großunternehmen dabei helfen kann, die künftige Branchenentwicklung und damit auch die Entwicklungsperspektiven des eigenen Unternehmens aus dem Bauchgefühl der Unternehmensführung herauszulösen, ist die **Szenariotechnik** (Abb. 63). Hier werden die Faktoren identifiziert, die die künftige Markt- und Technologieentwicklung beeinflussen. Über diese Faktoren werden Grundannahmen getroffen, sodass ein Modell entsteht, an dem man abschätzen kann, wie künftige Trends sich weiterentwickeln werden. Daraus entsteht dann ein Szenarienraum, da langfristige Prognosen nie nur ein einziges Basisszenario enthalten können.

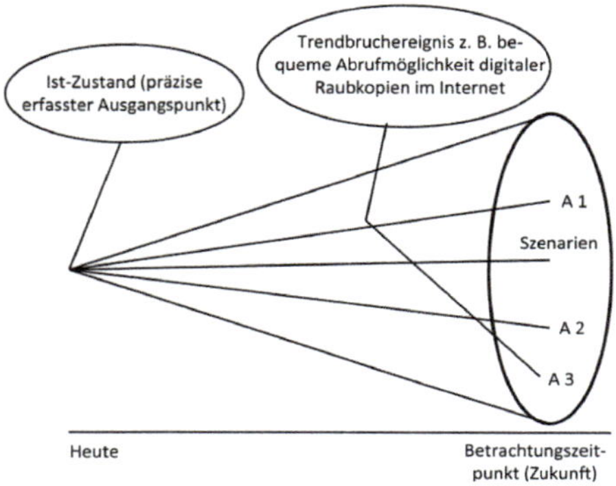

Abb. 63: Szenariotechnik als Analyseverfahren für Medienmärkte (Breyer-Mayländer 2004a, S. 94)

Dass ein so entwickeltes Szenario auch Best- (A1) und Worst-Case-Annahmen (A2) beinhalten muss, ist spätestens seit den 2000er Jahren absehbar. Die globale Finanzkrise in der Folge von 2008, die Coronakrise 2020–2021 oder die Energie- und Kriegskrise der Jahre 2022–2023 hat bei vielen Medienunternehmen in Deutschland die vorherrschenden Planungen deutlich verändert. Derartige Veränderungen können entweder als eigene Annahme Eingang in das Szenario finden oder stellen einen sogenannten Trendbruch dar, der durch einen externen Impuls dazu führt, dass absehbare Entwicklungen, die durch eine Trendextrapolation und der bisherigen Vergangenheitswerte dem Modell zugrunde liegen, unterbrochen werden. Ein solcher Trendbruch (A3) kann auch aus Branchenentwicklungen selbst heraus entstehen, wie die Musikindustrie erfahren musste, als der Single-Track-Download der neuen Technologie MP3 den Markt in seiner Struktur grundsätzlich veränderte und zu einer Marktschrumpfung führte (Breyer-Mayländer 2018a).

Die Szenarioanalyse für die Rahmenbedingungen der digitalen Transformation im Medienbereich ist in der Regel eher ein Ansatz, der bei Großunternehmen funktioniert, da die Modellierung ein entsprechendes Know-how und damit eine ganze Reihe an Personalressourcen erfordert. Kleinere und mittlere Unternehmen können sich diese Überlegungen meist nur in rudimentärer Form oder in Verbindung mit Forschungs- und Beratungsprojekten leisten. Im Rahmen von Projekten lassen sich aber interessante Hypothesen aufstellen und überprüfen (Mietzner, Kamprath & Wagner 2010).

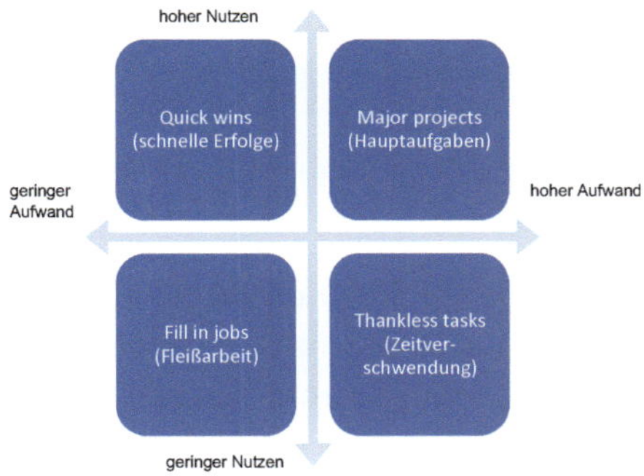

Abb. 64: Aufwand-Nutzen-Matrix (eigene Darstellung nach: Dietrich 2004, S. 82)

Wenn es darum geht, Entscheidungen in einem klaren Zeitrahmen zu fällen und damit den Transformationsprozess zu unterstützen, bieten sich aus Sicht des strategischen Managements zwei Verfahren an, nachdem die anstehenden Handlungsoptionen anhand einer **Aufwand-Nutzen-Matrix** (Abb. 64) evaluiert worden sind. Ideal sind logischerweise in einem ersten Schritt Entscheidungen, die einen hohen Nutzen mit geringem Aufwand erwarten lassen. Diese Quick Wins sind gerade im Prozess des Change-Managements zu Beginn von entscheidender Bedeutung, um im Rahmen des Transformationsmanagements die Teams motiviert zu halten. Sehr unattraktiv und daher zu vermeiden ist hingegen eine Stoßrichtung, bei der ein hoher Aufwand mit einem geringen Nutzen verbunden ist.

Die Hauptaufgaben werden bei den meisten Transformationsprozessen in dem Bereich liegen, in dem zwar ein hoher Aufwand notwendig ist – den vielleicht der eine oder andere Wettbewerber nicht leisten kann – jedoch genauso auch ein hoher Nutzen zu erwarten ist. Dies sind die Kernthemen des Transformationsmanagements, die in diesem Bereich angesiedelt sein sollten. Themen, die einen geringen Aufwand erfordern, aber auch nur ein geringes Nutzenpotenzial besitzen, können als Lückenfüller in den Gesamtprozess mit eingebaut werden. Sie stellen jedoch eher Mitnahmeeffekte dar als grundsätzliche strategische Weichenstellungen im Rahmen der Transformation.

Generell können Transformationsentscheidungen gut dadurch strukturiert werden, dass man das einfache, aber wirkungsvolle Verfahren

Kriterien	Gewichtung	Option 1: B2B Bewertung	GxB	Option 2: B2C Bewertung	GxB	Option 3: Service Bewertung	GxB
Know-how Zuwachs	20%	3	0,6	8	1,6	3	0,6
strategischer Wettbewerbsvorteil	25%	2	0,5	5	1,25	5	1,25
vorhandene Personalressourcen	5%	5	0,25	2	0,1	6	0,3
Bedeutung für Gesamtstrategie	20%	7	1,4	7	1,4	7	1,4
Risiken	15%	8	1,2	9	1,35	8	1,2
Potenzial	15%	10	1,5	2	0,3	10	1,5
Summe	**1**		**5,45**		**6**		**6,25**

Abb. 65: Beispiel für eine Nutzerwertanalyse anhand der Entscheidung über die Investition in ein Digital-Start-up (eigene Darstellung, angelehnt an: Kühnapfel 2014, S. 19, 28)

der Nutzwertanalyse einsetzt. Dabei gilt es zunächst einmal festzustellen, welche Kriterien relevant sind, um das ein oder andere Entscheidungsszenario entsprechend zu bewerten. Anschließend versieht man diese Kriterien mit einer Gewichtung. In der Praxis ist dieser Prozess nicht ganz einfach, da unterschiedliche Erfahrungen und Blickwinkel erforderlich sind. Anschließend werden die unterschiedlichen Entscheidungsalternativen entsprechend der Einzelkriterien bewertet und das Produkt aus Bewertung und Gewichtung wird aufsummiert. Am Ende gewinnt die Option, welche die höchste Punktzahl erreicht, wie wir es anhand einer fiktiven Entscheidung über die Investition in ein Digital-Start-up darstellen (Abb. 65).

3.3 Geschäftsmodelltransformation

Die grundsätzlichen strategischen Weichenstellungen von Unternehmen zeigen sich auch bei einer Analyse der Geschäfts- und Erlösmodelle von neuen oder existierenden Produkten und Unternehmen (Breyer-Mayländer 2017, S. 48ff.). Obwohl gerade der Begriff des Geschäftsmodells bei vielen Akteuren heutzutage in der englischen Version ›business model‹ zum Standardrepertoire gehört, sind sich nicht immer alle Akteure im Klaren, ob sie an dieser Stelle wirklich über dasselbe Thema sprechen. In vielen Fällen diskutiert man gerade im Verlagsumfeld nahezu ausschließlich über Veränderungen des Erlösmodells und lässt die Nutzenüberlegung der eigentlichen Produktidee unangetastet. Daher lohnt sich hier nochmals ein Blick aufs Grundsätzliche. In diesem Sinne beschreibt Christian Hoffmeister in einer sehr einfachen und klaren De-

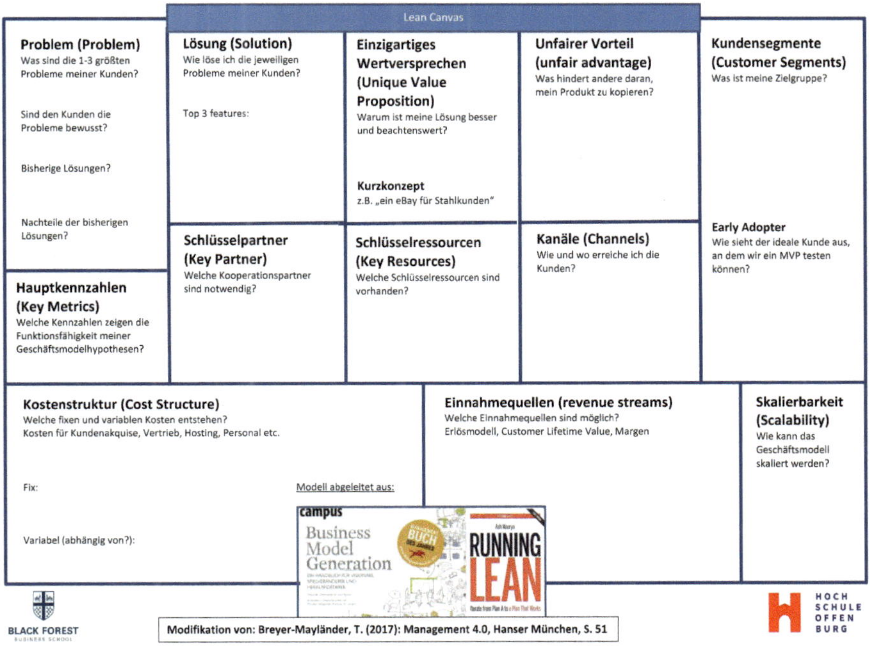

Abb. 66: Lean Canvas als Business Modell-Beschreibung für Lean Start-ups (eigene Darstellung)

finition Geschäftsmodelle als »Grundprinzipien, wie Werte geschaffen, Kundensegmente vermittelt und wirtschaftlich erfasst werden können« (Hoffmeister 2013, S. 3).

Dabei haben neben den im deutschsprachigen Raum präsenten Darstellungen von Wirtz (2021) vor allem die international rezipierten **Canvas-Modelle** von Alexander Osterwalder und Yves Pigneur ihren Siegeszug durch Fachliteratur, Beratung und Praxis angetreten. Ergänzt man die Darstellungen von Osterwalder und Pigneur (Osterwalder & Pigneur 2011) durch den Lean Start-up-Gedanken von Ash Maurya (2016; 2020) und macht dazu einige Anpassungen, wie etwa die gesonderte Betonung von Teilaspekten der Hauptrubriken oder die Hervorhebung der Skalierbarkeit, erhält man ein exemplarisches Analysemodell, das sich in der Praxis bewährt hat. Vor allem die Konzentration auf die Wettbewerbsvorteile in Abgrenzung zu anderen Wettbewerbern und Lösungen (›unfair advantage‹) und die spezielle Erwähnung der Haupt-Metriken führt zu mehr Klarheit bei der Analyse der Geschäftsmodelle (Abb. 66).

Insbesondere bei der Analyse möglicher Geschäftsmodelle von neuen Produkten und Geschäftsfeldern klassischer Medienunternehmen kann man feststellen, dass die Kernfragen selbst in den Fällen ungeklärt sind, in denen die Unternehmensleitung sich schon für ein neues Produkt, mitunter sogar für ein Investment, entschieden hat. Die (unklaren) Hauptpunkte waren hier stets:

- Wer ist meine Zielgruppe?
- Welches Problem meiner Zielgruppe löse ich?
- Warum löse ich das Problem besser als andere?

Zentrale Fragen zur Überprüfung neuer Geschäftsmodelle
(in Anlehnung an: Breyer-Mayländer 2017, S. 55)

- Welche Zielgruppe habe ich mit dem Produkt / dem Geschäftsmodell im Visier?
- Welche Teilzielgruppen existieren hier und in welcher zeitlichen Folge wollen wir diese adressieren?
- Gibt es eine aktive Zielgruppe von ›early adoptern‹, die ein Minimal Viable Product (MVP), ein minimal funktionsfähiges Produkt (MFP) testen können?
- Was sind die drei größten Probleme meiner Kunden, bzw. Nutzer*innen?
- Sind diese Probleme den Kunden auch bewusst?
- Welche bisherigen Lösungen haben die Kunden für diese Probleme entwickelt?
- Welche Nachteile haben diese bisherigen Lösungen?
- Wie gravierend sind diese Nachteile für unterschiedliche Teilsegmente meiner Zielgruppe?
- Wie können die bisherigen Lösungen von den Kunden oder deren Partnern weiterentwickelt werden?
- Wie wollen wir die jeweiligen Probleme unserer Kunden lösen?
- Welche drei Haupt-Features haben die Produkte?
- Wie lässt sich die Funktionsfähigkeit meiner Lösungen bewerten (Worauf muss man in der Phase des Experiments mithilfe eines MVP achten)?
- Mit welchen Kennzahlen (KPI: Key Performance Indicator) kann man den Erfolg messen?
- Welches einzigartige Wertversprechen bieten meine Lösungen?
- Warum ist die neue Lösung besser als die bisherigen und warum verdient sie besondere Beachtung?
- Wie kann man das Konzept im Rahmen einer kurz gefassten Analogie beschreiben (z.B. ein Amazon für den Stahlhandel)?
- Welchen unfairen Vorteil (unfair advantage) besitzen wir als künftiger Anbieter im Markt?
- Was hindert andere daran, innerhalb kurzer Zeit das Produkt zu kopieren?
- Über welche Kanäle erreiche ich meine Kunden?
- Welche Gesamtkosten entstehen?
- Welche Fixkosten entstehen?
- Welche variablen Kosten entstehen und von welcher Größe sind die Kosten abhängig?
- Welche Erlösquellen sind realistisch?
- Wie sieht der ideale Kundenlebenszyklus (Customer Lifetime Value) aus?
- Welche Margen sind im Wettbewerb zu anderen Lösungen realistisch?
- Wie kann das Geschäftsmodell skaliert werden?
- Welche Voraussetzungen muss ich in meinem Unternehmen erfüllen und welche Vorbereitungen muss ich treffen, um das Modell skalieren zu können?

Gerade die Idee für eine Problemlösung kann nur in speziellen Fällen mithilfe von Marktforschung, wie Fokus-Gruppen-Diskussionen oder Befragungen, auf ihre tatsächliche Eignung hin überprüft werden. In vielen Fällen, vor allem wenn es um echte Innovationen geht, hilft nur der Test mit einem minimal funktionsfähigen Produkt (MVP; Minimal Viable Product). Hier ist es dann in der Praxis notwendig, die Teams zu ermuntern mit schnellen Methoden diese Produkte zu erstellen. Wenn man den herkömmlichen Entwicklungszyklus klassischer Medienunternehmen betrachtet, fällt auf, dass hier im Bereich des Zeithorizonts erhebliche Unterschiede zu Start-ups bestehen. Die Entwicklung eines App-Prototypen dauert im Rahmen der Entwicklung in der traditionellen Organisationsstruktur mehrere Monate und verschlingt große Ressourcen, während in der Start-up-Welt mit automatischen Tools zur App-Entwicklung sehr viel schneller ein MVP hergestellt wird, um in das Testszenario einzusteigen und von den Reaktionen zu lernen.

Wer sich weniger auf die Struktur des Canvas einlassen möchte, da ihm die dahinter stehenden Prinzipien eher aufwändig und befremdlich erscheinen, der sollte zumindest eine strukturierte Vorgehensweise anhand einer Checkliste anstreben (siehe nebenstehende Tabelle).

3.4 Lean Start-up als Vorgehensmodell

Wenn man die von Eric Ries mit seinem Buch *Lean Start-up* (Ries 2013) ausgelöste Bewegung analysiert, dann mag man ins Feld führen, dass es nur um Start-ups und ihren Weg zur Schaffung von Produkten und Geschäftsmodellen geht. Wir werden die dort entwickelten Ideen jedoch als allgemeines Vorgehensmodell für ein stetes Hinterfragen von Grundannahmen und die mutige Experimentalkultur mit konsequenter evidenzbasierter Vorgehensweise darstellen.

Die Kernidee von Eric Ries besteht in einer Abkehr von Detailbeschreibungen künftiger Produkte, auch wenn es um sehr komplexe Produkte geht. Er entwickelte die Idee des **Minimal Viable Product** (MVP) oder minimalfunktionsfähigen Produkts (MFP). Auf der Produktebene versteht man darunter ein sehr klar auf die Zielgruppe und deren Kernbedürfnisse und damit den Kernnutzen fokussiertes Produkt, das die drei bis fünf wichtigsten Eigenschaften auf sich vereint. Anschließend wird dieses Produkt erprobt um festzustellen, wie die Performance aus Sicht der Zielgruppe zu beurteilen ist (Abb. 67).

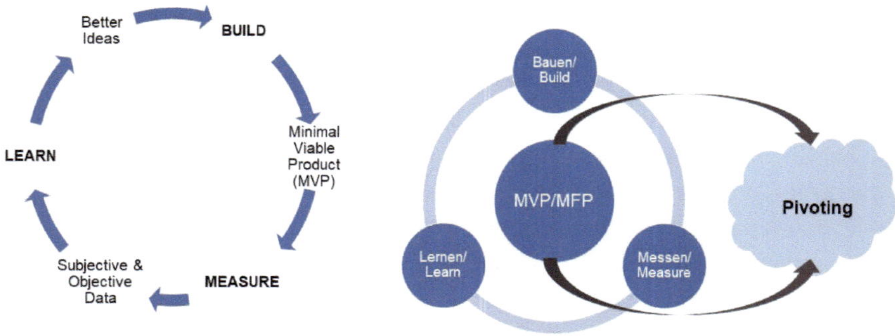

Abb. 67: Lean Start-up (eigene Darstellung in Erweiterung von: Ries 2013, S. 73; Breyer-Mayländer 2017, S. 82)

Ries hat diesen Zyklus als Kernstück der Arbeit eines Lean Start-ups definiert. Es geht um die zügige Entwicklung eines minimal funktionsfähigen Produkts (MVP/MFP), um dieses anschließend auf seine Akzeptanz hin zu testen. Wie in Kap. 4 noch deutlich wird, setzt die Anwendung von Lean Start-up oder anderen agilen Methoden im Verlagsbereich einen grundlegenden Kulturwandel voraus. Es geht um die Bereitschaft, Dinge bewusst zu testen und in Verbindung mit den Rückmeldungen der Zielgruppe kooperativ weiterzuentwickeln. Dabei wird bewusst eher mit einer 80% als einer 100%-Lösung gestartet. In vielen Verlagen war es früher üblich, Projekte und Produkte exakt durchzukalkulieren und sie auch erst dann in den Markt zu geben – und sei es nur zur Probe – wenn das jeweilige Produkte den hohen Erwartungen gegenüber der eigenen Marke entsprechen konnte. Der bewusst als Test angelegte Start neuer Produkte setzt jedoch auch die Bereitschaft zur permanenten Optimierung voraus, was neben einem systematischen Umgang mit Daten auch die Bereitschaft zu Transparenz und einer intern komplett an Optimierungsschritten ausgerichteten Kooperationskultur bedeutet.

Dennoch darf man nicht davon ausgehen, dass Medienunternehmen erst dann die richtigen Schritte im Bereich digitaler Transformation gehen, wenn sie sich auf das Klein-Klein von permanenten kleinen Optimierungsschritten bestehender Produkte fokussieren. Die Stärke des Ansatzes von Eric Ries besteht eben nicht in den üblichen eher inkrementellen Änderungsschritten, wie man sie in allen Organisationen kennt, wenn etwa Kontinuierliche Verbesserungsprozesse (KVP) oder der berühmte Deming-Cycle des Qualitätsmanagements zum Einsatz kommen. Das wahre Potenzial der Idee und die Verbindung zu einer offensiven **Experimentalkultur** besteht darin, dass man damit auch größere Veränderungsschritte vornehmen kann. Statt grundsätzlich falsche Herangehensweisen durch inkrementelle Verbesserungen abzumildern, geht es dabei um grundsätzliche, auch radikale Veränderungen. Falls sich herausstellt, dass in einem Marktbereich Neukunden für das Printgeschäft nicht mehr zu vernünftigen Bedingungen generiert werden können, kann die in Konferenzen der Branche im Jahr 2023 noch höchst umstrittene Fokussierung auf Neukunden im Digitalbereich und reinen Kundenpflegemaßnahmen im Printbereich eine richtige Entscheidung sein.

Was neue Produkte und Geschäftsmodelle angeht, sind gescheiterte Versuche, beispielsweise mit harten Paywalls ohne einen Freemium- oder Metered-Bereich, grundsätzlich zu hinterfragen und nicht im Detail weiter zu optimieren. Dies wird durch das ›Pivoting‹ erreicht, d. h. eine Richtungsänderung, bei der man von den bisher gemachten vor allem auch negativen Erfahrungen profitiert und die Lerneffekte als Ausgangsbasis für Neuentwicklungen nimmt (Abb. 67).

Im Rahmen der Anwendung seiner Idee warnte Ries vor einer ›Fassaden-Metrik‹, mit der Medienunternehmen sich über die realistische Situation der Ideen hinwegtäuschen (Ries 2013, S. 119 ff.) könnten. Das Denken in ›User Storys‹ bei denen die Anforderungen der Nutzer eine zentrale Rolle spielen, ist für Verlage ohnehin eine spannende Entwicklungsrichtung. Dabei versteht man unter **User Storys** knapp formulierte Beschreibungen, die die wesentlichen Motivationselemente der Zielgruppe (z. B. der Nutzerschaft) beinhalten und auf den Punkt bringen (Schmikat & Friedrich 2015, S. 75). Die auf C. G. Jung zurückgehende Beschreibung von typischen Anwender*innen in Form sogenannter Persona öffnete bereits vor einigen Jahren für die Verlage den Weg zu einem neuen zielgruppenorientierten Denken (Schlüter 2020, S. 12f.). Es geht an dieser Stelle wieder um die unterschiedlichen Ansätze von Outside-In oder Inside-Out. Die gerade in Redaktionen vorherrschende Tradition (im Extremfall: »Ich weiß, was meine Leser wollen oder – noch besser brauchen – ohne dass es der Leserschaft selbst bewusst ist«) macht ein differenziertes Vorgehen im Rahmen von Lean Start-up erforderlich. Es lohnt sich, die Grundbedürfnisse und Painpoints der Zielgruppe im Rahmen von Zielgruppenanalysen zu ermitteln und zu systematisieren. Nur so kann dann in Verbindung mit einer Zuordnung zu Personas und anderen Beschreibungsmethoden auch eine sinnvolle Befüllung des Geschäftsmodell-Canvas erfolgen.

Es geht jedoch – gerade im Mediensektor – nicht nur um eine reine Abbildung der vermeintlichen Kundenbedürfnisse. Bei der Entwicklung von neuartigen und einzigartigen Medienprodukten kann die neue Art der Problemlösung oder Produktentwicklung auch durch die Erfahrung aus Redaktion und Vermarktung heraus entstehen. So gibt es in vielen Fällen eine redaktionelle, verlegerische oder publizistische Idee, mit der man wirklich neuartige Ansätze im eigenen Medienhaus und oftmals auch zunächst innerhalb des eigenen Funktionsbereichs begründet, bevor man mit ihr an den Start geht.

Wenn man diese Elemente einer Experimentalkultur innerhalb der Teams mit Kolleg*innen unterschiedlicher Funktionsbereiche und fachlicher Hintergründe im Verlag so etabliert, dass das Prinzip der Selbstverantwortung bei den Akteuren gefördert wird, erhält man die Grundzüge einer **Entrepreneurial Culture**: die Kolleg*innen entscheiden im Rahmen ihres Aufgabenbereichs eigenverantwortlich und treiben eigene Ideen und Projekte voran. Dabei sollte aber nicht primär das eigene Projekt gut dastehen, damit dieses genügend Finanzressourcen, Personalressourcen etc. bekommt. Bei einem solchen Ansatz ist es vielmehr notwendig, dass bei allem Engagement für das eigene Projekt die Freiräume dazu benutzt werden, für das gesamte Unternehmen einen möglichst großen Nutzen zu generieren.

Eine Experimentalkultur stellt keine besonderen Anforderungen an die Führungs- und Managementstruktur. Bei dem für die Erfindung ›Post it‹ bekannten Hersteller 3M sind das die berühmten 15 Prozent der Arbeitszeit, die man als Freiraum in kreative Projekte investieren kann (Yu & Shih 2018). In den meisten Verlagen sind Freiräume zwar kein komplett neues Thema, doch meist scheitern die guten Vorsätze an wirtschaftlichen Zwängen und/oder akuten Engpässen. Es ist neben dem entsprechenden zielorientierten Führungsstil, der auf Eigenverantwortung und intrinsisch motivierte Projekte abzielt, eine Leitungsaufgabe. Hierfür müssen die entsprechenden Rahmenbedingungen im Verlag, im Geschäfts- oder Funktionsbereich geschaffen werden.

3.5 Strategische Steuerung der digitalen Transformation

Wie alle größeren und komplexeren strategischen Prozesse bedarf auch die digitale Transformation einer Strukturierung. Eine gewisser-

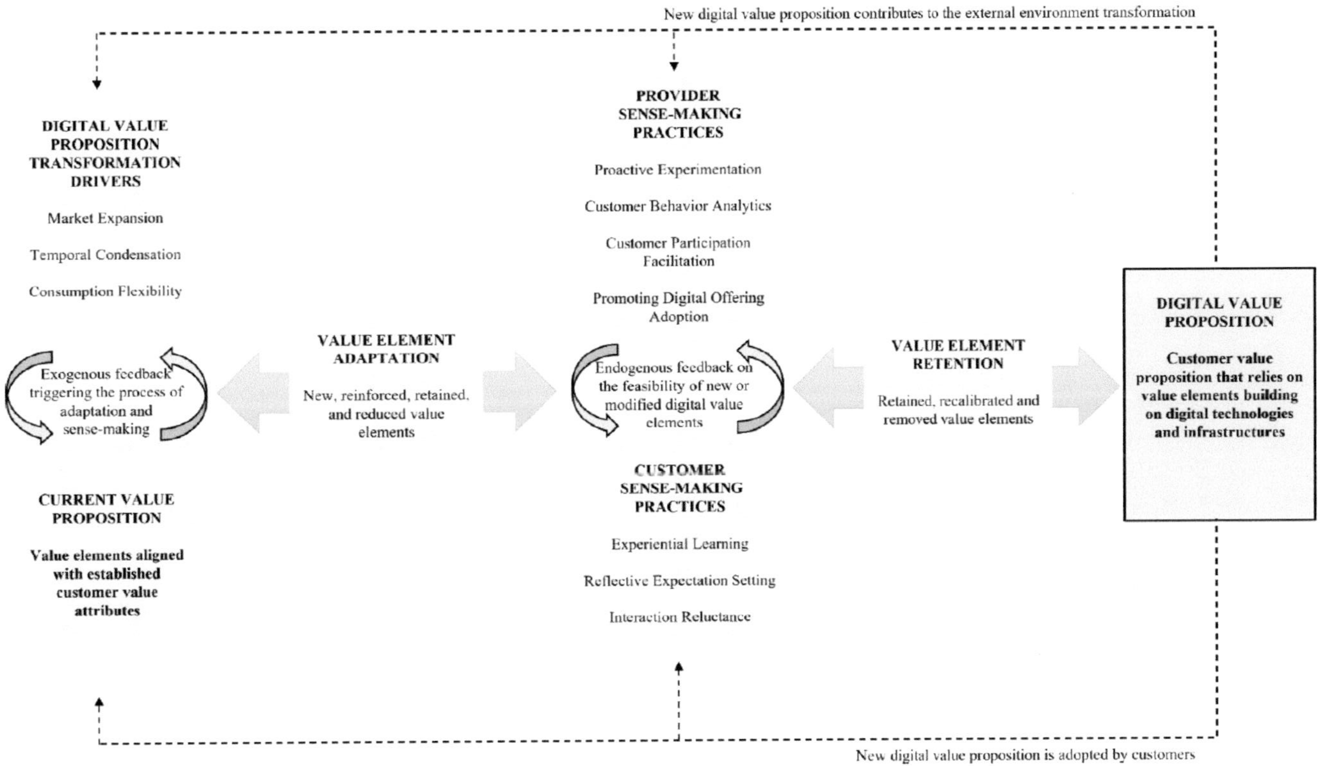

Abb. 68: Wertversprechen von Medienunternehmen im Transformationsprozess (Piepponen et al. 2022, S. 321)

maßen generische Blaupause für alle Arten von Entwicklungsprozessen zeigt das Modell von Hess (2022, S. 229). Eine besondere Bedeutung hat dabei die Festlegung des zentralen digitalen Wertversprechens, auf dem die oben geschilderten Überlegungen zu Geschäftsmodellen beruhen (Abb. 68).

Es ist ein Prozessablauf, der in ähnlicher Form auch für nahezu beliebige andere Themen nutzbar ist. Die Definition von ersten Strukturen oder die Verabschiedung von Grobzielen stehen meist am Anfang des Prozesses, der jedoch insofern offen bleiben muss, als man das genaue Ziel erst im Laufe der weiteren Prozessfortschritte präziser beschreiben kann. Bestandsaufnahmen oder Soll-Ist-Vergleiche geben dem Gesamtprozess einen Rahmen, währen der Teilschritt mit Bottom-up und Top-down-Elementen schon spezifischer ist und das transformationstypische widerspiegelt, da es um den Change- und Organisationsentwicklungsanteil geht (Kap. 1).

Um die in dem generischen Schema aufgeführten priorisierten Projekte in Angriff nehmen zu können, bedarf es gezielter Maßnahmen (vgl. beispielhaft Hess 2022, S. 172), den Aufbau digitaler Kompetenzen sowie einer digitalen Führungs-, Kooperations- und Unternehmens-

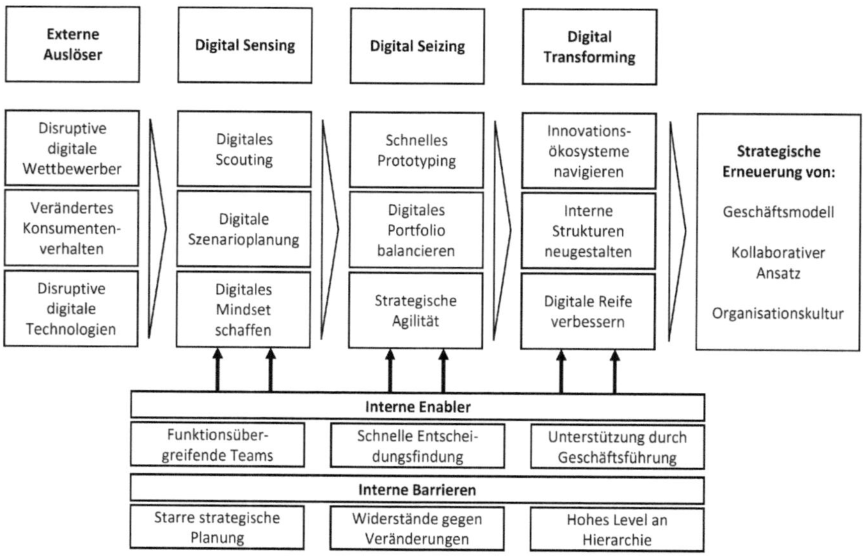

Abb. 69: Prozessmodell zum Aufbau dynamischer Fähigkeiten für die digitale Transformation (Warner & Wäger 2019, Übersetzung nach Hess 2022, S. 172)

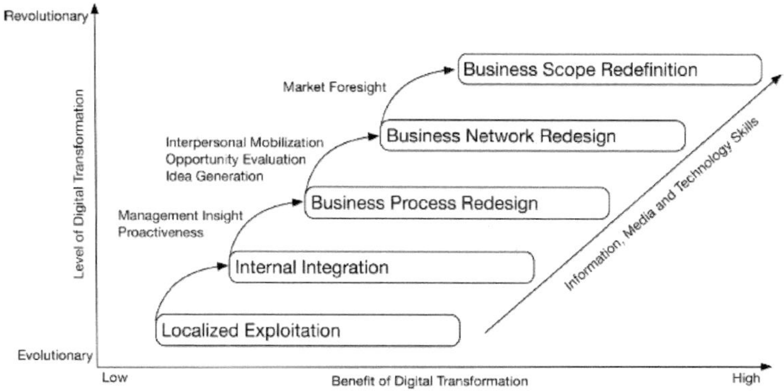

Abb. 70: Modell für digitale Transformation (Blanka, Krumey & Rueckel 2022, S. 8)

kultur (Kap. 4). Das Transformationsgeschehen selbst ist ein Zusammenspiel externer und interner Impulse und kann sehr gut im Prozessmodell dynamischer Fähigkeiten beschrieben werden (Abb. 69).

Als Zusammenfassung der Überlegungen zum Zusammenspiel von Elementen der Organisationsentwicklung und des Change-Managements, zu evolutionären Veränderungen im Rahmen des Bottom-up-Ansatzes und von revolutionären großen Schritten im Rahmen von Top-down-Maßnahmen kann das zusammenfassende Framework (Abb. 70) dienen. Dieses Modell beschreibt auch die Verbindung von internen Prozessen und dem Erkennen von Chancen und strategischen Entwicklungen im Markt und im Unternehmensumfeld.

4 Führungs- und Unternehmenskultur

Die Führungs- und Unternehmenskultur ist Ausgangs- und Angelpunkt des digitalen Transformationsprozesses. Damit ein erfolgreicher Wandel möglich ist, bedarf es einer offenen Führungskultur, die in der Lage ist, Menschen für Veränderungen zu motivieren. Zugleich prägt eine erfolgreiche Transformation auch die Unternehmens- und Führungskultur der jeweiligen Medienunternehmen. Daher müssen Antworten auf folgende Fragen gegeben werden:

- Wie stark ist ein echter Unternehmergeist im Unternehmen vorhanden
- Wird eigenverantwortliches Handeln im Sinne einer ›entrepreneurship culture‹ von der Führung gewünscht, gefördert und belohnt?

Letztlich geht es um Selbstverantwortung, Freiräume durch entsprechende Führungsstile und um agile Methoden und Prinzipien, die Menschen helfen, gemeinsam ihre Zukunft in einer Branche zu gestalten, die unter einem enormen Veränderungsdruck steht.

Transformationsprozesse in Medienunternehmen sind nicht nur ein Teil des strategischen Managements, sondern auch Voraussetzung für die Fähigkeit im Rahmen der Führungs- und Unternehmenskultur die richtigen Weichenstellungen vorzunehmen, um dem permanenten Veränderungsdruck der Branche gewachsen zu sein. Dies macht den Unterschied zwischen mehr oder weniger erfolgreichen Verlagen aus. In diesem Kapitel geht es daher um die grundsätzlichen Anforderungen auf der Ebene der Unternehmensführung und der dahinterliegenden Strukturen und Arbeitsprozesse – Anforderungen, die sowohl für den Prozess der digitalen Transformation als auch für den anschließenden digitalisierten Geschäftsbetrieb eines Medienunternehmens notwen-

dig sind. In den einzelnen Abschnitten wird deutlich, dass es neben formalen und inhaltlichen Veränderungen im Wesentlichen auch um eine Änderung der Grundhaltung und des Wertesystems geht. Die höhere Dynamik, die durch die digitale Transformation als Anforderung auf die Medienunternehmen zukommt, muss sich in einer veränderten Führungsarbeit (mehr Selbstständigkeit und Eigenverantwortung) und einer veränderten Kooperation auf Basis einer zielorientierten, agilen und ergebnisorientierten Kultur niederschlagen. Auch der Teamkultur kommt in diesem Zusammenhang eine besondere Bedeutung zu (Georgiades 2017, S. 103).

Ganz im Sinne des im Kap. 1 beschriebenen Transformationsbegriffes handelt es sich um einen Veränderungsprozess, der – um nachhaltig zu sein – auch die Ebene der Unternehmenskultur und der Führungskultur miteinschließen muss. Dies wurde bereits im Change-Management-Modell von Kotter deutlich, wo am Ende die nachhaltige Implementierung einer Veränderung auch eine Weiterentwicklung der Unternehmenskultur voraussetzt. Wenn wir die Praxisfälle in Medienunternehmen in den vergangenen 20 Jahren analysieren, dann haben alle Unternehmen, die sich stark in eine Vorreiterrolle begeben und den digitalen Wandel forciert haben, sich in ihrer Kern-DNA und Unternehmenskultur verändert, um den neuen Anforderungen und Aufgabenstellungen gerecht zu werden.

4.1 Leader, Manager und Entrepreneure

Bei der Beurteilung von Organisationsstrukturen und Prozessen gibt es das gängige Sprichwort ›Der Fisch stinkt vom Kopf her‹. Man muss dieses Bonmot nicht unbedingt appetitlich finden, um den wahren Kern zu erkennen: Allein durch die Vorbildrolle und die Machtstruktur innerhalb hierarchischer Organisationen wird der organisatorische und kulturelle Wandel eines Medienunternehmens stark durch die Führungsebene geprägt. Noch deutlicher: Ohne entschlossene Personen an der Spitze wird es sehr schwer sein, Schub in den Transformationsprozess eines Medienunternehmens zu bekommen.

Wir erkennen dieses Phänomen bei der Analyse von Einzelfällen, beispielsweise bei der Frage, wie sich Burda Media – ausgehend vom Hubert Burda Verlag – durch die Person des Verlegers Hubert Burda wandeln konnte (Burda 2010, S. 193f., Burda 2010a). Oder aber das Beispiel von Matthias Döpfner (2010) und Axel Springer SE, wo sich das Unternehmen – ausgehend von der aus dem regionalen Abonnement-Zeitungsgeschäft stammenden Unternehmenskultur des Axel Springer Verlags – sich in die Axel Springer SE wandeln konnte, die verstärkt digitale und internationale Geschäftsfelder verfolgt. Genauso lässt es sich aber auch bei zahllosen kleineren und mittleren Verlagen nachweisen, die sich darauf eingelassen haben, den Transformationsprozess aktiv zu gestalten. Wie wichtig die Rolle der Führung an dieser Stelle ist, kann man immer dann feststellen, wenn man Führungskräfte auf der Ebene der Bereichs- und Abteilungsleitung im Transformationsprozess begleitet. Auch dann, wenn das eigene Medienhaus aufgrund der Produktstruktur und Marktsituation günstige Voraussetzungen für eine erfolgreiche Transformationsentwicklung hat, ist es für diese Führungskräfte kaum möglich, die Chancen in ihrem Zuständigkeitsbereich auch nur annähernd auszuschöpfen, wenn die Vorzeichen auf der Führungsebene nicht passen. Hinter dieser bedeutenden Rolle der Verlags- und Unternehmensführung steckt jedoch nicht nur die Frage eines besonders visionären oder charismatischen Führungsstils, der durch die jeweilige Person verkörpert wird, sondern es steht dahinter auch eine unterschiedliche Haltung, was denn die Kernaufgabe einer Führungsperson sein soll. Das lässt sich häufig in der Rollenabgrenzung zwischen Leadership, Management und Entrepreneurship darstellen.

Management und Leadership

Wenn wir beginnen, den Unterschied zwischen Management und Leadership herauszuarbeiten, finden wir eine Reihe von Definitionen, die wir verwenden können, da die verschiedenen Managementtheorien im Laufe der Zeit immer ihre eigene Stellung zur Führung beziehen (Fairholm & Fairholm 2009, S. 47ff.). Eine weit verbreitete Definition von **Management**, die auf den Ideen von Henri Fayol und Edward Francis Leopold Brech basiert, beinhaltet die Ideen der Planung, Organisation, Kontrolle, Koordination und Motivation (Cole 1996, S. 4f). Die Abgrenzung zwischen Managern und Leadern ergibt sich dabei aus der psychischen Situation der Akteure:

»Manager sind prozessorientiert, suchen Stabilität und Kontrolle und versuchen instinktiv, Probleme schnell zu lösen – manchmal, bevor sie die Bedeutung eines Problems vollständig verstehen. Führungskräfte hingegen tolerieren Chaos und fehlende Struktur und sind bereit, die Lösung hinauszuzögern, um die Probleme besser zu verstehen« (Zaleznik 2014).

Demnach brauchen die Organisationen letztlich sowohl Manager als auch Führungskräfte, und sie sollten versuchen, die Fähigkeiten und die Denkweise des jeweils anderen Teils der Unternehmensführung zu entwickeln, denn die Sicht auf die Aufgabenstellung ist unterschiedlich. Manager*innen konzentrieren sich auf die rationale Steuerung des rein mechanischen Systems des Unternehmens durch die Lösung von unternehmerischen Herausforderungen unter Verwendung der besten Methoden. Dies entspricht der Definition des Managements als einem Zyklus von Prozessschritten, der Teil eines kybernetischen Systems ist. Für lange Zeit war dieser Modus für Presseverlage und Medienunternehmen völlig ausreichend. Im Zeitungsgeschäft bedeutete dies die Optimierung der Prozesse, um in enger werdenden Märkten (Breyer-Mayländer 2001, 2010, 2015b, 2021) weiterhin zweistellige Renditen sicherzustellen. Dies kann jedoch im Hinblick auf die disruptiven Situationen im Mediengeschäft nicht die alleinige Erfolgsformel für die Zukunft der Presse- und Medienbranche sein.

Hier kommt nun das Thema **Leadership** in Abgrenzung zu Management ins Spiel. Führung in diesem Sinne ist Menschenführung. Eine Führungskraft hat im Gegensatz zum reinen Managementansatz eine starke Orientierung am Menschen, insbesondere an Mitarbeitenden und Kolleg*innen. Ihr geht es darum, Menschen zu motivieren, und nicht darum, Systeme einzusetzen. Daher bezieht sich ihre Orientierung auf die Grundwerte, die Mission und die Vision des Medienunternehmens; ihr wichtigstes Instrument ist die Kommunikation. Dabei kommt gerade im Kontext von übergreifenden Veränderungsszenarien wie der digitalen Transformation dem Segment der Werte, des Sinns (Purpose) und der damit verbundenen Frage nach dem Warum? (Why?) (Sinek 2011) eine besondere Bedeutung zu (Leppelmann & Leppelmann 2020). Gerade junge Mitarbeitende werden nur dann für ein Unternehmen mit der Tradition eines Verlags zu gewinnen sein, wenn hier vernünftige rational wie emotional ansprechende Antworten existieren.

Wie kommen nun Medienunternehmen, die teilweise noch den Begriff des Verlags im Namen tragen, an Führungskräfte, die diesem Anspruch gerecht werden? Zum einen geht es hierbei um die Frage, wie gut man im Personalmarkt platziert ist und auf Basis des Employer Brandings, aber auch der dabei spürbaren Führungs- und Unternehmenskultur neue Fach- und Führungskräfte gewinnen kann. Zum an-

EMPLOYER BRANDING Alle Maßnahmen, die den Markencharakter eines Unternehmens betreffen, um sich auf dem Markt als attraktiver Arbeitgeber zu präsentieren.

dern geht es um die Frage, wie eine entsprechende Ausbildung und Begleitung von Führungskräften aussehen kann, um sie auf die Aufgaben im Rahmen der digitalen Transformation vorzubereiten und sie im Prozess selbst zu unterstützen.

Bei der Ausbildung von Führungskräften sowie in Trainings gibt es in der Regel einen theoretischen und einen praktischen Teil. In der Regel haben die Führungskräfte in Verlagen, ob sie nun eine Ausbildung im dualen Ausbildungssystem oder ein Studium absolviert haben, eine Menge Wissen über Führung. Dies darf jedoch für die Anwendung in der Praxis nicht mehr ein Wissen auf abstrakter Ebene bleiben, sondern muss in eine echte geradezu »verkörperte Erfahrung« (Monsen 2018, S. 99) übergehen. Führung ist zwar in gewissem Maße eine Frage des Talents, aber im Kern ist es eine Frage von fundiertem Wissen, intensivem Training und praktischer Erfahrung (»Practice makes perfect«) (Monsen 2018, S. 103). Daher lohnt es sich, dass mehr und mehr Verlage und Medienunternehmen auch in die Führungskultur und operativ in die Führungsausbildung investieren. Hier ist neben der Begleitung der Führungskräfte das wiederholte Anwenden in der Praxis entscheidend; exzellente Sportler entwickeln sich auch durch das Heimtraining (Breyer-Mayländer 2023b BDZV).

Viele Medienunternehmen haben in der jüngsten Zeit ihre Bemühungen um mehr **Diversität** in den jeweiligen Teams deutlich verstärkt. Eine Diskussion, die in vielen Fällen aus dem Bereich des Personalwesens / Human Ressources (HR) stammte und zunächst dem Umstand geschuldet war, dass man im Personalmarkt immer schwieriger seinen Bedarf mit den bisher traditionellen Bewerberstrukturen abdecken konnte, dehnt sich nun auf den Bereich des Kulturwandels aus. Dass der Ansatz, Führungskräfte zu generieren und zu fördern, nicht von Geschlecht, ethnischer Herkunft oder Alter abhängig ist (Kinyanjui 2018, S. 321f.), ist zwar seit Langem anerkannt, die Konsequenzen daraus hat man in vielen Häusern jedoch eher spät gezogen. So gibt es nach wie vor in vielen Bereichen einen Nachholbedarf bei Frauen auf der Führungsebene. Der Umstand, dass vor allem in den markt- und kundenbezogenen Bereichen der Verlage, wie den Redaktionen, erkannt wurde, dass man die Interessen einzelner Zielgruppen auch deshalb nur begrenzt abbildet, weil ihre Denkweise durch keine Person in der Redaktion verkörpert wird, hat bereits vor einigen Jahren eine noch bewusstere Diversitätsdiskussion in einigen Medienhäusern hervorgebracht. Um in der Unternehmenskultur einen echten Wandel zu verkörpern, sind echte Entwicklungsschritte – um nicht zu sagen Fortschritte – in diesem Bereich unerlässlich. Dieses Thema ist für Medien deshalb von besonderer Bedeutung, da es auch zu signifikanten ›blind spots‹ bei der publizistischen und inhaltlichen Arbeit kommt. Zeitungen bilden beispielsweise in manchen Fällen in ihren Produkten nach wie vor nur den Teil der Gesellschaft ab, den sie in ihrem eigenen Personalbestand haben. Dies betrifft nicht nur den Lifestyle, sondern auch weitere, ganz unterschiedliche Kriterien.

Entrepreneurship

Worin unterscheiden sich reines Management und echte unternehmerische Haltung im Sinne von Entrepreneurship? Peter Drucker machte seine Kernaussagen über die Gemeinsamkeiten und Unterschiede zwischen Management und Entrepreneurship in den 1980er Jahren. Er beschrieb das Kernthema des Managements als die Optimierung bestehender Strukturen und Prozesse. Das Kernthema des Entrepreneurship hingegen beinhaltet die Etablierung von Innovationen, von Ideen, die nicht bereits im Geschäftsfeld etabliert sind. Eine jahrzehntealte Differenzierung, die im Transformationsgeschehen des Verlagsbereichs von überraschender Aktualität ist. Einige Personalwechsel an der Spitze von Presse- und Medienunternehmen der vergangenen Jahre lassen sich auch vor diesem Hintergrund strategisch bewerten. »Die heutigen Unternehmen, vor allem die großen, werden in dieser Zeit des raschen Wandels und der Innovation einfach nicht überleben, wenn sie keine unternehmerische Kompetenz erwerben« (Drucker 1985, S. 144).

Es bedarf in den Medienunternehmer in einer Situation mit disruptiven Veränderungen einer Art von Entrepreneurial Management, um innerhalb gegebener Strukturen innovativ zu sein und/oder das bestehende Geschäftsfeld und die Geschäftsmodelle zu überwinden. Wichtig dabei ist die Erkenntnis, dass die Innovations- und Überlebensfähigkeit von Verlagen und Medienunternehmen keinesfalls direkt mit ihrer Größe verbunden ist. Aktuell (2023) ist beispielsweise zu sehen, dass gerade Großunternehmen der Branche, wie Bertelsmann mit dem inzwischen zerlegten Verlagsteil Gruner + Jahr sich sehr schwer tun können, den Transformationsprozess befriedigend auszugestalten.

Wie wirken sich nun diese unterschiedlichen Grundhaltungen von Führungspersonen auf den Prozess der digitalen Transformation aus?

Wenn es darum geht, den Transformationsprozess in einem Presse- oder Medienunternehmen zu führen, bedarf es vor allem der Kompetenz und Funktion des Leadership. Das kann am Begriff des ›Innovation Leadership‹ festgemacht werden (Breyer-Mayländer 2017, S. 306). Im Gegensatz zu Innovation Management geht es bei **Innovation Leadership** um langfristige Innovationsziele und eine strategische Ausrichtung des Gesamtprozesses. Beim Management hingegen steht eine umsetzungsorientierte kostenoptimierte operative Ausrichtung im Vordergrund. So geht es im Managementsektor um die Bereiche Kosten, Zeitersparnis und Produkterfolg, während die Ebene Leadership auf Lernen und Wissensentwicklung angelegt ist. Das heißt: Zu Beginn eines digitalen Transformationsprozesses bedarf es im Verlag der Grundorientierung des Entrepreneurships, die anschließend beziehungsweise parallel von anderen Führungskräften in die Dimensionen des Managements übertragen wird, sodass von Anfang an ein effizientes neues Arbeiten mit neuen Strukturen und Prozessen entstehen kann.

Dabei darf der Impuls aus der Leadership-Perspektive, bei dem es um die grundsätzliche Veränderung des Produktspektrums und die grundsätzliche Veränderung der Ausrichtung des Unternehmens geht, nicht nachlassen. Der Führung kommt als Erfolgsfaktor für die digitale Transformation eine entscheidende Bedeutung zu (vgl. Hofmann & Wienken 2020, S. 16). Man benötigt diesen Ansatz, um den radikalen Wandel auch im Sinne der Disruption bewältigen zu können. Mit ausschließlich inkrementellen Verbesserungen und Optimierungsansätzen des Bestehenden ist es hier nicht getan. Die Führung muss die Mitarbeitenden stärker als Kooperationspartner einbeziehen und ein höheres Maß an Selbstständigkeit und Eigenverantwortung einfordern (Kap. 4.3).

Die nächste zentrale Differenzierung in der Führungsrolle betrifft das Selbstverständnis als Manager*in oder und Entrepreneur*in. Denn es muss als sehr kritisch beurteilt werden, wenn dieselben Manager*innen, die für das Weiterentwickeln des Kerngeschäfts aufgrund ihrer hierarchischen Position und ihrer Machtstellung innerhalb des Medienunternehmens bisher verantwortlich waren, damit beauftragt werden, die neuen Geschäftsbereiche aufzubauen und weiterzuentwickeln. Für Peter Drucker ist das die entscheidende Abgrenzung zwischen Manager und Entrepreneur, wobei er Entrepreneur*innen als Unternehmer*innen aufgrund ihrer Haltung beschreibt und nicht durch ihre gesellschaftsrechtliche Stellung innerhalb des Unternehmens. Die Manager*innen laufen Gefahr, dass sie bei gleichzeitiger Verantwortung für neue Unternehmens- und Produktbereiche, diese jungen, wirtschaftlich noch nicht so bedeutsamen Bereiche zu kurz kommen zu lassen, da ihr Hauptaugenmerk dem laufenden Betrieb und der Geschäftsführung gelten muss. »Das bedeutet zunächst, dass die unternehmerischen (das heißt die neuen) Aktivitäten von den traditionellen getrennt werden müssen. Alle bisherigen Versuche, unternehmerische Projekte in bestehenden Einheiten zu realisieren, sind gescheitert« (Drucker 2005, S. 16 und 9).

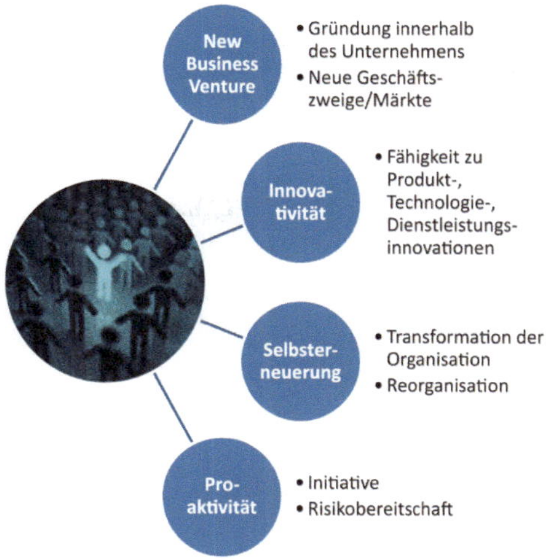

Abb. 71: Vier Dimensionen von Intrapreneurship (Breyer-Mayländer 2017, S. 96 auf Basis von Kaudela-Baum, Holzer & Kocher 2014, S. 83)

Wenn wir uns die Historie einzelner Medienmärkte anschauen, dann lässt sich dies sehr gut anhand der Unternehmensentwicklungsschritte nachvollziehen. Gerade im Zeitungsbereich waren viele Jahrzehnte dadurch geprägt, dass man nicht unbedingt sehr offensive Schritte zur Marktbearbeitung unternahm, sondern stattdessen mit dem Aufkommen neuer Wettbewerbsmedien (Anzeigen-, Offertenblätter oder Online-Rubrikenmärkte) stets eher re-agiert hat statt pro-aktiv zu handeln. Entsprechend ist es nur in seltenen Fällen gelungen, das volle Potenzial der neuen Märkte für das eigene Unternehmen als Unternehmensverbund mit unterschiedlichen Geschäftsbereichen auszuschöpfen. Nach Eric Ries, dem Begründer des Lean Start-up-Modells, ist es jedoch durchaus möglich, Manager*innen dafür zu begeistern, sich als Entrepreneure zu verstehen und damit einen radikalen Wandel im eigenen Unternehmen zu initiieren und diesen Transformationsprozess anzuführen. Im Unternehmen wirksame Entrepreneure bezeichnet man auch als **Intrapreneure**. Die Voraussetzungen ihres Wirkens lassen sich in vier Dimensionen beschreiben (Abb. 71).

Damit die Fach- und Führungskräfte diesen Anforderungen im Verlag entsprechen können, bedarf es jedoch auch einer entsprechenden persönlichen Haltung, die eine Grundlage schafft, um Verantwortung als Entrepreneur bzw. Intrapreneur zu übernehmen. Dabei geht es um Wissen, persönliches Netzwerk und die Fähigkeit, Chancen zu erkennen (Abb. 72).

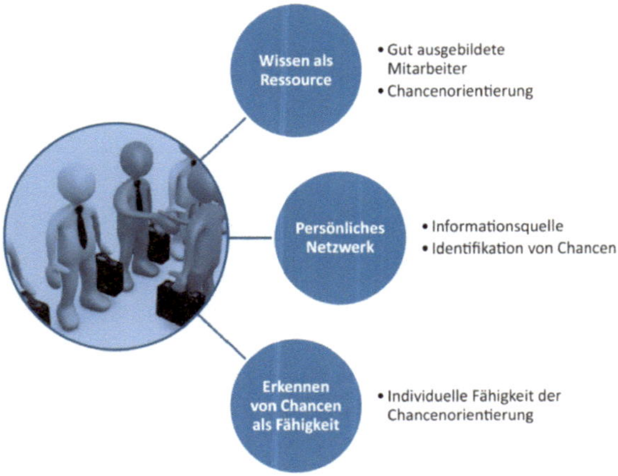

Abb. 72: Erfolgsfaktoren auf die unternehmerische Einstellung von Mitarbeitenden (Breyer-Mayländer 2017, S. 96 auf Basis von Kaudela-Baum, Holzer & Kocher 2014, S. 84)

Bezieht man diese Grundanforderungen einer Entrepreneurial Culture, das heißt von einer unternehmerischen Grundhaltung und Kultur auf das Gesamtunternehmen sowie auf die neuen Geschäfts- und Unternehmensbereiche, dann lohnt sich ein detaillierter Blick auf die Grundanforderungen einer derartigen Kultur (Abb. 73).

Wie Abb. 73 verdeutlicht, besteht eine unternehmerische Kultur zunächst einmal aus Kompetenzen und Persönlichkeitseigenschaften der einzelnen Personen, die in diesem Rahmen als

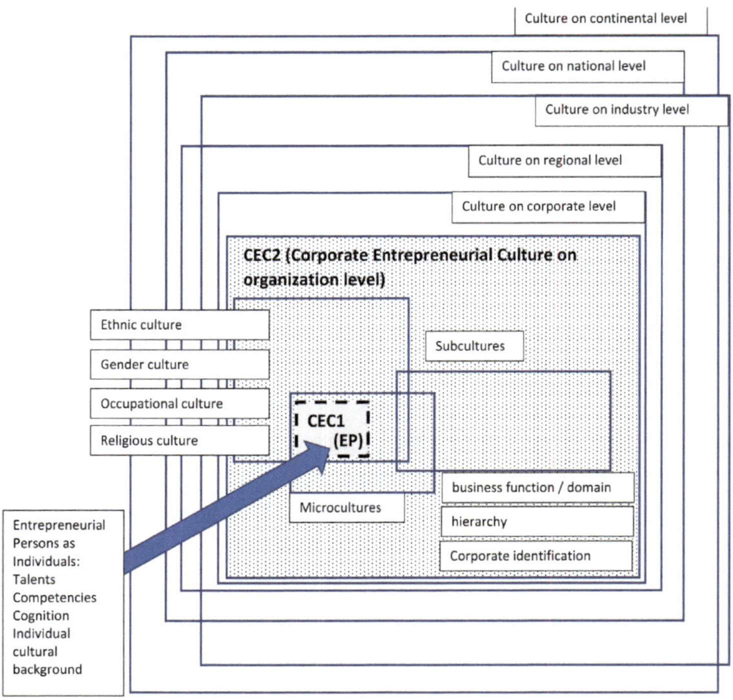

Abb. 73: Gesamtmodell einer Corporate Entrepreneurial Culture (Breyer-Mayländer & Zerres 2022)

Mitarbeitende mit unternehmerischer Grundorientierung aktiv sind. Darüber hinaus ist es entscheidend, welche Abteilungs-/Funktionsbereiche im Blickfeld sind. So gibt es in den meisten Medienunternehmen deutliche Unterschiede zwischen Redaktion und Controlling. Die unterschiedlichen branchen- und regionalspezifischen Effekte können ebenfalls die jeweilige Kultur einer Abteilung und eines Teams beeinflussen. Beispielsweise ist die Unternehmenskultur in einem Kinderbuchverlag von der Arbeit in einer Tochtergesellschaft zur App-Entwicklung zu unterscheiden und ein Unternehmen in Berlin besitzt in der Regel eine andere Unternehmenskultur als ein Unternehmen im ländlichen Raum Südbadens.

Es ist keineswegs ein einfacher und einheitlicher, homogener Prozess aus einem traditionellen Medienunternehmen mit den Wurzeln im Verlagsgeschäft im Rahmen der digitalen Transformation ein Medienunternehmen zu entwickeln, das ausgehend von seinen Wurzeln radikal in der Lage ist, neue Produkt- und Unternehmenschancen zu erkennen und darüber im Klaren zu sein, wie diese entweder im Rahmen eigener Initiativen oder im Rahmen von Kooperationsprojekten umgesetzt werden können.

4.2 Agilität als Grundmuster

Wie in vielen Branchen verändern sich auch in Medienunternehmen die Rahmenbedingungen so stark und dynamisch, dass man nach der Theorie von Igor Ansoff auf die »schwachen Signale« achten muss (Ansoff 1975, 1976). Die Umweltdynamik für Medienunternehmen war nicht nur während der Hochphase der ersten Internet-Welle in den 1990er Jahren eine Herausforderung für das Leitungshandeln. Es geht darum, dass redaktionelle Medien sich auch bei veränderten Rahmenbedingungen, wie dem Wegbrechen von Werbeerlösen, als handlungsfähige Organisation erweisen, die in der Lage ist, sehr schnell zu lernen sowie Fehlannahmen schnell und sicher zu identifizieren und zu eliminieren. Wir setzen daher bewusst auf den Grundannahmen der lernenden Organisation auf. Die nachfolgend kurz skizzierten Elemente agilen Arbeitens ersetzen keineswegs die detaillierte und ausführliche Auseinandersetzung mit dem Thema. Sie dienen lediglich als Überblick und könnten in dieser Form auch in völlig anderen, beispielsweise im öffentlichen Sektor oder Bildungswesen zum Einsatz kommen (Breyer-Mayländer & Ritter 2023).

A. Adaptation (Anpassung)

- Die Fähigkeit eines Systems, sich anzupassen und auf die sich verändernden äußeren Bedingungen zu reagieren

G. Goal Attainment (Zielverfolgung)

- Die Fähigkeit eines Systems, Ziele zu definieren und zu verfolgen.

I. Integration (Eingliederung)

- Die Fähigkeit eines Systems, Kohäsion (Zusammenhalt) und Inklusion (Einschluss) herzustellen und abzusichern.

L. Latency bzw. Latent Pattern Maintenance (Aufrechterhaltung)

- Die Fähigkeit eines Systems, grundlegende Strukturen und Wertmuster aufrechtzuerhalten.

Abb. 74: Das Akronym AGIL – die Anforderungen an agile soziale Systeme (eigene Darstellung, vgl. Parsons 1951, Parsons, Bales & Shils, 1953)

Die Grundidee der Agilität lässt sich anhand des **AGIL**-Schemas aus der Systemtheorie ableiten, die aus historischer Sicht bereits eine der älteren relevanten Theorien darstellt. Von Parsons stammt aus den 1950er Jahren eine Definition des Begriffs ›agil‹ – verbunden mit vier Anforderungen an soziale Systeme (Abb. 74).

Dieses historische Modell beschreibt bereits eine Reihe von Anforderungen, die für Medienunternehmen im Transformationsprozess entscheidend sind. Die für die aktuelle Diskussion über Agilität entscheidende Anwendung dieser Idee erfolgte im Umfeld der Softwareentwicklung. Der Begriff des **agilen Managements** geht auf das ›agile manifesto‹ zurück (http://agilemanifesto.org/iso/de/), mit dem die Prinzipien des agilen Arbeitens in der Softwareentwicklung beschrieben wurden. Es war die Abkehr von den Prinzipien des vollständigen Pflichtenhefts und der Abarbeitung der Vorgaben entsprechend dem Wasserfallmodell.

So wie sich die heutige App-Entwicklung von den Programmierprinzipien der 1980er Jahre unterscheidet, muss auch im Bereich Führung und Unternehmenskultur umgesteuert werden. Dies berührt zunächst die Haltung, mit der man Veränderungen gegenübertritt (Abb. 75), betrifft aber auch die Einstellung gegenüber Fähigkeiten, wonach es nicht um eine Vorgabe von fix vorgegebenen Ressourcen geht, sondern um einen Entwicklungsbereich. Es kommt bei den einzelnen Akteuren nicht mehr auf die Selbstinszenierung zur Positionierung innerhalb der Gruppe und die Absicherung der eigenen Machtposition an , sondern auf die Chance

Aspekte	Fixe Haltung	Agile Haltung
Fähigkeiten …	sind fix (Ressourcenvorgabe)	können wachsen, sich entwickeln
Hauptziel ist es …	mich gut zu inszenieren	zu lernen
Herausforderungen	sind zu vermeiden	sind willkommen
Fehler	prägen meine Identität	liefern Informationen für meine Entwicklung (Lernen)
Anstrengen müssen sich …	die Untalentierten	alle auf dem Weg zu Exzellenz
Reaktion auf Herausforderungen:	Hilflosigkeit	Ausdauer

Abb. 75: Fixe Haltung vs. agile Haltung (eig. Darstellung nach: Breyer-Mayländer 2020b)

auf Weiterentwicklung und das persönliche Lernen. Entsprechend werden Herausforderungen als willkommener Anlass für Wachstum und Weiterentwicklung wahrgenommen. Die einzelnen Akteure sehen sich dabei nicht als Objekt der Entwicklung, sondern sehen die Herausforderung als Aufgabe, die Ausdauer sowie Lern- und Veränderungsbereitschaft erfordert. Das Thema Agilität kann nach fünf Facetten untergliedert werden (Abb. 76).

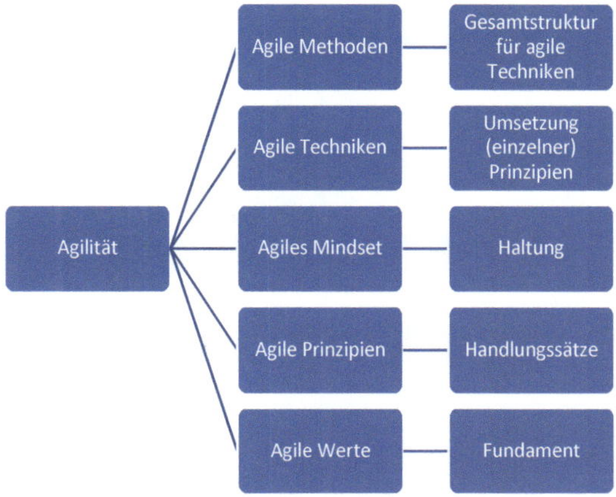

Abb. 76: Aspekte der Agilität (eig. Darstellung nach: Wippermann, Schmidberger & Stricker 2020, S. 160)

Design Thinking und Scrum

Unter den agilen Techniken und Methoden finden vor allem Design Thinking und Scrum zunehmend auch Akzeptanz. Design Thinking als Methode und Denkhaltung kommt aus den unterschiedlichen Formen der Produktentwicklung, die ja bereits in gewissem Sinne den Ansatz des testbasierten Experimentierens mit beinhalten (Abb. 77).

Übertragen auf allgemeine Fragen der Ideenentwicklung wurde aus **Design Thinking** ein übergreifender Ansatz, dessen Grundprinzipien (Abb. 78; vgl. Erbeldinger, Ramge & Erbeldinger 2015, S. 23) auch als Input für jede andere Form der Besprechungs-, Kooperations- und Gremienkultur herangezogen werden können. Auch wenn vielleicht ein Appell wie ›Hab Spaß!‹ als Grundsatz für eine Geschäftsführungssitzung auf den ersten Blick als befremdlich anmuten könnte, lassen sich diese Grundhaltungen als Prinzipien in andere Bereiche mit Erfolg integrieren. Dies ist eine positive Wendung zur Erkenntnis, dass schwere Aufgaben auch nicht dadurch leichter werden, dass man sie mit schlechter oder gedämpfter Stimmung in Angriff nimmt.

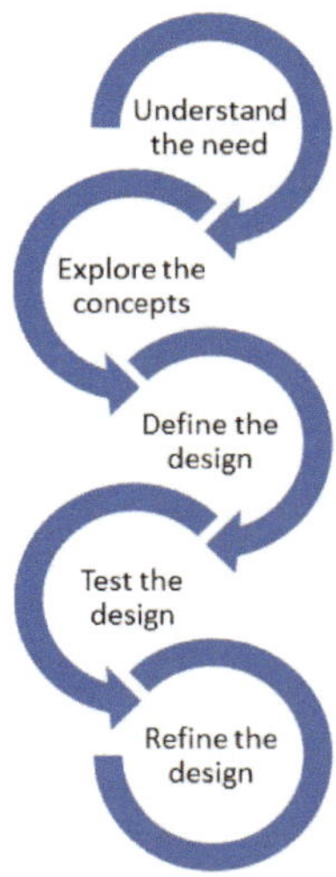

Abb. 77: Framework of product development (eigene Darstellung basierend auf: Mattson & Sorensen 2020, S. 169)

Gib deinen Titel an der Tür ab!

- Ziel ist die Diskussion in einem offenen, hierarchiefreien Kontext ("du")

Vermeide Kritik!

- Wie bei anderen Kreativitätstechniken (Brainstorming) gibt es bei der Ideengenerigung keine Wertungen.(kein "aber", "jedoch", "allerdings").

Bau auf den Ideen anderer auf!

- Die Kombination unterschiedlicher Ideen ermöglicht es, das volle Potenzial der Gruppe zu nutzen.

Sei visuell!

- Es geht dabei nicht um die Schönheit von Abbildungen, sondern um die Nutzung dieses Veranschaulichungs- und Kreativitätspotenzials.

Trau dich wild zu sein!

- Es sind die ausgefallenen und schrägen Ideen, die auch andere zu Neuem anregen.

Quantität ist der Schlüssel

- Es geht um die Generierung von vielen Ideen...um daraus dann die besten weiterzuentwickeln.

Scheitere früh und oft!

- Lass die Ideen von Nutzer*innen bewerten und beziehe das Feedback in die nächsten Schritte ein.

Hab Spaß!

- Es geht um eine entspannte und humorvolle Atmosphäre mit viel positiver Energie.

Nicht Reden, sondern Tun

- Es geht darum die Ideen möglichst früh in Form von Minimal Viable Products (MVPs) und Prototypen umzusetzen

Bleib´ fokussiert!

- Konzentration auf das Hauptziel und die Vermeidung von Ablenkungen halten die Energie

Denk´ menschenzentriert!

- Die Konzentration auf die Bedürfnisse der Menschen (SuS, Eltern, Lehrer*innen etc.) steht im Vordergrund. Sie sind als künftige Nutzer*innen von Anfang an mit einzubeziehen.

Abb. 78: Prinzipien des Design Thinkings (eig. Darstellung, angelehnt an: DIT o. J.)

Der Name **Scrum** geht auf die Freistoßsituation im Rugby-Spiel zurück. Er beschreibt eine Methode, die auf der Annahme beruht, dass kleine Teams, die alle Kompetenzen und Funktionalitäten auf sich vereinen, sehr viel schlagkräftiger arbeiten können, als große Teams (Gloger 2010, S. 195). Ausgangspunkt ist die Erkenntnis, dass komplexe Aufgaben mit detaillierten Regelungen zu einer überbordenden Bürokratie führen. Scrum vermeidet diese formalen Regularien. Daily Scrums sind sehr kurze Meetings, in denen in 15-20 Minuten das Wesentliche besprochen wird, um jedes Teammitglied auf den aktuellen Stand zu bringen und deutlich zu machen, wer sich im Anschluss ggf. noch gemeinsam abstimmen sollte, um bestimmte Problemlösungen zu forcieren. Im Rahmen der Meetings gilt ein exklusives Rederecht: Ein Moderator (Scrum Master) sorgt für einen konsequenten und zügigen Ablauf, während die weiteren Rollen der Product Owner und das Entwicklungsteam übernehmen.

Im Sinne der Low-Hanging-Fruit-Matrix (Pitera 1994) geht es darum, Themenfelder zu finden, bei denen mit einem überschaubaren Aufwand

ScrumMaster, Product Owner und das Team

a) Der **Scrum Master** ist die Führungskraft in diesem Prozess. Sie grenzt das Scrum-Team gegenüber anderen Bereichen ab und kümmert sich um den Scrum-Prozess sowie den Kontakt zum Management. Der Scrum Master trägt die Verantwortung für die Termintreue des selbstorganisierten Teams.

b) Der **Product Owner** kümmert sich um das Produkt, erstellt die inhaltliche Produktvision und das priorisierte und geschätzte Product Backlog, die Liste der Funktionalitäten, die zu erarbeiten sind und das deterministisch-mechanistische Pflichtenheft ersetzen. Product Owner sind Visionäre und Entwickler.

c) Das selbstorganisierte **Team** ist verantwortlich für die Lieferung des Produkts, die technische Umsetzung, die Qualität des Gelieferten und die Einschätzung, was realistischerweise tatsächlich geliefert werden kann.

ein großer Nutzen erreicht werden kann. Zur Identifikation und Auswahl solcher Themen können folgende Fragestellungen hilfreich sein:

- Welches Projekt besitzt einen zentralen Stellenwert und sollte beispielsweise unter den Gesichtspunkten Zeit oder Budget priorisiert bearbeitet werden?
- Sind die daran beteiligten Kolleg*innen offen für neue Methoden?
- Sind die daran beteiligten Kolleg*innen und weiteren Stakeholder auch dazu geeignet, später als Multiplikator*innen zu fungieren?
- Welche Teammitglieder sind für eine Schulung im Bereich der agilen Methoden / Scrum bereit?
- Wie kann ich über die neue Art der Zusammenarbeit und die Erfolge des Teams in den formalen anderen Besprechungsrunden berichten?
- Wie kann ich die ›Kundenseite‹ in den Scrum-Zyklus der neuen Projektgruppe integrieren?

Um nochmals den Zusammenhang zwischen der agilen Arbeitsweise von Scrum, dem Entrepreneurial Thinking in der Ausprägung des experimentellen Ansatzes von Eric Ries (Lean Start-up) und der agilen Methode des Design Thinkings deutlich zu machen, kann folgende Abbildung auf Basis der Analysen von Gartner herangezogen werden (Abb. 79). In dieser Grafik wird deutlich, dass der Experimentalteil durch Design Thinking und den Build-Measure-Learn-Zyklus des Lean Start-up-Modells geprägt ist, während die Phase der Umsetzung mit agilen Methoden wie Scrum unterstützt werden kann. Dass es sich dabei mehr um eine veränderte Denkrichtung als um eine reine Arbeitsmethodik handelt, zeigen die erfolgreichen Beispiele aus dem Tech-Umfeld. So hat Jeff Bezos, Gründer von Amazon, die **Working-Backwords-Methode**

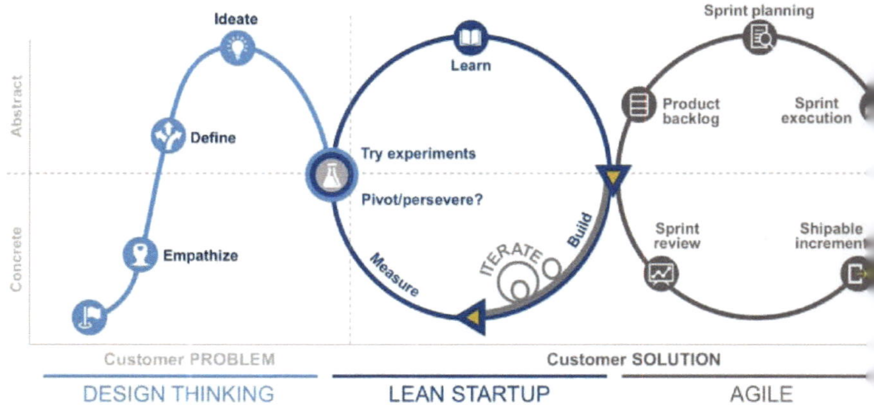

Abb. 79: Kombination von Design Thinking, Lean Start-up and Agile Management (eigene Darstellung nach: Gartner 2018)

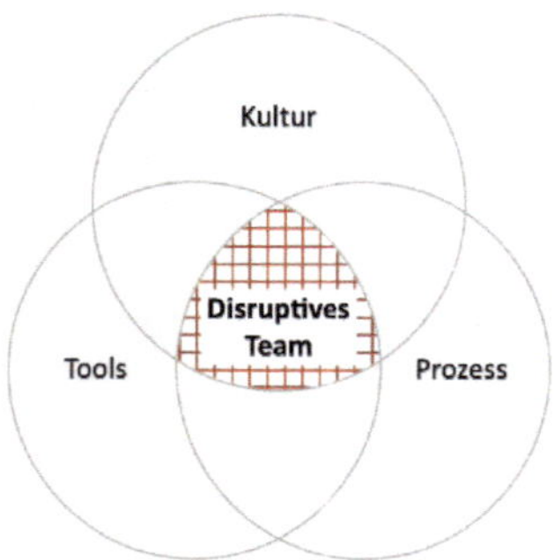

Abb. 80: Elemente eines disruptiven Teams (Schmidt 2022)

etabliert. Dabei wird jede Produktentwicklung am Kundennutzen ausgerichtet. Hierfür steht am Beginn des Entwicklungsprozesses eine fiktive Pressemeldung, die den Kundennutzen herausstellt. Die gedankliche Arbeit vor der eigentlichen Produktentwicklung soll dazu beitragen, dass die Entwicklung immer den geplanten Kundennutzen im Fokus behält.

Die Frage, ob ein Team auch in einer disruptiven Umgebung erfolgreich wirksam sein kann, hängt nicht nur von den eingesetzten Tools und den (agilen oder nicht-agilen) Prozessen ab, sondern auch von der dabei gepflegten Team-Kultur (Abb. 80). Letztlich geht es um die passende Verbindung von Kultur, Tools und Prozessen, die in Wechselwirkung und gegenseitiger Abhängigkeit stehen.

4.3 Eigenverantwortung der Mitarbeitenden und Professionalisierung

Während es bei der Eigenverantwortung darum geht, Menschen zu befähigen, mehr Verantwortung zu übernehmen und sie durch den entsprechenden organisatorischen Rahmen darin zu bestärken, hat der

Aspekt der Professionalisierung neben fachlichen medienspezifischen Inhalten vor allem eine Professionalisierung der Arbeitskultur im Sinne der digitalen Kompetenzen zum Thema.

Die Steigerung der Eigenverantwortung hat in erster Linie etwas mit der Steigerung der unternehmerischen Selbstverantwortung auf allen Hierarchieebenen und in allen Funktionsbereichen zu tun. Insofern knüpfen wir an den Gedanken der Entrepreneurial-Culture an. Erst dann, wenn ausreichend Handlungsspielräume vorhanden sind, um eigenverantwortlich im jeweiligen Themengebiet entscheiden zu können, besteht die Möglichkeit, in einem höheren Maße eigenverantwortlich zu agieren als dies bisher in traditionellen Medienorganisationen der Fall war. Diese Übernahme von mehr Selbstverantwortung hat auch etwas mit dem Selbstkonzept der Mitarbeitenden zu tun.

Das nachfolgende Flow Modell (Abb. 81) von Mihaly Csikszentmihalyi (Nakamura, & Csikszentmihalyi 2014) zeigt, dass Mitarbeitende in der Lage sind ein höheres Maß an Verantwortung zu übernehmen, wenn die Erwartungen an die eigene Aufgabe mit den Anforderungen der Aufgabe in Einklang stehen. Das heißt: Mitarbeitende, die ein hohes Maß an Eigenverantwortung anstreben, brauchen mehr Freiräume als Mitarbeitende, die sich durch mehr Eigenverantwortung eher überfordert fühlen. Damit wir mehr Mitarbeitende haben, die ein höheres Level Eigenverantwortung anstreben und einfordern, müssen sie in ihrer Persönlichkeitsentwicklung und ihrer fachlichen Entwicklung entsprechend begleitet werden.

Die gestiegenen Erwartungen vor allem der jüngeren Mitarbeitenden, die der Generation Y oder Z angehören, an die Führungsarbeit in Medienunternehmen stellt die Führungskräfte traditioneller Prägung zunehmend vor Herausforderungen. Auf Fachkonferenzen der Medienbranche ist immer wieder zu hören, dass die Mitarbeitenden im Hinblick auf ihre Führung anspruchsvoller und anstrengender geworden seien (Breyer-Mayländer 2017, S. 240). Der Wandel von einer traditionellen Unternehmensstruk-

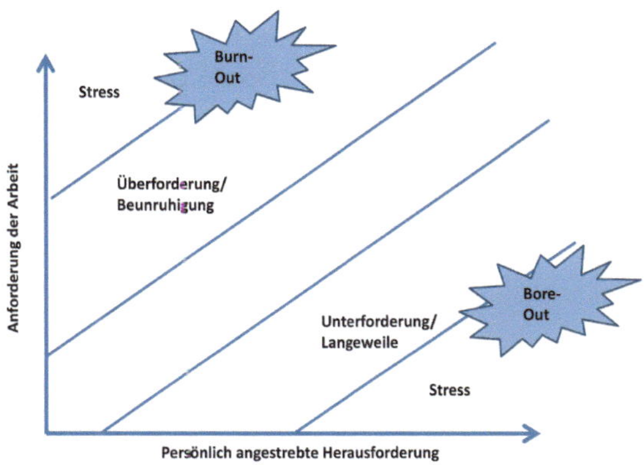

Abb. 81: Flow-Modell (Breyer-Mayländer 2017, S. 338; Nakamura & Csikszentmihalyi 2014)

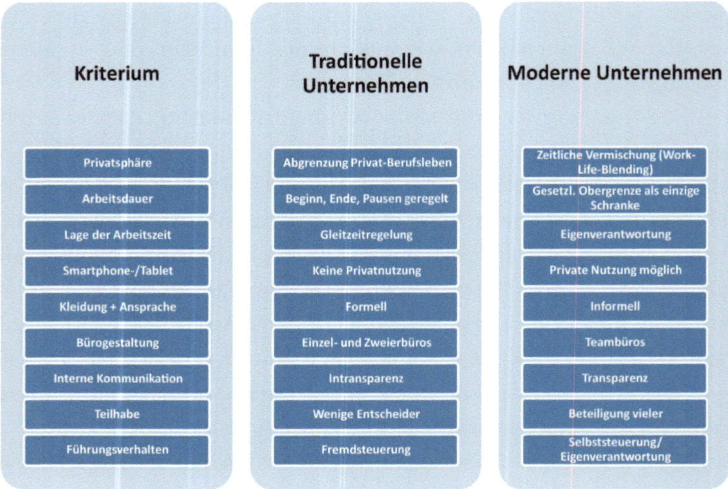

Abb. 82: Traditionelle vs. moderne Unternehmen (Breyer-Mayländer 2017, S. 241, auf Basis von Dahrendorf 2011, S. 152)

tur zu einer modernen Unternehmensstruktur beinhaltet daher in hohem Maße neben der gestiegenen Eigenverantwortung auch eine andere Form der ›Vermischung‹ von privat und Berufsleben, die für beide Seiten – Arbeitgeber wie Arbeitnehmer – keineswegs unproblematisch ist, jedoch bei guter Ausgestaltung für beide Seiten klare Vorteile bieten kann (Abb. 82).

Für die Integration von Mitarbeitenden in eine Arbeitsstruktur, die ein höheres Maß an Eigendynamik und Eigenverantwortung voraussetzt, bedarf es daher einer gezielten Weiterentwicklung der Kompetenzen im Rahmen der Personalentwicklung. Wenn man unter Kompetenz die erlernbare Fähigkeit versteht, situationsadäquat zu handeln und das Ziel hat (Erpenbeck & Sauter 2013, S. VII), die »Entwicklung kreativer, selbstorganisierter Handlungsfähigkeit« zu stärken, dann führt für ambitionierte Medienunternehmen an einer gezielten Auswahl und Weiterentwicklung der eigenen Mitarbeitenden kein Weg vorbei. In einer Situation, in der aufgrund eines Engpasses bei ausgebildeten Fachkräften in Verbindung mit dem demografischen Wandel und den erhöhten Anforderungen durch die digitale Transformation in anderen Branchen und die verschärfte Wettbewerbssituation durch boomende Start-ups eine Mangelsituation entsteht, müssen die vorhandenen Talente umso intensiver genutzt werden. Es geht um die Weiterentwicklung von zukunfts-

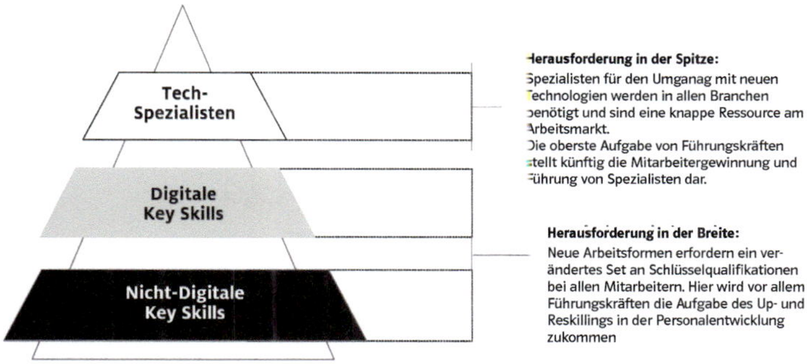

Abb. 83: Future-Skills-Pyramide (Koch-Herlyn & Hädicke 2022, S. 302)

orientierten Skills, in Abb. 83 als Pyramide dargestellt. Dabei sind – je nach Unternehmenstyp und Unternehmensgröße – bei Verlags- und Medienunternehmen vor allem die Tech- und Digitalskills betroffen, wobei in Verbindung mit der bewussten Weiterentwicklung einer Digitalkultur auch das Segment der nicht digitalen Skills für Kooperation und Führung betroffen sind.

Wissensmanagement

Damit im Rahmen der individuellen Professionalisierung und der funktions- und abteilungsbezogen Professionalisierung auch ein Zuwachs an Unternehmenskompetenz im Rahmen des Transformationsprozesses entsteht, bedarf es auch einer Neuorientierung des unternehmerischen Wissensmanagements sowohl auf der strategischen als auch auf der operativen Ebene. Nur dann, wenn es gelingt, das Wissensmanagement zu dynamisieren und weiterzuentwickeln, wird ein Medienunternehmen, das spätestens in den 2000er Jahren begonnen hat, den digitalen Transformationsprozess in Gang zu setzen, auch mittel- bis langfristig erfolgreich in den unterschiedlichen Märkten bestehen können. Eine Wissenstreppe verdeutlicht am besten, wie aus einfachen Informationen wettbewerbsrelevante Wissensbestandteile entstehen können (Abb. 84).

Ähnlich wie beim dynamischen Wechselspiel zwischen Leadership und Management, wo es sowohl eine operative effizienzorientierte Sichtweise der Managementebene als auch eine strategische visions- und zielorientierte Sichtweise der Leadership Ebene gibt, ist auch das

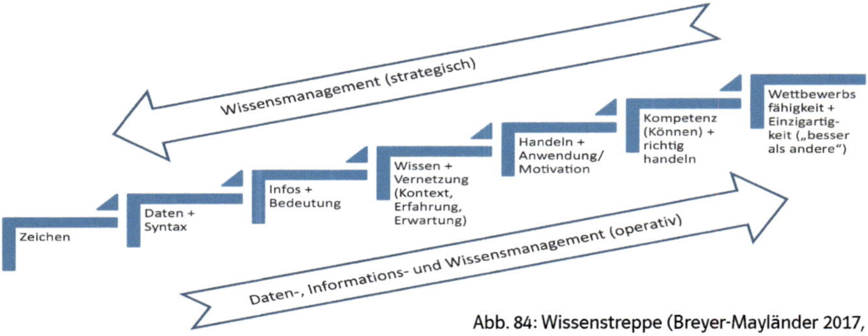

Abb. 84: Wissenstreppe (Breyer-Mayländer 2017, S. 244, nach: North 2015, S. 42)

Spannungsfeld zwischen standardisiertem und dynamischem Wissensmanagement zu sehen. Das standardisierte Wissensmanagement dient dazu, organisatorisch sicherzustellen, dass dem Medienunternehmen keine Fähigkeiten und kein Wissen verloren geht und damit das bestehende Wissen genutzt werden kann, um ähnliche Situationen zu lösen. Es wurde bereits dargestellt (Kap. 1), dass Unternehmen sehr stark darunter leiden, wenn sie lediglich die Perfektion der bereits etablierten Konzepte anstreben und daraus eine Transferstrategie im Rahmen der Digitalisierung ableiten wollen. Denn die digitale Transformation im Medienbereich zeichnet sich ja gerade dadurch aus, dass die bestehenden Rezepte, die auf die bisherigen Marktsituation und Geschäftsmodelle zu-

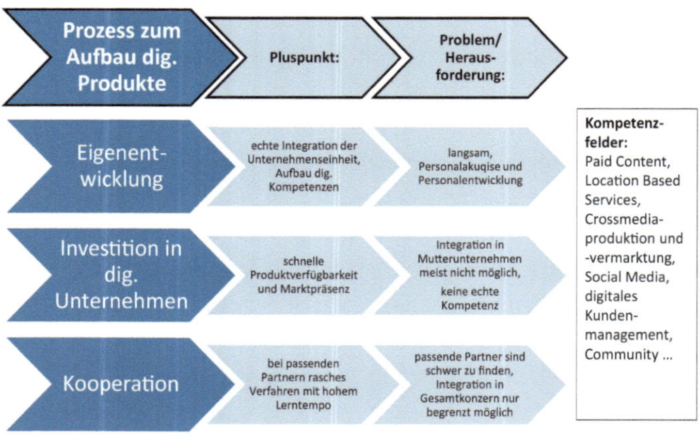

Abb. 85: Digitale Produkte im Zeitungsverlag ergeben noch keine digitalen Kompetenzen (Breyer-Mayländer 2017, S. 247)

geschnitten waren, unter den neuen Marktbedingungen nur noch eine begrenzte Sinnhaftigkeit haben. Deshalb bedarf es einer Dynamisierung des Wissensmanagements, bei dem die Lernfähigkeit deutlich gesteigert wird und ausgehend von Good Practice oder Best Practice immer der Anspruch auf Next Practice besteht. Dies erhöht den internen Innovationsdruck deutlich und erfordert im Rahmen der Qualifizierung von Mitarbeitenden auf allen Führungs- und Arbeitsebenen die Fähigkeit, mit einem hohen Maß an Unsicherheit und Mehrdeutigkeit umzugehen. Es gibt somit für alle Mitarbeitenden keine unverrückbaren Wahrheiten über derzeitigen und künftigen Geschäftserfolg, stattdessen muss stets hinterfragt werden ob die bestehenden Lösungen auch in ein, zwei, drei oder gar zehn Jahren noch Bestand haben können. Dieses erhöhte Innovations- und Lerntempo setzt einen kooperativen Ansatz im Bereich der Organisationsentwicklung voraus (Abb. 85).

4.4 Digitale Führungskulturen

Zur (Weiter-)Entwicklung einer digitalen Führungskultur bedarf es einer Strukturierung der Vielfalt unterschiedlicher Führungsmodelle und Führungsstile, die innerhalb der Medienbranche und auch innerhalb der einzelnen Unternehmen zu finden sind. Da eine gezielte Entwicklung der Unternehmens- und Führungskultur voraussetzt, dass man über den Ist-Zustand Bescheid weiß – denn sonst wird eine Transformation zum Blindflug – muss man sich zunächst mit der Analyse und Diagnose der bestehenden Strukturen und Kulturen befassen. Wenn es um die Analyse der Unternehmenskultur geht, können auch Ansätze aus der Klassifikation von Führungsstilen für diagnostische Schritte herangezogen werden. Das ›Mangerial Grid‹ von Robert Blake und Jane Mouton (vgl. Abb. 86) kann dazu benutzt werden, um mit einem mehrstufigen Vorgehen die Führungsbeziehungen zu untersuchen (Glasl 2008, S. 151).

Abb. 86: Managerial Grid (nach Hersey & Blanchard 1982)

Der Führungsstil selbst ist nicht nur ein wesentliches Kulturelement; er wird darüber hinaus

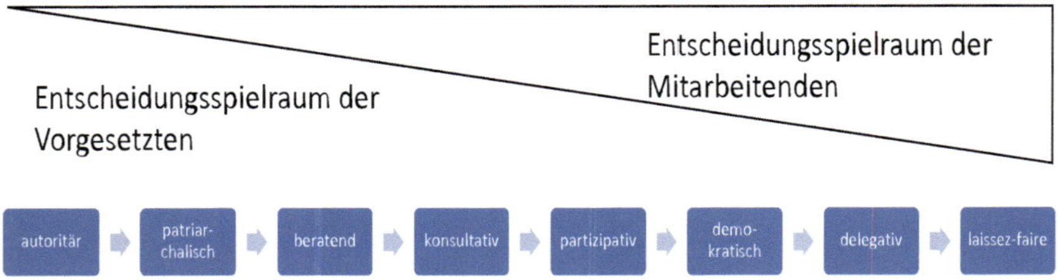

Abb. 87: Kontinuum der Führungsstile (eigene Darstellung in Anlehnung an: Tannenbaum & Schmidt 1958)

auch entscheidend sein, wenn es darum geht, ob die Transformation einer Kultur am Ende des Tages erfolgreich umgesetzt werden kann. Nimmt man die typische Basisgliederung von Führungsstilen nach Tannenbaum/Schmidt so zeigt sich, dass bereits die Unterscheidung von Führungsstilen nach der Frage, ob die Führungskräfte oder die Mitarbeitenden/Teams Einfluss auf Entscheidungen nehmen, ein Kontinuum unterschiedlicher Führungsstile offenbart (Abb. 87). Dieses reicht von autoritären und patriarchalischen Stilen (Chef*in entscheidet) zu delegativen und demokratischen Stilen (Teams entscheiden unter bestimmten Rahmenbedingungen). Im mittleren Bereich sind die kooperativen Führungsstile angesiedelt, bei denen viel Zeit und Wert auf den Austausch zwischen Führungskraft und Mitarbeitenden gelegt wird. Gerade Start-ups und andere junge Medienunternehmen mit ihrer stark kollegial geprägten Tradition, Kultur und Governance sind besonders für kooperative und dezentral delegative Führungsstile geeignet. Autoritäres Führungsverhalten wird allenfalls in Sondersituationen, wie etwa Krisenzeiten, in gewissem Rahmen toleriert und unterstützt.

Gerade in Veränderungssituationen kommt dem **transformationalen Führungsstil** eine besondere Bedeutung zu (Purbs 2022, S. 183ff.): »Transformational leadership is about inspiring employees to perform beyond expectations. It consists of two major elements: transactional and transformational. Transactional leaders focus on using rewards and punishment to induce certain behaviors in followers. The transformational component focuses on inspiring followers to go beyond mere transactional exchanges and consists of four roles: idealized influence, inspirational motivation, intellectual stimulation, and individualized consideration« (Hooijberg & Lane 2013, S. 896).

Während traditionelle transaktionale Führung über Zuckerbrot und Peitsche mit Belohnungs- und Bestrafungsmacht arbeitet, geht transformationale Führung vom Sinn der Tätigkeit und der Inspiration und Motivation der Teams aus. Diese Inspiration soll die Transformation der Teammitglieder im Sinne einer Anhängerschaft ermöglichen (Odumeru & Ogbonna 2013: 356). Transformationale Führungskräfte sind stark an den Bedürfnissen der Kolleg*innen orientiert und richten ihre Führungstätigkeiten an einem Wertefundament aus. »Transformational leaders raise the consciousness of followers by appealing to higher ideals and values such as liberty, justice, peace and equality« (Sarros & Santora 2001: 385).

Viele Führungssituationen im Transformationsprozess in Medienunternehmen lassen sich mit ›Führung ohne Führungsmacht‹ am besten beschreiben. Diese laterale Führung setzt voraus, dass man als Führungskraft in der Lage ist, das Verhalten von Kolleg*innen zu beeinflussen und ein Projekt zu steuern, ohne eine eigene hierarchische Führungsmacht zu besitzen (Geschwill & Niswandt 2020, S. 130ff.).

Die Übertragung von selbstständigen Arbeitsbereichen ist ein elementarer Schritt im Führungsalltag, aber in der Führungspraxis keineswegs leicht zu bewerkstelligen. Wenn sehr starke Formalismen das Delegationsprinzip prägen, kann dies zu einer verlässlichen und stabilen Aufbauorganisation führen (man weiß stets wer in welcher Abteilung des Verlags wofür zuständig ist). Aber gerade in Entwicklungsszenarien braucht es die Flexibilität und Dynamik der Organisation.

Daher muss es ein Ziel sein, konsequent Themenbereiche an Mitarbeitende und Teams zu delegieren und im Sinne der systemischen Konsequenz auch auf dieser Ebene zu belassen. Nur dann, wenn Innovationen und die Entwicklung von neuen Geschäftsmodellen dezentral innerhalb des Medienunternehmens stattfinden können, haben die an Bord befindlichen Teams und Mitarbeitenden die Chance, ihr volles Po-

Checkliste für eine umfassende Delegation

Was?
- Arbeitsort, Arbeitszeit, Arbeitseinkommen,
- Anforderungen (Qualifikation, Motivation, Verhalten),
- Positions- und Statusmerkmale,
- Positionelles Umfeld,
- Privates Umfeld.

Wer?
- Arbeitsort, Arbeitszeit, Arbeitseinkommen,
- Anforderungen (Qualifikation, Motivation, Verhalten),
- Positionelles Umfeld,
- Privates Umfeld.

Warum?
- Was ist der Zweck der Aufgabe? (Motiv, Ziel, Einordnung in den Gesamtzusammenhang)
- Anforderungen (Qualifikation, Motivation, Verhalten),

Wie?
- Arbeitsort, Arbeitszeit, Arbeitseinkommen,
- Anforderungen (Qualifikation, Motivation, Verhalten),
- Positionelles Umfeld,
- Privates Umfeld.

Warum?
- Arbeitsort, Arbeitszeit, Arbeitseinkommen,
- Anforderungen (Qualifikation, Motivation, Verhalten),

Wann?
- Arbeitsort, Arbeitszeit, Arbeitseinkommen,
- Anforderungen (Qualifikation, Motivation, Verhalten),
- Positionelles Umfeld,
- Privates Umfeld.

tenzial zu entfalten. In der Entscheidungsfindung kann man das mit den im mittleren Bereich angesiedelten kooperativen Führungsstilen vergleichen (Breyer-Mayländer 2017, S. 212) – ein Grundführungsverständnis, das sich in den meisten Verlagen und Medienunternehmen in den vergangenen Jahren, wenn nicht gar Jahrzehnten etabliert und durchgesetzt hat.

Ausgehend von diesen Erfahrungen, bei denen es entscheidend auf den intensiven Austausch zwischen Mitarbeitenden und Führungskräften ankommt, können weitere zentrale Elemente in die Führungskultur integriert werden, wie ...

- partizipative Dimensionen (Teilhabe),
- Informationsrechte/pflichten,
- Begründungsrechte/pflichten,
- Konsultationsrechte/pflichten Vorschlagsrecht,
- Mit-Entscheiden-Lassen,
- Kollegiale Entscheidung,
- Vetorecht,
- Pro-soziale Dimension auf Teilnahme,
- Kommunikation,
- Vertrauen und Verständnis,
- Helfendes, solidarisches Verhalten,
- Konstruktive Konfliktregelung,
- Kompromiss- und Konsensbereitschaft.

Welcher Führungsstil im einzelnen Unternehmen in der jeweiligen Abteilung der passende ist, hängt von einer ganzen Reihe von Faktoren ab, Abbildung 88 kurz illustriert.

4.5 Digitale Organisationskulturen

Ähnlich wie man nach Paul Watzlawick nicht nichtkommunizieren kann, kann ein Verlag sich nicht dazu entschließen, keine Kultur zu haben. Denn selbst dann existiert eine Unternehmenskultur, wenn sich noch niemand wirklich Gedanken darüber gemacht hat. Sie hat sich einfach aus dem Arbeiten heraus entwickelt. Um das richtig einordnen zu können, benötigt man zunächst ein grundsätzliches Verständnis von Organisationskultur, wobei Kultur ein Phänomen ist, das sich nur schwer beschreiben lässt (Kroeber & Kluckhohn 1952). Was ist in diesem Zusammenhang unter Kultur zu verstehen? In einem umfassenden Sinne umfasst Kultur Lebensbekundungen, Leistungen und Schöpfungen von Menschen in sehr unterschiedlichen Themengebieten, wie Sitten, Gebräuche, Sprache, aber auch Technik, Kunst, Religion und Wissenschaft (Breyer-Mayländer 2019b, S. 12f.).

Der Begriff Organisationskultur beschreibt ein ›Gruppenphänomen‹ (Goysberg et al. 2018, S. 23), da die Normen und Erwartungshaltungen der Gruppe eine derartige Kultur prägen. »Im Guten wie im Schlechten: Kultur und Führung sind untrennbar miteinander verbunden. Gründer und einflussreiche Spitzenmanager legen oft genug den Grundstein für neue Kulturen und prägen damit Werte und Vorstellungen, die mitunter Jahrzehnte überdauern« (Goysberg et al. 2018, S. 21f.). Dies trifft auch auf Verlage und andere Medienunternehmen zu, die oftmals auch ihre Unternehmens historie mit entsprechenden Narrativen (Breyer-Mayländer 2022) sehr bewusst gestalten.

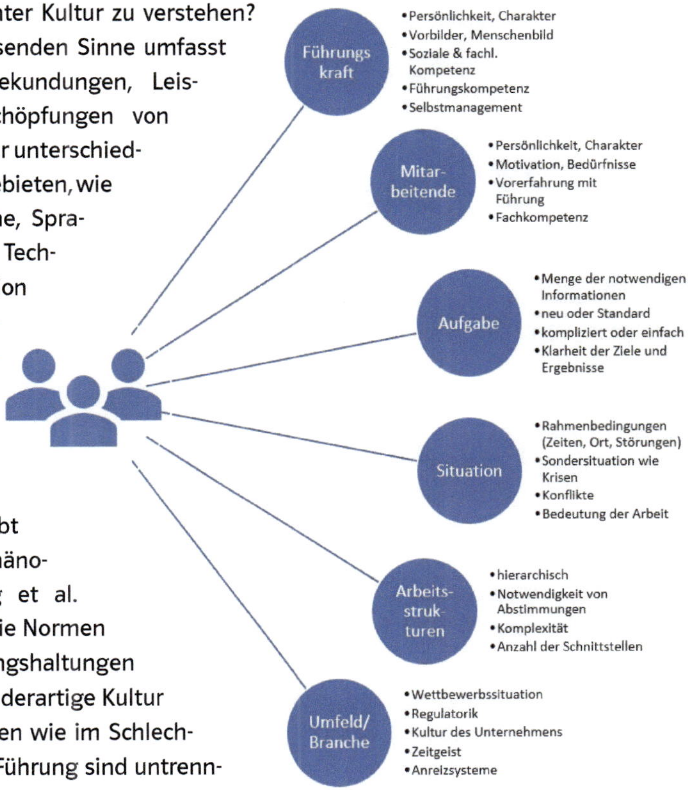

Abb. 88: Parameter für passende Führungsstile (eig. Darstellung nach: Hofbauer & Kauer 2009, S. 12)

Meist wird Organisationskultur an nationalen oder gar kontinentalen kulturellen Unterschieden festgemacht (Hofstede, Hofstede, & Minkov, 2010, S. 20ff.). Aber für Medienunternehmen geht es eher um eine soziologische Sichtweise (Organisationen haben eine Kultur) und einen anthropologischen Blickwinkel (Organisationen sind Kulturen) (Cameron, & Quinn, 2011, S. 18). »From this perspective, an organizational culture is comprised of expectations of the behavior of the organization´s members. In the case of culture those expectations have not been made

Abb. 89: Eisbergmodell der Unternehmenskultur (eig. Darstellung nach: Sackmann 2017, S. 44)

through officials by management but instead emerge slowly, through repetitions and imitations« (Kühl, 2018, S. 8).

Inwiefern der Transformationsansatz von Medienunternehmen direkt auf die Definition unterschiedlicher Kulturen und kultureller Stile und die damit verbundenen Möglichkeiten der Ausgestaltung und des Managements von Unternehmenskulturen Einfluss nimmt, wird im Folgenden zu prüfen sein. Dabei muss man sich auch der engen Grenzen bewusst sein, wenn es darum geht Kultur bewusst zu gestalten. Denn der Ansatz trägt auch Züge einer Kontroll-Illusion (Kühl, 2018, S. 9), wonach Unternehmensführungen Objekte beeinflussen und kontrollieren möchten, die sich beispielsweise als soziales System selbst weiterentwickeln. Edgar H. Scheins grundlegendes Modell sieht drei unterschiedliche Hauptebenen von Organisationskultur vor (Schein, 2017, S. 18).

Diese kulturellen Ebenen sind unterschiedlich prägende Kulturen und Subkulturen (Schein & Schein, 2019, S. 20ff.). Zunächst wäre die Makrokultur zu nennen, die beispielsweise durch die deutschsprachige oder deutsche Kultur geprägt ist. Auf der nächsten Ebene kommt die soziale Kultur, die beispielsweise das Selbstverständnis des Lebens und Arbeitens in der Redaktion der XY-Zeitung beschreibt. Die technische Kultur beschreibt die geteilten Überzeugungen und Werte in ihrer Repräsentation in Redaktionsleitlinien, Leitbildern, Beschreibungen der unternehmerischen Vision und Mission. Sodann gibt es Mikrokulturen, die durch unterschiedliche Fachlichkeiten geprägt sind, wie wir es im Kontext der Entrepreneurial Culture bereits dargestellt haben.

Wichtig für die gezielte Weiterentwicklung der Unternehmenskultur ist der Umstand, dass lediglich die Ebene der Artefakte, die Ebene der für alle sichtbaren Manifestationen, klar erkennbar ist und somit ein Großteil der zu verändernden Themen sich im Verborgenen befindet, wie das vereinfachte Eisbergmodell (Abb. 89) zeigt. Kulturen und Organisationen sind stets durch die Parallelität von formalen und informel-

Define

- Definiere Verhaltensweisen als Grundlage für den Unternehmenserfolg

Ritualize

- Ritualisiere die Verhaltensweisen der Grundlagen

Select

- Wähle die Personen aus, die in die Kultur des Unternehmens (hier gegliedert nach Redaktion, IT, Digitalbereich etc.) passen

Integrate

- Integriere die neuen Kolleg*innen in die Kultur (v.a. wichtig bei neuen Digitalgesellschaften)

Communicate

- Kommuniziere die Kultur der kulturprägenden Bereiche in der gesamten Organisation (z.B. Konzernweit oder nur auf der Ebene der Tochterunternehmen)

Coach

- Coache und begleite die Kolleg*innen zur Stärkung der Kultur (Kulturentwicklungsprozess)

Lead

- Führe als Vorbild zur Stärkung und Weiterentwicklung der Kultur (Kulturentwicklungsprozess)

Drive

- Treibe die Kultur des Verlags durch (Selbst)Verantwortung voran

Abb. 90: 8-Step-Framework ›Culture by Design‹ (eig. Darstellung nach: Friedman 2018, S. 28)

len Strukturen und Prozessen geprägt, was sich dann auch im Regelwerk niederschlägt.

Bevor man sich daran macht, ein System zu verändern, muss man über den aktuellen Zustand mindestens genauso gut Bescheid wissen wie über den angestrebten künftigen Zustand. Niemand wird einem Arzt vertrauen, der ohne Diagnose eine Veränderung durch eine Therapie anstrebt. Daher kommt bei den Veränderungen von Strukturen und Kulturen der Bestandsaufnahme eine wichtige Rolle zu. Dies gilt auch oder gerade dann, falls – wie in vielen Medienunternehmen – die Struktur und Kultur für viele Akteure und Stakeholder transparent und recht konstant erscheint. Für die meisten Medienunternehmen empfiehlt es sich einen Mix der theoretischen Ansätze und Methoden in Betracht zu ziehen, um den Transformationsprozess professionell zu steuern. Im Rahmen der Organisationsentwicklung gibt es unterschiedliche Modelle im Angebot, die für Analyse und Diagnose von Organisationen zum Einsatz kommen (Weisbord 1983). Um die Führungskultur gezielt weiterzuentwickeln, kann der Ansatz von David J. Friedman genutzt werden, der in acht Schritten eine gezielte Kulturentwicklung propagiert (Friedman 2018; Abb. 90).

Abb. 91: Rahmenbedingungen zur Einsetzung eines Chief Digital Officers (Hess 2022, S. 212)

Selbst wenn mit dieser Grobgliederung der Fahrplan für die (digitale) Transformation scheinbar bereits steht und vollständig beschrieben erscheint, muss man sich auf unvorhersehbare Einflussfaktoren einstellen. So haben die unterschiedlichen positiven und negativen Erfahrungen des Führens im Homeoffice, die maßgeblich durch die Corona-Phase geprägt waren, Führung und Unternehmenskultur generell beeinflusst (Friedman 2021). Auch das Führen in Medienunternehmen und die dazu gehörige Kultur ist nach dieser Phase verändert, wobei es hier auch je nach Funktionsbereich und Produktsegment unterschiedliche Folgerungen für die künftige Führung und Kooperation gibt und Corona auch ein eigenes Transformationsmanagement mit sich brachte (Breyer-Mayländer 2022b). Selbst die inhaltliche Ausrichtung von Produkten und Funktionen, wie etwa ›constructive journalism‹, hat sich verändert (Kramp & Weichert 2022).

In den meisten Organisationen stellt sich die Frage, ob man eine wichtige zentrale Funktion dadurch stärken kann, dass man sie personell besonders ausstattet. Übertragen auf Medienunternehmen ist dies die leidige Frage, ob eine Zentralisierung der Digitalisierungsfunktionen, beispielsweise durch eine eigene (Stabs-)Abteilung, der digitalen Transformation des gesamten Medienunternehmens zu- oder abträglich ist. Auf den ersten Blick scheint die Antwort klar auf der Hand zu liegen.

Denn wenn wir eine wichtige zentrale Funktion mit zusätzlichen personellen Ressourcen ausstatten, stehen in der Summe mehr Ressourcen zur Verfügung und somit müsste ein Zentralbereich Digitalisierung unter Einbeziehung eines **Chief Digital Officers** (CDO) ein echter Zugewinn für die digitale Transformation eines sein. Die Erfahrung lehrt jedoch, dass derartige zentrale Maßnahmen auch das Risiko eines ›organisatorischen Ablasshandels‹ beinhalten, der die Wirksamkeit der zentralen Funktion, in diesem Fall der digitalen Transformation, schwächt.

Gehen wir davon aus, dass vor Einführung einer eigenen zentralen Abteilung für die Digitalisierung alle Bereiche und Abteilungen (Funktionsbereiche wie Redaktion, Vermarktung etc.) sich in ihrem Bereich um notwendige Schritte zur digitalen Transformation bemüht haben. Falls nun zentral eine Einheit für Digitalisierung und digitale Transformation eingeführt wird, stehen zwar formal mehr und erstmals auch komplett eigene Ressourcen für diesen Prozess zur Verfügung, es wird jedoch zugleich bei vielen Kolleg*innen aus den Fachbereichen eine Tendenz geben, sich zurückzuziehen. Denn für Digitalisierung ist doch jetzt nun der CDO und sein Team zuständig. Am Ende kann der Gesamtprozess der digitalen Transformation durch eine solche Maßnahme zur Stärkung sogar nachhaltig geschwächt werden, sodass dezentrale Einheiten nach wie vor eine Bedeutung besitzen (Stoi & Patz 2022, S. 45), wie auch Bespiele aus der deutschen Verlagslandschaft zeigen (Böker, Krause, Wratolis, Muschik, Kaiser 2022, S. 8).

Die ursprüngliche Idee der Einführung von Positionen wie der eines CDO skizziert Abb. 91. Sie war bis vor wenigen Jahren im deutschen Mediensystem noch weitgehend fremd, wie Case Studies belegen (Hess et al. 2016).

Auch die Ausgestaltung der gesamten Governance für den Transformationsbereich ist hier zu klären, wobei es um die Ausgestaltung der Ebene Vorstand / Geschäftsführung / Geschäftsleitung geht. Für die Umsetzung von Innovationen in Medienunternehmen stellt sich die Frage, ob der klassische Unternehmertyp im Sinne des Entrepreneurs immer von außen kommen sollte oder ob er klassisch Eigentümer*in und dadurch auch Chef*in des eigenen Unternehmens sein kann. Beim Konzept des Intrapreneurs geht man von der Vorstellung von Peter Drucker aus, dass eine interne organisatorische Abgrenzung (Drucker, 2005, S. 169) und die notwendigen Freiheiten auch den im Unternehmen verankerten Personen die Chance bieten können, im eigentlichen Sinne unternehmerisch tätig zu sein. Es ist also zu klären, ob eine Entrepreneurial Culture

Abb. 92: Fehler-, Lern- und Experimentalkultur

vorhanden ist, und ob die Freiheitsgrade im Medienunternehmen dazu ausreichen, dass sich im Anschluss an eine konstruktive Fehlerkultur eine Lernkultur im Sinne eines lernenden Unternehmens entwickeln kann. Diese ist dann wiederum die Voraussetzung für eine Experimentalkultur im Sinne des agilen Managements nach dem **Lean Start-up-Prinzip** (Abb. 92). Dabei müssen eine ausreichende Unterstützung durch die Leitungsebene und auch eine Kultur der Fehlertoleranz vorhanden sein (Daft, 2000, S. 188 f.). Es geht um Entrepreneurship bzw. innerhalb der bestehenden Organisation um Intrapreneurship.

Ein entscheidendes Problemfeld in der Umsetzung ist die Frage der Prioritätensetzung. Hat das etablierte Geschäftsfeld des Printgeschäfts Vorfahrt, da es schließlich ›die Kuh ist, die gemolken wird‹? Hier zeigt sich vor allem bei regionalen Medienhäusern, dass der Umgang mit dem originären Kernprodukt lange Zeit die Strategie- und Transformationsdiskussion dominiert hat. Daher waren es in diesen Szenarien eher die größeren Konzernunternehmen wie Axel Springer oder Burda, die sehr früh eine klassische Investmentpolitik betrieben. Heute sind bei den meisten Medienhäusern aus der Tradition der Presseverlage die Prioritäten klar. Das Printgeschäft wird soweit stabilisiert und entwickelt, wie es dazu dienen kann, mit guten Erlös-/Kostenrelationen den Auf- und Ausbau der neuen (meist digitalen) Geschäftsfelder und/oder Produkte zu finanzieren. Eine weitere Frage ist, wie man neue Produkte und Unternehmensbereiche mit dem etablierten Kerngeschäft harmonisieren kann (Abb. 93). So führt die komplette Integration von jungen Unternehmen in einen traditionellen Medienkonzern im Regelfall nicht zu einer Kurskorrektur des etablierten Unternehmens, sondern eher zum Erlahmen der jungen, agilen Organisationen (Breyer-Mayländer 2022, S. 20). Daher ist es das Ziel der Weiterentwicklung der digitalen Unternehmenskultur, dass die Stärken der etablierten Geschäftsbereiche genutzt und abgesichert werden, aber der Aufbau neuer und digitaler

Geschäftsfelder und Produkte nicht behindert, sondern befördert wird. Im Ergebnis werden die Entwicklungen für den digitalen Wandel im Sinne des strategischen Transformationsmanagements in drei unterschiedliche Entwicklungsrichtungen aufgeteilt (Breyer-Mayländer 2022, S. 20):

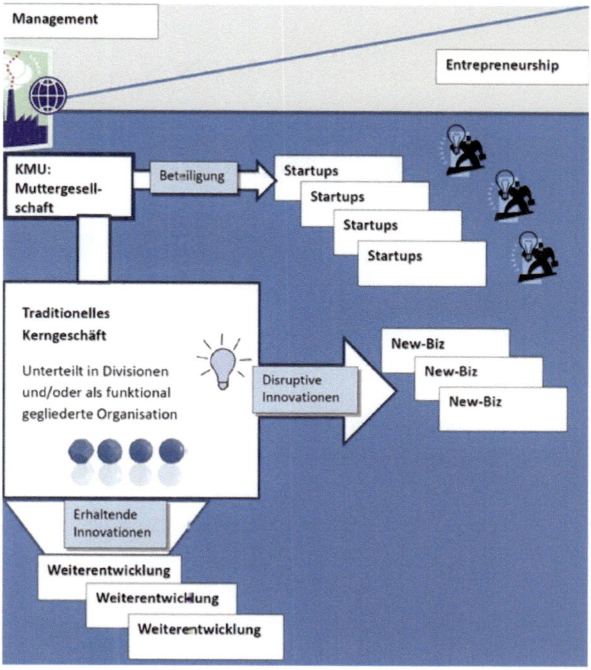

Abb. 93: Neue Geschäftsfelder zwischen Integration und Autonomie (Weiterentwicklung aus: Breyer-Mayländer 2017, S. 102)

1. Aus dem traditionellen Kerngeschäft heraus werden die erhaltenden Innovationen geschaffen, indem die Prozesse und Produkte des traditionellen Geschäfts weiterentwickelt werden. Es geht hier um ein effizientes und kostenoptimiertes System.
2. Wenn es gelingt, innerhalb der Teams des traditionellen Unternehmens disruptive Innovationen zu starten, ist es notwendig, diesen Innovationen ausreichend Raum zu geben, damit der direkte Wettbewerb zum Kerngeschäft nicht zu Einschränkungen oder Verzögerungen führt. Diese Einheiten müssen radikal neue Produkte und Geschäftsmodelle ohne Rechtfertigungs- und Verteidigungsstrategie gegenüber den Funktionsträgern der Mutterunternehmung durchführen können (Corporate Start-up).
3. Im Rahmen des strategischen Transformationsmanagements ist für Innovationssprünge der Zugang zu externem Know-how und zur Arbeitsweise und Kultur von Start-ups ein Wert an sich. Daher hat die Beteiligung an disruptiven Start-ups zur strategischen Weiterentwicklung gerade auch bei mittelgroßen Presseverlagen / Medienunternehmen an Bedeutung gewonnen.

5 Diversifikation und strategische Kooperationen

Medienunternehmen können sich nicht mehr nur darauf verlassen, dass sie selbst in ausreichender Geschwindigkeit grundsätzliche Innovationen vorantreiben können, um einen digitalen Transformationsprozess mit hohem Tempo zu bestehen. Sie müssen sich nicht nur überlegen, ob sie ihre eigenen revolutionären Produktideen lieber als eigenes, weitgehend unabhängiges Unternehmen positionieren oder ob es eher eine Abteilung oder ein Tochterunternehmen mit engen Spielräumen werden soll. Auch gilt es zu entscheiden, wie man mit jungen Unternehmen im Umfeld der eigenen Produkte umgehen möchte. Also:

- Wie halten Medienunternehmen es mit Start-ups aus ihrem eigenen Umfeld?
- Lohnt sich hier ein finanzielles Investment?
- Brauchen sie dafür eine eigene Investmentabteilung?
- Wie kann man das Risiko solcher Beteiligungen streuen?
- Lohnt sich eventuell die Kooperation mit Kollegenbetrieben?

Medienunternehmen können sich nicht mehr nur darauf verlassen, dass sie selbst in ausreichender Geschwindigkeit grundsätzliche Innovationen vorantreiben können, um einen digitalen Transformationsprozess mit hohem Tempo zu bestehen.

Wenn wir davon ausgehen, dass digitale Transformation auch digitale Diversifikation beinhalten kann, stellt sich die Frage, wie man ausgehend von einem primär auf Print ausgelegten Produktportfolio perspektivisch ein digital ausgewogenes, bzw. digital orientiertes Produktportfolio entwickeln kann. Hierfür kommt neben der Eigenentwicklung von digitalen Produkten auch eine spezifische Kooperations- und Beteiligungsstrategie in Frage.

5.1 Spin-offs

Die erste Variante kann darin bestehen, dass die digitalen Produkte und neuen Geschäftsfelder im eigenen Haus in Angriff genommen wurden, jetzt aber gewissermaßen eine organisatorische Auswilderung ansteht. Um dem jungen Geschäftsfeld alle Freiheiten zu geben und zugleich auch attraktiv für neue Arbeitskräfte und potenzielle Beteiligungspartner zu sein, kann es notwendig werden, die neuen Aktivitäten in einer eigenen ›legal entity‹ zu organisieren. Ein solches neues Tochterunternehmen wird in der Regel als ›Spin-off‹ bezeichnet und kann sich unter Zuhilfenahme der finanziellen und organisatorischen Unterstützung durch die Muttergesellschaft im vorgegebenen Rahmen frei entwickeln. Allein der Umstand, dass das neue Unternehmen nur begrenzt dazu beiträgt, die Kultur und das Know-how der Muttergesellschaft weiterzuentwickeln, kann als einer der Nachteile einer solchen Ausgliederung angesehen werden. Darüber hinaus stellt sich die Frage, wie Unternehmen – unabhängig davon ob es ein Spin-Off und damit ein Start-up innerhalb der eigenen Unternehmung oder ein Start-up von außen ist – am besten mit Start-ups generell kooperieren (Abb. 94).

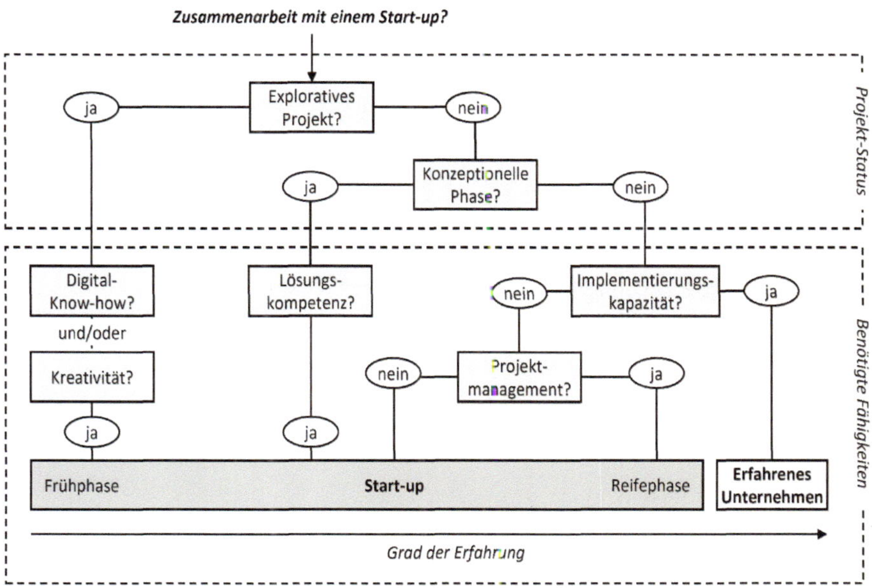

Abb. 94: Entscheidungsmodell für Zusammenarbeitsformen mit Start-ups (Hess 2022, S. 137)

5.2 Digitales Investment und Einordnung der Geschäftsfelder

Der gegenteilige Prozess zum Spin-Off ist die Beteiligung an einem innovativen Start-up, um im Sinne der obigen Darstellung durch die Kooperation mit dem Start-up vom Know-how und den projektspezifischen Fähigkeiten des jungen digitalen Unternehmens zu profitieren bzw. um das eigene Portfolio digitaler aufzustellen und damit im Rahmen der Transformation zukunftssicherer zu werden. Die Medienunternehmen gehen dabei meist direkte Beteiligungen in Form von **Corporate Venture Capital (CVC)** ein oder bündeln, beispielsweise als mittelgroße Medienhäuser, ihre Beteiligungsaktivitäten in eigenen Fonds (Nathusius 2001, S. 64). Dem Fond-Gedanken liegt im Wesentlichen die Idee der Risikostreuung zugrunde. Die seit der Jahrtausendwende immer beliebtere Form der CVC-Beteiligung setzt ein professionelles Beteiligungsmanagement voraus, das in den Medienunternehmen im Regelfall als Stabsabteilung mit direktem Zugang zur Unternehmensleitung verankert wird (Abb. 95).

Wer nun jedoch aus diesen Darstellungen ableitet, dass diese Art der Beteiligung wohl eher ein finanzwirtschaftliches Thema darstellt und daher weniger unter die Überschrift des kulturellen Wandels passt, die diesem Buch im Rahmen des Transformationsmanagements zugrunde liegt, täuscht sich. Die oben angedeuteten Integrationsschritte und Integrationsaufgaben gipfeln bei echten Beteiligungs- und Kooperationsmodellen stets in der Herausforderung, neben den beiden banalen Integrationsebenen der Produkte, Technologien und rechtlichen Gegebenheiten auch den Bereich Personal und Struktur sowie als Krönung die Kulturintegration zu leisten (Abb. 96).

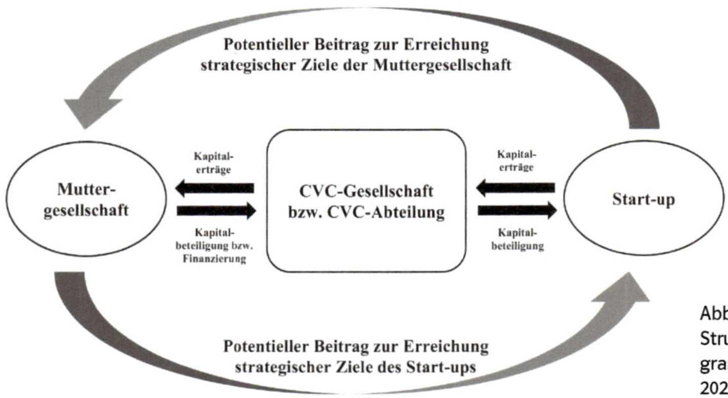

Abb. 95: Typische Struktur von CVC-Programmen (Horneber 2022, S. 59)

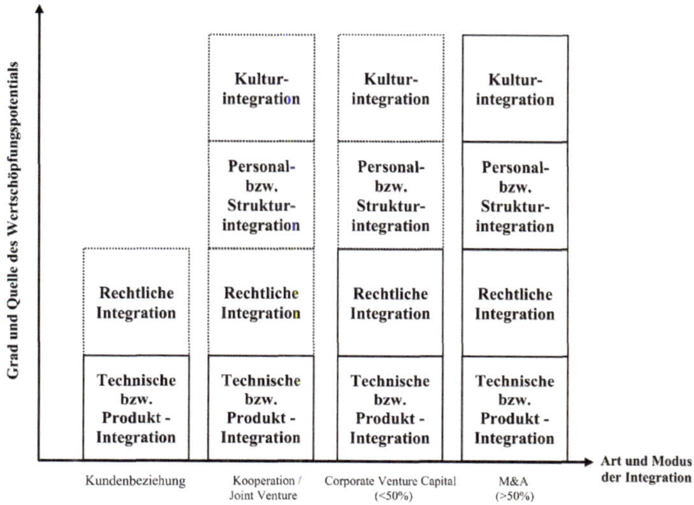

Abb. 96: Integration von Start-ups in das Business-Ökosystem der Muttergesellschaft (Horneber 2022, S. 72)

Da Medienunternehmen nicht immer ausreichend finanzielle Mittel zur Verfügung haben, um alle Diversifikations- und Beteiligungspläne umzusetzen und einige junge Start-ups einen hohen Venture-Capital-Finanzierungsbedarf haben, da sie in einem begrenzten Zeitraum ihre Etablierung im Markt erreichen müssen, haben sich in den vergangenen Jahren unterschiedliche Formen der Beteiligung über Sach- statt Finanzeinlagen etabliert. Ein im Mediensektor gängiges Verfahren ist **Media-for-Equity.** Dabei bekommt das junge Unternehmen seine Start-up-Förderung in Form von Medialeistung von Seiten des sich beteiligenden Medienunternehmens. Diese Beteiligungsform ist bundesweit vor allem bei den großen TV-Sendergruppen bekannt, bei denen nicht verkauftes Werbeinventar für Start-ups (insbesondere aus dem E-Commerce-Sektor) zur Verfügung gestellt wird, die im Gegenzug eine prozentuale Unternehmensbeteiligung einräumen (Ahrling 2022, S. 105).

Bei vielen Investments, die Medienunternehmen im Bereich CVC vornehmen, dominiert das finanzielle vor dem strategischen Motiv des Wachstums durch Innovationen (Research & Development) oder durch Übernahmen (Mergers & Acqisitions) (Russ & Kneipper-Knorr 2022, S. 217). Auf Seiten der Unternehmen, die im CVC-Segment aktiv sind, gibt es finanzielle Motive (Ausgleich schwächelnder Produkt- und Finanzbereiche), aber auch strategische Motive im Bereich Inno-

M & A: MERGERS & ACQUISITIONS beschreibt das Geschäft mit der Akquisition neuer Unternehmungen mit dem Ziel einer Fusion oder einer anschließenden Integration in den Gesamtkonzern.

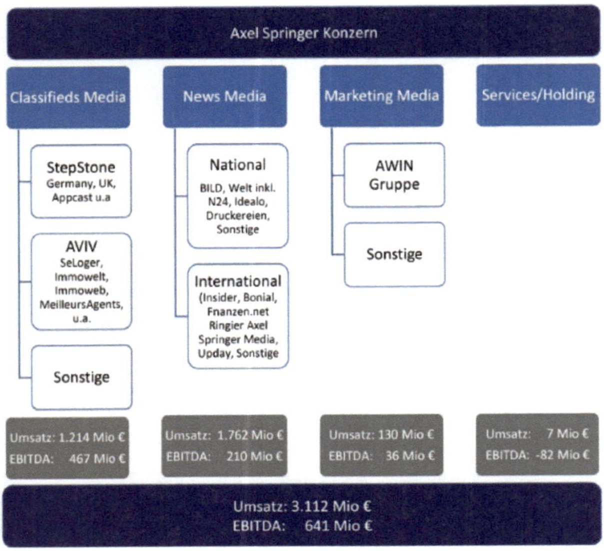

Abb. 97: Geschäftsfelder im Axel Springer Konzern (Bing 2022, S. 251)

vation und Wachstum. Diese unterschiedlichen Motivlagen für Beteiligungen im CVC-Modus lassen sich in den unterschiedlichen direkten und indirekten Beteiligungsformaten der Medienunternehmen aus dem Verlagsbereich nachvollziehen (Heinen 2022, S. 243). Wenn es um größere Unternehmen geht, dann mündet das Beteiligungsgeschäft und der Aufbau eigener neuer Geschäftsmodelle in ein umfangreiches Portfoliomanagement mit eigener digitaler Markenstrategie. Ausgehend von der bereits zitierten Portfolioanalyse (Bing 2022, S. 258) ergibt sich beispielsweise für Axel Springer (Stand 2022) das in Abbildung 97 dargestellte Szenario der großen Geschäftsfelder.

5.3 Beispiele für digitale Transformationen in pressetypischen Funktionsbereichen

Die Innovationskraft von Medienunternehmen hängt angesichts der disruptiven Veränderungen in den Marktumgebungen entscheidend davon ab, die großen Veränderungsschritte zu gehen, die einen Wettbewerb mit den neuen Playern auf dem Markt, beispielsweise aus dem internationalen Tech- und Social-Media-Umfeld, ermöglichen. Darüber hinaus müssen in bestehenden und neuen Geschäftsfeldern die durch den Transformationsprozess der Branche veränderten Anforderungen ausreichend berücksichtigt werden. Hier geht es um radikale und inkrementelle Schritte gleichermaßen. Um Effizienz im Sinne eines guten Managements und Effektivität im Sinne der richtigen Weichenstellung durch Entrepreneurial Leadership.

Redaktion

Mit der Aufgabe, unterschiedliche Medienformen in der früher klassischen Printredaktion eines Presseverlages zu integrieren, haben auch die Redaktionsarbeit und die Redaktionsorganisation deutliche Weiterentwicklungen erlebt. Einer der Entwicklungsschritte war die Einrichtung von Newsdesks, die eine crossmediale Steuerung ermöglichten. »Schaltzentrale einer crossmedialen Berichterstattung ist der Newsdesk (Abb. 98), der bei konsequentem crossmedialem Arbeiten generell nicht nur alle Ressorts, sondern auch alle Medien vereint« (Weiß 2015, S. 130). Ziel war die Schaffung einer zentralen Steuerungseinheit, damit alle Journalisten, Reporter, Redakteure die Nachrichten so aufbereiten, dass die jeweiligen Mediengattungen in der bestmöglichen Form zum Einsatz kommen.

Dabei war der crossmediale Newsdesk nicht das einzige Modell. Große Marken wie *Der Spiegel* hatten mit getrennten Redaktionen für das Print-Produkt und einer eigenständigen, digitalen Tochtermarke *(Spiegel online)* bereits sehr früh auf getrennte Welten gesetzt, damit sich jedes Medium mit der notwendigen Energie und den notwendigen Freiräumen bewusst weiterentwickeln konnte. Dass es dabei zu einem internen Wettbewerb kam, war – ganz im Sinne der in den vorausgehenden Abschnitten skizzierten Trennung der neuen Unternehmenseinheiten von den traditionellen Geschäftsfeldern – durchaus beabsichtigt und erwünscht.

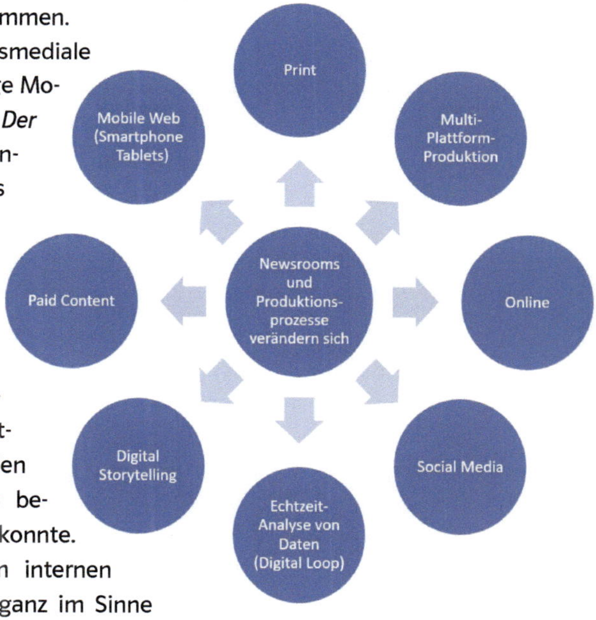

Abb. 98: Triebkräfte des Wandels mit Auswirkung auf die Redaktion (eigene Darstellung in Erweiterung von: Hofmann 2015, S. 175)

Bei den Presseverlagen und Medienunternehmen, die sich für eine crossmediale Redaktion und eine entsprechende Produktion entschieden haben, galt es ausgehend von den bisherigen Strukturen und Prozessen, die auf das gedruckte Produkt angepasst waren, die Aufbau-/

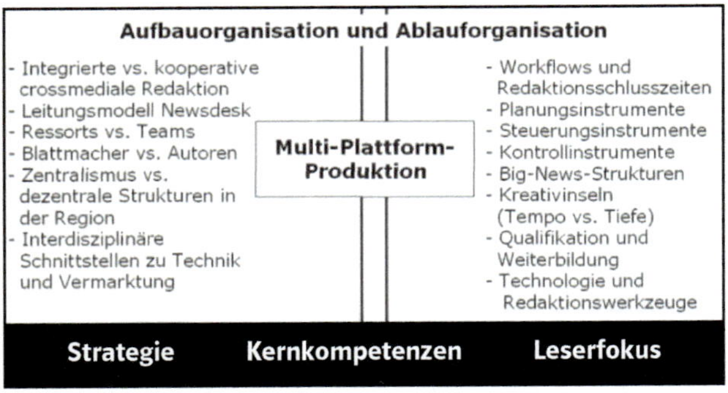

Abb. 99: Organisationsänderungen in der crossmedialen Redaktion (Hofmann 2015, S. 179)

Strukturorganisation und die Ablauf-/Prozessorganisation neu auszurichten (Abb. 99).

Dabei ist bei der Optimierung von Redaktionsabläufen der Wandel von Inside-Out zu **Outside-In** eines der stärksten Prinzipien. Der digitale Optimierungs-Loop kann nur funktionieren, wenn Redaktionen in der alltäglichen Arbeit den Wert von Daten anerkennen und auf die Entwicklung, Weiterentwicklung und Optimierung ihres Produkts übertragen (Abb. 100 und 101). Der Erfolg von Paid-Content hängt von der konsequenten Nutzung von Daten, der Kundenzentrierung, dem steigenden Automatisierungsgrad, der Systemoffenheit sowie der Flexibilität ab.

Diese Veränderungen im Sinne der Outside-In-Marktorientierung setzt vor allem im Bereich der Redaktion eine innere Haltung voraus, die es ermöglicht, die eigenen publizistischen Vorstellungen auch für

oben:
Abb. 100: Erfolgsfaktoren für Paid-Content (Mayer 2021, S. 53)

unten:
Abb. 101: Notwendige innere Haltung der Redaktionsmitglieder (Mayer 2021, S. 54)

eine redaktionelle Ausrichtung und Steuerung zu nutzen, die an Key Performance Indicators (KPI) ausgerichtet sind (Abb. 101)

Dass am Ende die Redaktionsarbeit – ob am Newsdesk oder in anderen Organisationsformen – nicht unverändert weitergehen kann wie zuvor, ist unstrittig. Eine neue Kooperationsform der Funktionsbereiche Redaktion, Leser- und Werbemarkt ist erforderlich, um die Möglichkeiten der Produktenwicklung und Produktoptimierung auch in vollem Umfang nutzen zu können (Abb. 102).

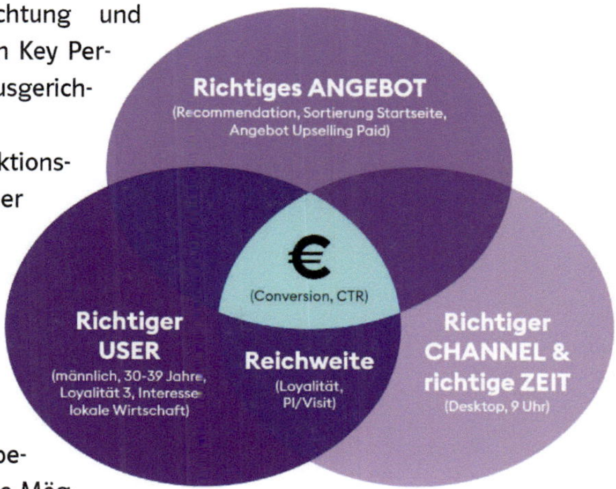

Abb. 102: Unterschiedliche Dimensionen der Produktoptimierung (Böker, Krause, Wratolis, Muschik & Kaiser 2022, S. 9)

Kundenmanagement und Vermarktung

»Die Veränderungen der Produkte und Märkte haben in den meisten Presseverlagen dazu geführt, dass es zu den zentralen Erfolgsfaktoren zählt, eine gute Verbindung zwischen den unterschiedlichen Medienformen und den damit verbundenen Produktkategorien herzustellen« (Breyer-Mayländer 2023c, S. 247). Ausgangspunkt ist daher der im vorausgehenden Unterabschnitt dargestellte enge Schulterschluss zwischen den unterschiedlichen Funktionsbereichen und Blickwinkeln im Medienunternehmen. Im Sinne eines Co-Creation-Ansatzes sind die Nutzer*innen nicht nur in den Bereichen Kommentare und User-Generated-Content (UGC) relevant, sondern sie sind elementar in den Prozess der Produktgestaltung und Optimierung einbezogen. Was konzeptionell noch mit A/B-Testings (Voigt 2021, S. 40) erfolgt, wird auf der Basis von Recommendation-Engines und anderen nutzungsbasierten Automatismen zum Bestandteil des Produkts selbst. Um diese Ansätze auch im Sinne des klassischen Lesermarketings nutzen zu können, bedarf es eines weit entwickelten Lesermarktteams, das mehr als klassische Abonnementmarketingaktionen im Blick hat. Das bedeutet, dass neben der klassisch marketingzentrierten Sichtweise auf die branchentypische Version

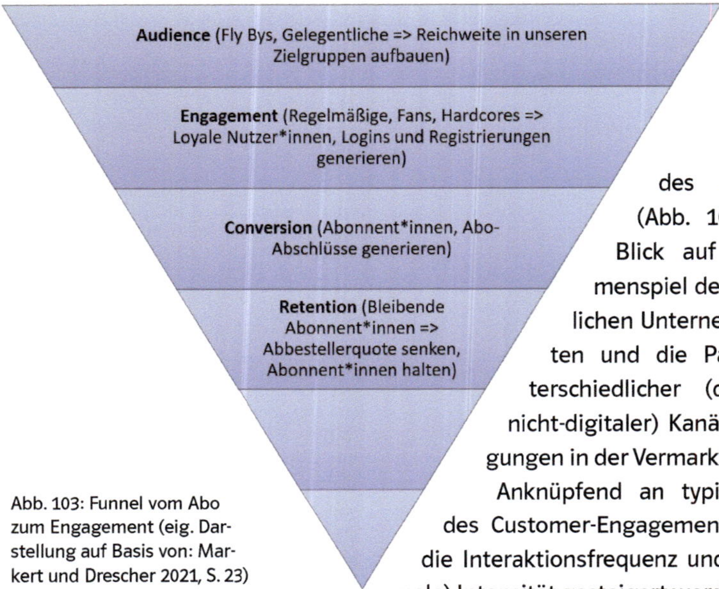

Abb. 103: Funnel vom Abo zum Engagement (eig. Darstellung auf Basis von: Markert und Drescher 2021, S. 23)

des Sales-Funnels (Abb. 103) auch ein Blick auf das Zusammenspiel der unterschiedlichen Unternehmenseinheiten und die Parallelität unterschiedlicher (digitaler und nicht-digitaler) Kanäle die Überlegungen in der Vermarktung prägen.

Anknüpfend an typische Formen des Customer-Engagements, bei denen die Interaktionsfrequenz und die (emotionale) Intensität gesteigert werden, muss eine Professionalisierung der Marketing- und Vertriebsfunktionen in den Medienunternehmen erfolgen, die sich dann mit der veränderten Grundorientierung in den Redaktionen verbinden kann (Breyer-Mayländer 2023c, S. 247). Interessant wird es dann, wenn statt Abonnements echte Membership-Modelle möglich werden, bei denen sich die komplette Ausrichtung des Unternehmens verändert (Geier 2022; Abb. 104). In diesem Fall ist der Transformationsprozess nicht nur Teil der digitalen Transformation, sondern schließt auch eine generelle Transformation des Selbstverständnisses des Medienunternehmens und seiner Hauptakteure mit ein.

FUNNEL Ein Marketing-Funnel visualisiert den Kaufprozess als Trichter, der sich in Richtung Kaufabschluss verjüngt. Die theoretische Grundlage hierfür bildet die AIDA-Formal (von Aufmerksamkeit generieren bis hin zur Kaufentscheidung bzw. -bestätigung).

Zu Beginn der zunehmenden Nachfrage nach crossmedialen Kampagnen in den jeweiligen Pressemärkten stellte sich die Frage, wie man als etabliertes Pressehaus mit einem gemeinsamen oder getrennten Werbevertrieb die Märkte am besten bearbeiten kann (Breyer-Mayländer 2005). Die unterschiedlichen Strategien beinhalteten jedoch alle gleichermaßen eine Ausdehnung der medialen Kompetenz (Hillebrecht 2015). In der Folgezeit haben sich mehr und mehr Ansätze durchgesetzt, bei denen Verlage sich bemüht haben, das komplette Spektrum der Kommunikationska-

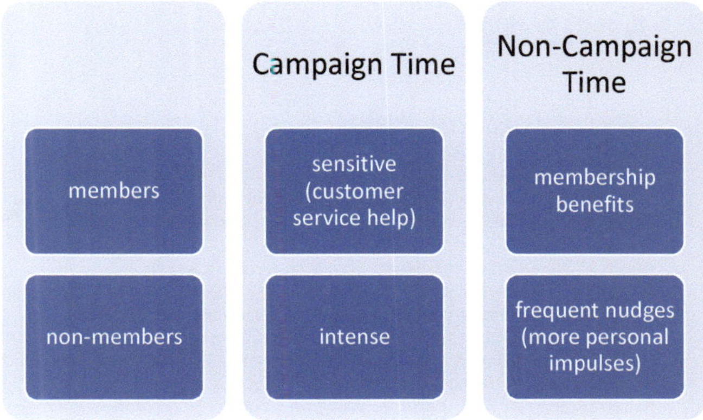

Abb. 104: Neuer Ansatz von Marketingkampagnen auf Membership-Basis (eig. Darstellung in Anlehnung an Hansen und Goligoski 2018, S. 81)

näle in den jeweiligen Marktsegmenten mit zu vermarkten. Bei Fachzeitschriften sind das Pakete, die neben den klassischen medialen Kommunikationsformen auch Events und Kongresse beinhalten, und bei regionalen oder lokalen Medien war es die Frage, welche der dort verankerten Kommunikationsformen entweder selbst angeboten oder zumindest mit vermarktet werden können. Dies hat auch zur Gründung von eigenen Agenturtöchtern geführt, die den Ansatz des beratenden Verkaufens weiter ausgedehnt haben. Dass man sich selbst in einem so überschaubaren Feld, wie dem der lokalen Presse inzwischen um eine Vielzahl an Medienkanälen kümmern muss, konnte bereits vor mehr als zehn Jahren überzeugend analysiert werden (Breyer-Mayländer 2011).

Der deutlich stärkere Wettbewerb im Werbegeschäft hat dazu geführt, dass die Vermarktung noch weniger als früher auf der Ebene der Einzelunternehmen durchgeführt werden kann. Es geht mehr und mehr um die Schaffung sinnvoller Einheiten, die mit einem klaren Profil nach außen auftreten können. Hierbei treten auch Wettbewerber verstärkt in Kontakt, beispielsweise bei der gemeinsamen Vermarktung von *Handelsblatt, FAZ, Süddeutsche Zeitung, Zeit* und *Spiegel* (Pimpl 2023).

Anhang

Literaturverzeichnis

Ahrling, D. (2022). *Media for Equity: Eine Venture Capital-Innovation Made in Europe.* In T. Breyer-Mayländer & C. Horneber (Hrsg.), *Change-Strategien für die Medienbranche* (S. 101-116). Wiesbaden: Springer Gabler.

Ameln, F. v. (2021). *Führen und Entscheiden unter Unsicherheit. Gruppe. Interaktion. Organisation.* (GIO), 52(4), 567–577.

Ansoff, I. (1965). *Corporate Strategy.* New York, NY: McGraw-Hill.

Baškarada, S., Watson, J. & Cormarty, J. (2015). *Senior Leadership and Lessons Learned in the Australian Defence Organisation.* In S. McIntyre, K. Dalkir, P. Paul & I. C. Kitimbo (Hrsg.), Utilizing Evidence-Based Lessons Learned for Enhanced Organizational Innovation and Change. Advances in Human Resources Management and Organizational Development (AHRMOD) Book Series (S. 224-266). Hershey PA: Business Science Reference (an imprint of IGI Global).

Baßeler, U., Heinrich, J. & Utecht, B. (2006): *Grundlagen und Probleme der Volkswirtschaft.* 18. Auflage. Stuttgart: Schäffer-Poeschel.

BDZV (2022). Reichweite und Auflagengrößen. https://www.bdzv.de/alle-themen/marktdaten/reichweite-und-auflagengroessen [Abruf: 22.08.2023]

BDZV (2022a). *Umsätze und Kosten.* https://www.bdzv.de/alle-themen/marktdaten/umsaetze-und-kosten [Abruf: 22.08.2023]

BDZV & Schickler (2022). *Trends der Zeitungsbranche 2022, Ergebnispräsentation der Studie,* Berlin, 2. Februar 2022, https://www.bdzv.de/fileadmin/content/6_Service/6-1_Presse/6-1-2_Pressemitteilungen/2022/PDFs/BDZV_Schickler_Trendumfrage_2022_Praesentation_2022-02-02.pdf [Abruf: 22.08.2023]

BDZV & Schickler (2023). Trends der Zeitungsbranche 2023, Ergebnispräsentation der Studie, Berlin, 7. Februar 2023, https://www.bdzv.de/fileadmin/content/6_Service/6-1_Presse/6-1-2_Pressemitteilungen/2023/PDFs/BDZV_Schickler_Trendumfrage_2023_2023-02-07.pdf [Abruf: 14.03.2023]

Berger, B., Staffler, J. & Hess, T. (2019). Content Marketing. Medienwirtschaft 1/2019, S. 48–52.

Bing, F. (2022). *Case Study 2: Portfoliostrategien im Rahmen der digitalen Transformation des Axel Springer Konzerns.* In T. Breyer-Mayländer & C. Horneber (Hrsg.), Change-Strategien für die Medienbranche (S. 249–282). Wiesbaden: Springer Gabler.

Bissel, v. K. (2023). *Transition statt Transformation: Wie der Kölner Stadt-Anzeiger Unternehmenskultur neu denkt.* dnv online, https://www.dnv-online.net/_rubric/detail.php?rubric=Medien&nr=167622 [Abruf: 18.03.2023]

Bläsi, C. (2020). *KI im Verlagswesen.* In P. Klimczak, C. Petersen & S. Schilling (Hrsg.), Maschinen der Kommunikation (S. 167–187). Wiesbaden: ars digitalis. Springer Vieweg.

Blank, S. (2013). *Why the lean start-up changes everything.* Harvard Business Review, 91(5), 63–72.

Blanka, C., Krumay, B. & Rueckel, D. (2022). *The interplay of digital transformation and employee competency: A design science approach. Technological Forecasting & Social Change 178,* https://doi.org/10.1016/j.techfore.2022.121575.

Böker, B., Krause, T., Wratolis, A, Muschik, M. & Kaiser, C. (2022). *Nutzer:innen in den Mittelpunkt stellen.* In BDZV (Hrsg.), Jahresreport Digital 2022 (7-13). Berlin: BDZV.

Börsenverein des Deutschen Buchhandels (2023). Tabellenkompendium zur Wirtschaftspressekonferenz des Börsenvereins des Deutschen Buchhandels e.V. am 5. Juli 2023. Frankfurt: Börsenverein des Deutschen Buchhandels.

Bonk, S. (2011). *Diktatur der Quote?: Der Einsatz von ReaderScan in deutschen Tageszeitungsredaktionen* (Doctoral dissertation Westfälische Wilhelms-Universität Münster).

Bosse, C. K., Hellge, V., & Schröder, D. (2019). *Partizipation als Schlüssel zum Erfolg. Mittelstand-Digital Magazin Wissenschaft trifft Praxis,* Ausgabe 11, 5–11.

Bramann, K.W. & Cremer, P. (2019). *Wirtschaftsunternehmen Sortiment.* Frankfurt a. M.: Bramann Verlag

Breyer-Mayländer, T. (1999). *Zeitungen online – woher kommen die Umsätze.* In: BDZV (Hrsg.), Zeitungen 99 (S. 170–179) Bonn: BDZV.

Breyer-Mayländer, T. (2001). *Zukunftsstrategien der Zeitungsverlage.* In T. Breyer-Mayländer & H.J. Fuhrmann (Hrsg.), Erfolg im neuen Markt: Online-Strategien für Zeitungsverlage (S. 23–34). Berlin: ZV GmbH.

Breyer-Mayländer, T. (2004). *Der Stellenmarkt als erfolgskritisches Marktsegment für Zeitungsverlage.* Medienwirtschaft: MW; Zeitschrift für Medienmanagement und Medienökonomie, 1(1), 38–43.

Breyer-Mayländer, T. (2004a). *Einführung in das Medienmanagement.* München: Oldenbourg.

Breyer-Mayländer, T. (2005). *Crossmedia und Anzeigen: Zeitungen im Online-Markt.* In T. Breyer-Mayländer (Hrsg.), Handbuch des Anzeigengeschäfts (S. 313–368). Berlin: ZV GmbH.

Breyer-Mayländer, T. (2010): *Paradigmenwechsel – Vertrieb überholt Werbung.* In BDZV (Hrsg.), Zeitungen 2010 (S. 265–273). Berlin: ZV Verlag.

Breyer-Mayländer, T. (2011). *Mehr als nur ein „Communication Shift": Neue Formen des Mediamix im lokalen Markt.* Marketing Review St. Gallen 5, 22–27.
Breyer-Mayländer, T. (2013). *Kreative Industrie: Branchensegmente und Entwicklungstendenzen.* In T. Breyer-Mayländer (Hrsg.), *Clustermanagement und Entwicklungsperspektiven der kreativen Industrie* (S. 99–114). Baden-Baden: Nomos.
Breyer-Mayländer, T. (2014). *Wirtschaftsunternehmen Verlag.* 5. Aufl., Frankfurt a. M.: Bramann Verlag.
Breyer-Mayländer, T. (2015). *Medienkonvergenz: Auswirkungen auf die traditionellen Geschäftsmodelle von Zeitungsverlagen.* In T. Breyer-Mayländer (Hrsg.), Vom Zeitungsverlag zum Medienhaus (S. 3–14). Wiesbaden: Springer Gabler.
Breyer-Mayländer, T. (2015b). *Vom Zeitungsverlag zum Medienhaus: 50 Jahre Markt- und Organisationsentwicklung im lokalen und regionalen Zeitungsmarkt.* In T. Breyer-Mayländer (Hrsg.), Vom Zeitungsverlag zum Medienhaus (S. 15–28). Wiesbaden: Springer Gabler.
Breyer-Mayländer, T. (2017). *Management 4.0 – Den digitalen Wandel erfolgreich meistern.* München: Hanser.
Breyer-Mayländer, T. (2018). *Autonomer Mediencontent – Folgen von Roboterjournalismus, Chatbots und Co. für die Struktur des Mediensystems.* In T. Breyer-Mayländer (Hrsg.), Das Streben nach Autonomie – Reflexionen zum digitalen Wandel. (S. 265–285) Baden-Baden: Nomos.
Breyer-Mayländer, T. (2018a). *Medienkonvergenz aus medienökonomischer Perspektive: Erlösmodelle für crossmediale Medien.* In K. Otto & A. Köhler (Hrsg.), Crossmedialität im Journalismus und in der Unternehmenskommunikation (S. 63–91). Wiesbaden: Springer VS.
Breyer-Mayländer, T. (2019). *Die Kultur der Macht.* Baden-Baden: Nomos, Edition Rainer Hampp.
Breyer-Mayländer, T. (2020). *Erfolgsfaktor Macht im Management: 20 Handlungsfelder für bewusste, verantwortungsvolle und erfolgreiche Führungsarbeit.* Springer-Verlag.
Breyer-Mayländer, T. (2020a). *Den digitalen Wandel erfolgreich meistern.* In S. Ückert, H. Sürgit, G. Diesel (Hrsg.), Digitalisierung als Erfolgsfaktor für das Sozial- und Wohlfahrtswesen. Reihe: Forschung und Entwicklung in der Sozialwirtschaft. Bd. 13 (S. 11–30). Baden-Baden: Nomos.
Breyer-Mayländer, T. (2020b). *Agiles Schulmanagement schafft Freiräume und neue Energien für Leitung, Teams und Unterricht.* SchulVerwaltung Spezial 1/2020, 22–26.
Breyer-Mayländer, T. (2021). *Vom Zeitungsverlag zum subventionierten Medienhaus?* In: Medienwirtschaft 3/2021, 10–14
Breyer-Mayländer, T. (2022). *Transformationsstrategien in der Medienbranche.* In T. Breyer-Mayländer & C. Horneber (Hrsg.), Change-Strategien für die Medienbranche (S. 3–31). Wiesbaden: Springer Gabler.
Breyer-Mayländer, T. (2022a). *Social Media für Kommunen.* Kissing: WEKA.
Breyer-Mayländer, T. (2022b). *Neue Spielregeln für Gesellschaft, Unternehmen und öffentliche Einrichtungen.* In T. Breyer-Mayländer, C. Zerres, A. Müller & K. Rahnenführer (Hrsg.), Die Corona-Transformation (S. 21–41). Wiesbaden: Springer Gabler.
Breyer-Mayländer, T. (2023). *Content-Marketing in der Medienbranche.* In C. Zerres (Hrsg.), Content-Marketing: Grundlagen, Strategien, Entwicklungen, Hamburger Schriftenreihe zur Marketingforschung. Band 101 (S. 293–309). Baden-Baden: Nomos, Edition Rainer Hampp.
Breyer-Mayländer, T. (2023a). *Herausforderungen der Zeitungsbranche im Kontext steigender Abopreise und erhöhter Preissensibilität* (No. 70). Hochschule Offenburg. https://opus.hs-offenburg.de/frontdoor/index/index/docId/6992
Breyer-Mayländer, T. (2023b). *Stärkenorientierte Führung für Medienhäuser in der Transformation.* In BDZV (Hrsg.). Jahresreport Digital 2023 (92–100). Berlin: BDZV.
Breyer-Mayländer, T. (2023c). *Neues Zusammenspiel zwischen Marketing und Vertrieb am Beispiel des Verlagswesens.* In A. Krämer, R. Kalka & W. Merkle (Hrsg.), Stammkundenbindung versus Neukundengewinnung (S. 231–251). Wiesbaden: Springer Gabler.
Breyer-Mayländer T, & Seeger C (2004) *Verlage vor neuen Herausforderungen: Krisenmanagement in der Pressebranche.* Bonn: ZV GmbH.
Breyer-Mayländer, T. & Ritter, B. (2023). Führung an Schulen neu denken: Von der Defizitorientierung zur Experimentalkultur. Stuttgart: RAABE.
Breyer-Mayländer, T. & Werner, A. (2003). *Handbuch der Medienbetriebslehre.* München: Oldenbourg.
Breyer-Mayländer, T. & Zerres, C. (2023). *An approach to the phenomenon of corporate entrepreneurial culture.* International Journal of Entrepreneurial Knowledge, 10(2).
Breyer-Mayländer, T. & Zerres, C. (2023a). *Entrepreneurial Leadership: Stärkenorientierte Online-Führungsausbildungen für Medienunternehmen im Transformationsprozess. Organisationsentwicklung, Supervision, Coaching* (OSC) 30(4), URL
Brisco, B., Odlyzko, A. Tilly, B. (2006). *Metcalfe´s Law is wrong.* IEE Spectrum NA, Juli, 34–39.
Buckel, C. (2021). *Gemeinsam soziale Komplexität erforschen. Zeitschrift für Psychodrama und Soziometrie 20,* 7–20.
Burda, H. (2010). *In Medias Res – Zehn Kapitel zum Iconic Turn.* München: Petrarca.
Burda, H. (2010a). *Was die traditionelle Wirtschaft von einem Internet-Entrepreneur lernen kann.* In H. Burda, M. Döpfner, B. Hombach & J. Rüttgers (Hrsg.), 2020 *Gedanken zur Zukunft des Internets* (S. 87– 89). Essen: Klartext Medienwerkstatt.

BVDA (2022). *Kostenlose Wochenzeitungen in Deutschland.* Berlin: BVDA.
Cameron, K. S., & Quinn, R. E. (2011). *Diagnosing and changing organizational culture: Based on the competing values framework.* San Francisco, CA: Jossey-Bass/Wiley.
Christensen, C.M. (1997). *The Innovator's dilemma.* Boston/MA: Harvard Business School Press.
Christensen, C.M. (2006), *The ongoing process of building a theory of disruption. Journal of Product Innovation Management 23(1),* 39–55.
Christensen, C. M. Raynor, M. E. (2003). *The innovator's solution: Creating and sustaining successful growth.* Boston: Harvard Business School Press.
CMF (2022). Kundenmagazine. Experiences & Effects. Ergebnisbericht Januar 2022.
Cole, G. A. (1996). *Management: Theory and Practice (5th ed.).* London: Letts Educational.
Cole, T. (2015). *Digitale Transformation: Warum die deutsche Wirtschaft gerade die digitale Zukunft verschläft und was jetzt getan werden muss!* München: Vahlen.
Covey, S. R. (2014). *The seven habits of highly effective people: Powerful lessons in personal change.* New York: Free Press.
Czekala, T. (2018). *Kontext, Anforderungen und Operationalisierung des Enterprise Transformation Cycle.* In P.H.-J. Steinhof & M. A. Pfannstiel (Hrsg.), Der enterprise transformation cycle: Theorie, Anwendung, Praxis (S. 21–51). Wiesbaden: Springer Gabler.
Daft, R. L. (2000). *Management (5th ed.).* Orlando: Harcourt College Publishers.
Daft, R. L., Benson, A. & Henry, B. (2020). *Management (2nd ed.).* Hampshire: Cengage.
Dahrendorf, S. (2011): *Führung durch Kommunikation: Interaktionsprozesse für Millenials gestalten.* In: M. Klaffke (Hrsg.), *Personalmanagement von Millennials: Konzepte, Instrumente und Best-Practice-Ansätze* (S. 147–162). Wiesbaden¸ Springer Gabler.
de Kemp, A. (2002). *Printmedien Zeitschriften Fachzeitschriften.* In J. Eberspächer (Hrsg.), Die Zukunft der Printmedien (165–176). Berlin, Heidelberg: Springer.
de Bustos, J. C. M., & Izquierdo-Castillo, J. (2019). *Who will control the media? The impact of GAFAM on the media industries in the digital economy.* Revista Latina de Comunicación Social, (74), 803-821.
Deutsche Fachpresse (2018). *B2B-Entscheideranalyse 2017.* Frankfurt: Deutsche Fachpresse.
Deutsche Post (2022). *Werbemarkt Deutschland 2022.* Bonn: Deutsche Post AG.
Dietrich, L. (2004). *Die ersten 100 Tage des CIO — „Quick Wins" und Weichenstellung.* In L. Dietrich & W. Schirra (Hrsg.), IT im Unternehmen (S. 45–82). Berlin, Heidelberg: Xpert.press. Springer.
DIT (o. J.). *Die Design-Thinking-Prinzipien.* https://www.bva.bund.de/SharedDocs/Downloads/DE/Behoerden/Beratung/Dialogforum/PG_DIT_Design_Thinking_Prinzipien.pdf?__blob=publicationFile&v=3. [Abruf: 10.02.2023].
Döpfner, M. (2010): *Die Verlage sind im digitalen Zeitalter stärker, als sie selber denken.* In H. Burda, M. Döpfner, B. Hombach & J. Rüttgers (Hrsg.), 2020 Gedanken zur Zukunft des Internets (S. 177–182). Essen: Klartext Medienwerkstatt.
Dörr, S.L., Schmidt-Huber, M. & Maier, G.W. (2021). *Das LEaD-Kompetenzmodell – wirksam Führen im Kontext der digitalen Transformation. Gruppe Interaktion Organisation* (GIO) 52, 325–339.
Domenichini, B. (2022). *Podcast-Perspektiven – vom Hype zum nachhaltigen Trend.* Media Perspektiven 8/2022, 356–363
Drews, H. (2008). *Abschied vom marktwachstums-marktanteils-portfolio nach über 35 Jahren Einsatz? Eine kritische Überprüfung der BCG-matrix.* Journal of Management Control, 1(19), 39–57.
Drucker, P. F. (1985). *Innovation and Entrepreneurship: Practice and Principles.* New York: Harper & Row.
Drucker, P. F. (2005). *Was ist Management? – Das Beste aus 50 Jahren.* Berlin: Econ-Ullstein:.
Erbeldinger, J., Ramge, T. & Erbeldinger, R. (2013). *Durch die Decke denken: Design thinking in der Praxis.* München: Redline Wirtschaft.
Erpenbeck, J. & Sauter, W. (2013). *So werden wir lernen! Kompetenzentwicklung in einer Welt fühlender Computer, kluger Wolken und sinnsuchender Netze.* Berlin, Heidelberg: Springer.
Fairholm, M.R. & Fairholm, G.W. (2009). *Understanding Leadership Perspectives*: Theoretical and Practical Approaches. New York: Springer Science and Business Media.
Falk, William W., und Thomas A. Lyson. (1988). *High tech, low tech, no tech: Recent industrial and occupational change in the south. SUNY Series, the New Inequalities.* Albany, NY: State University of New York Press.
Feldhaus, L., Primavera, J. & Kleibl, A. (2018). *Design Thinking und Schule. Das Handbuch für den Schulalltag.* Weinheim: Hopp Foundation.
Fög (2021). Forschungszentrum Öffentlichkeit und Gesellschaft/Universität Zürich (Hrsg.). Jahrbuch Qualität der Medien 2021, Basel: Schwabe Verlag.
Foster, R. N. (1986). *Innovation: The attacker's advantage.* New York: Summit Books.
Franke, M. & Falke, C. (2022). *Nach dem Podcast-Hype: Quo Vadis?* In BDZV (Hrsg.), Gemeinsam Stärken ausspielen. Jahresreport Digital 2022 (S. 113–116). Berlin: BDZV.
Friedman, D. J. (2018). *Culture by Design. How to Build a High Performing Culture.* USA: High Performing Culture.
Friedman, D. J. (2021). *Culture by Design. How to Build a High Performing Culture. Even in the New Remote Work Environment.* USA: High Performing Culture.

Geier, B. (2022). *Best Practice Membership-Modelle: Tortoise – keine lahme Schildkröte.* Medienhaus NEXT/AVS, Braunschweig 10.05.2022.

Georgiades, S. (2017). *Media Manager's Perceptions of the Characteristics of the Information and the Related Assistance They Need to Provide Employees with to Achieve Their Engagement and Contributions.* In M. Friedrichsen & Y. Kamalipour (Hrsg.), Digital Transformation in Journalism and News Media. Media Business and Innovation (S. 87–106). Cham: Springer.

Geschwill, R. & Nieswandt, M. (2020). *Lateral Management: A New Approach to Strategic Transformation in the Digital Era. Future of Business and Finance.* Cham: Springer.

Glasl, F. (2008). *Diagnose-Prozesse.* In: F. Glasel, T. Kalcher & H. Piber (Hrsg.), Professionelle Prozessberatung (S. 133–162). 2. überarbeitete und ergänzte Auflage. Bern: Haupt Verlag.

Gloger, B. (2010). Scrum: *Der Paradigmenwechsel im Projekt- und Produktmanagement – Eine Einführung.* In: Informatik-Spektrum 33(2), 195–200.

Gode, S., Özgenc, K. (2023). *Der Macht & Millionen Club: Erfolgreich mit Podcast(-Abos).* AVS-Medienhaus Next, 7. März 2023, Köln, Präsentation

Goysberg, B., Lee, J., Price, J. & Cheng, J. Y.-J. (2018). *Eine Frage der Kultur.* Harvard Business Manager 3, 20–31.

Guth, J. (2021). *Zukunftsweisende Teamsteuerung.* AutoUni – Schriftenreihe, vol 151. Wiesbaden: Springer Vieweg.

Habann, F. (2013). *Open Innovation: Werden die kreativen Industrien durch uns kreativer? – Entwicklungslinien in der Medienwirtschaft Frank Habann,* Hochschule Offenburg. In Clustermanagement und Entwicklungsperspektiven der kreativen Industrie (S. 115–129). Baden-Baden: Nomos.

Hammer, M. & Champy, J. (2003). *Business Reengineering: Die Radikalkur für das Unternehmen.* Frankfurt: Campus.

Hansen, E. & Goligoski, E. (2018). *Guide to audience revenue and engagement.* Columbia Journalism School.

Haselhoff, V. & Pfuhl, J. (2016). *Europäische Self-Publishing-Studie 2016.* Norderstedt: BoD.

Heinen, J. (2022). *Case Study 1: Curious Capital.* In T. Breyer-Mayländer & C. Horneber (Hrsg.), Change-Strategien für die Medienbranche (237–248). Wiesbaden: Springer Gabler.

Heinrich, J. (2001). *Medienökonomie. Bd 1: Mediensystem, Zeitung, Zeitschrift, Anzeigenblatt,* 2. Aufl. Wiesbaden: Springer/Westdeutscher Verlag.

Helms, M. M., & Nixon, J. (2010). *Exploring SWOT-analysis – where are we now? A review of academic research from the last decade.* Journal of strategy and management, 3(3), 215–251.

Hersey, P., & Blanchard, K. H. (1982). *Leadership style: Attitudes and behaviors.* Training & Development Journal, 36(5), 50–52.

Hess, T. (2022). *Digitale Transformation strategisch steuern.* Wiesbaden: Springer Gabler.

Hess, T.; Matt, C.; Benlian, A. & Wiesböck, F. (2016). *Options for Formulating a Digital Transformation Strategy.* MIS Quarterly Executive, 15(2), 103-119.

Hölscher, K., Wittmayer, J. M., & Loorbach, D. (2018). *Transition versus transformation: What's the difference?.* Environmental innovation and societal transitions, 27, 1–3.

Hofstede, G., Hofstede, G. J., & Minkov, M. (2010). *Cultures and organizations (Third Edition).* New York: McGraw-Hill.

Hofbauer, H. & Kauer, A. (2009). *Einstieg in die Führungsrolle: Praxisbuch für die ersten 100 Tage.* München: Hanser.

Hoffmeister, C. (2013). *Digitale Geschäftsmodelle richtig einschätzen.* München: Hanser.

Hofmann, J., & Wienken, V. (2020). *Führung in der digitalen Transformation.* Stuttgart: Fraunhofer IAO.

Hofmann, M. (2015). *Crossmedia in der Redaktion:* Newsdesk, Newsflow. In T. Breyer-Mayländer (Hrsg.), Vom Zeitungsverlag zum Medienhaus (S. 173–183). Wiesbaden: Springer Gabler.

Hooijberg, R. & Lane, N. (2013). *Transformational Theory of Leadership.* In E. H. Kessler (Hrsg.), Encyclopedia of Management Theory (S. 896–899). Los Angeles: Sage.

Horneber, C. (2022). *Investments in Start-ups mit Corporate Venture Capital als Beitrag zum strategischen Wandel von Unternehmen im Mediensektor.* In T. Breyer-Mayländer & C. Horneber (Hrsg.), Change-Strategien für die Medienbranche (S. 33–91). Wiesbaden: Springer Gabler.

Hosseini, H., Schmidt, H. (2022). *Plattformökonomie in der digitalen Transformation der Medien.* In N. Alm, P.C. Murschetz, F. Weder & M. Friedrichsen (Hrsg.), Die digitale Transformation der Medien (S. 67–94). Wiesbaden: Springer Gabler.

IfD (2022). *Institut für Demoskopie.* AWA 2022. Allensbach: IfD.

Janke, A., Burkhardt, N. (2018). *Disruptive Technologien im Mittelstand. Management und Controlling im Mittelstand.* Wiesbaden: Springer Gabler.

Kao, O. (2010): *Clouds als Antrieb des neuen Internets.* In H. Burda, M. Döpfner, B. Hombach & J. Rüttgers (Hrsg.), 2020 *Gedanken zur Zukunft des Internets* (S. 25–30). Essen: Klartext Medienwerkstatt.

Kaudela-Baum, S., Holzer, J. & Kocher, P.-Y. (2014). *Innovation Leadership: Führung zwischen Freiheit und Norm.* Wiesbaden: Springer Gabler.

Kaufmann, T. (2021). *Strategiewerkzeuge aus der Praxis.* Berlin, Heidelberg: Springer Gabler.

Kieser, A. (1997), *Implementierungsmanagement im Zeichen von Moden und Mythen des Organisierens.* In M. Nippa & H. Scharfenberg (Hrsg.), Implementierungsmanagement: Über die Kunst, Reengineeringkonzepte erfolgreich umzusetzen (S. 81–102). Wiesbaden: Gabler.

Kinyanjui, G. W. (2018). *Should Leadership Be Considered a Profession?* In A. Örtenblad (Hrsg.), Professionalizing Leadership: Debating Education, Certification and Practice (S. 313–331). Cham: Palgrave Macmillan.
Klimecki R. G., & Gmür M. (1996). *Organisationale Transformation – grenzenlos?* In Struktur und Prozeßmuster in der kollektiven Bewältigung von Unsicherheit, Bd. 17, Management Forschung und Praxis. Konstanz: Lehrstuhl für Management, Fakultät für Verwaltungswissenschaft, Universität Konstanz. [1997 erschienen In G. Schreyögg, P. Conrad & J. Sydow (Hrsg.), Grenzmanagement: Das Management von Organisationsgrenzen. Managementforschung Nr. 7. Berlin: De Gruyter.
Klimzcak, P. & Halamuda, T. (2022). *DIE »MUST HAVE«-HÖRER: Hörer*innen von Zeitungspodcasts. Werbemarkt Edition. Präsentation.* Berlin/Frankfurt: BDZV & ZMG.
Koch-Herlyn, J., Hädicke, G. (2022). *Irgendwas mit Medien – In einem Start-up oder in einem etablierten Medienunternehmen? Wie Medienunternehmen im Personalrecruiting konkurrenzfähig werden.* In T. Breyer-Mayländer & C. Horneber (Hrsg.), Change-Strategien für die Medienbranche (S. 299–311). Wiesbaden: Springer Gabler.
Konradin Mediengruppe (o.J.). Unternehmen. https://www.konradin.de/de/unternehmen/ [Abruf: 22.08.2023]
Kotter, J. P. (2007). *Leading change: Why transformation efforts fail.* In R. Sandell & R. R. Janes (Hrsg.), Museum Management and Marketing (S. 20–29). Abingdon, Oxfordshire, England, UK: Routledge.
Kramp. L. & Weichert, S. (2022). *Konstruktiver Journalismus.* In BDZV (Hrsg.), Jahresreport Digital 2022 (S. 146–150). Berlin: BDZV.
Krapf, J. (2022). *Wie wird digitale Transformation erfolgreich gemessen? Ein Erfahrungsbericht aus der Praxis.* In N. Alm, P.C. Murschetz, F. Weder & M. Friedrichsen (Hrsg.), Die digitale Transformation der Medien (S. 161–179). Wiesbaden: Springer Gabler.
Krüger, W. (1999). *Implementierung als Kernaufgabe des Wandlungsmanagement.* In: D. Hahn & B. Taylor (Hrsg.), Strategische Unternehmensplanung – Strategische Unternehmensführung (S. 863–891). 8. Auflage. Heidelberg: Physica.
Kroeber, A. L., & Kluckhohn, C. (1952). *Culture: a critical review of concepts and definitions. Papers.* Peabody Museum of Archaeology & Ethnology. Cambridge, MA: Harvard University, 47(1), viii: 223.
Kühl, S. (2018). *Influencing organizational culture: Very brief introduction.* Princeton, NJ: Organisational Dialogue Press.
Kühl, S. & Strodtholz, P. (Hrsg.) (2002). *Methoden der Organisationsforschung.* Hamburg: Rowohlt.
Kübler-Ross, E. (1969). *On death and dying.* New York, NY: Macmillan.
Kübler-Ross, E. (1974). *Questions and answers on death and dying.* New York, NY: Macmillan.
Kübler-Ross, E. (1997). *The wheel of life: A memoir of living and dying.* New York, NY: Touchstone.
Kühnapfel, J. (2014). *Nutzwertanalysen in Marketing und Vertrieb. essentials.* Wiesbaden: Springer Gabler.
Künzli, B. (2012). *SWOT-Analyse.* Zeitschrift Führung + Organisation, 81(02), 126–129.
Leppelmann, G. (2020). *Transformance – „Führung in Verbindung" für Höchstleistung in der Transformation.* In M. Pfannstiel & P.J. Steinhoff (Hrsg.), Transformationsvorhaben mit dem Enterprise Transformation Cycle meistern (S. 3–21). Wiesbaden: Springer Gabler.
Kuhlen, R. (1986). *Verwissenschaftlichung von Information. Schwierigkeiten bei der Implementierung des IuD-Forschungsprogramms „Informationswissenschaft".* In W. Bruder (Hrsg.), Forschungs- und Technologiepolitik in der Bundesrepublik Deutschland. Beiträge zur sozialwissenschaftlichen Forschung, vol 94 (S. 264–291). Wiesbaden: VS Verlag für Sozialwissenschaften. https://doi.org/10.1007/978-3-322-88528-9_9
Kuhlen, R. (1995). *Informationsmarkt. Chancen und Risiken der Kommerzialisierung von Wissen.* Schriften zur Informationswissenschaft Bd. 15. Konstanz: Universitätsverlag Konstanz.
Kuhlen, R. (1999). *Die Konsequenzen von Informationsassistenten: Was bedeutet informationelle Autonomie oder wie kann Vertrauen in elektronische Dienste in offenen Informationsmärkten gesichert werden?* Frankfurt am Main: Suhrkamp.
Lippold, D. (2020). *Die 75 wichtigsten Management- und Beratungstools: Von der BCG-Matrix zu den agilen Tools.* Berlin/Boston: Walter de Gruyter.
Malmelin, N., & Villi, M. (2017). *Media work in change: Understanding the role of media professionals in times of digital transformation and convergence.* Sociology Compass, 11(7), e12494.
Markert. E. & Drescher, S. (2021). *Interdisziplinäre Zusammenarbeit ist der Schlüssel zum Erfolg.* In BDZV (Hrsg.) Sprungbretter in die digitale Zukunft. BDZV-Jahresreport Digital 2021 (S. 20-25). Berlin: BDZV.
Martin, D. (2013). *Marketing without Marketing.* The Conference Board Review, 50(4), 70-71.
Maslow, A. H. (1966). *The Psychology of Science: A Re-connaissance.* New York, NY: Harper & Row.
Matteo, S. & Zotto, C.D. (2015). *Native Advertising, or How to Stretch Editorial to Sponsored Content Within a Transmedia Branding Era.* In G. Siegert, K. Förster, S. Chan-Olmsted & M. Ots (Hrsg.), Handbook of Media Branding (S. 169–185). Cham: Springer.
Mattson, C. A., & Sorensen, C. D. (2020). *Product Development: Principles and Tools for Creating Desirable and Transferable Designs.* Cham: Springer.
Maurya, A. (2016). *Scaling lean: Mastering the key metrics for startup growth.* London: Penguin.
Maurya, A. (2022). *Running lean.* Newton, MA: O'Reilly Media, Inc..
Mayer, S. (2021). *Die leserzentrierte Redaktion – in real life.* BDZV (Hrsg.), Jahresreport Digital 2021 (52–58). Berlin: BDZV

Media Perspektiven/ARD Sales & Services (2021). Basisdaten 2021, Media Perspektiven, Frankfurt a. M.
Meißner, F., & Vogler, D. (2022). *Kriselnder Journalismus, boomende PR?* In S. Pranz, H. Heidbrink, F. Stadel, R. Wagner (Hrsg.), *Journalismus und Unternehmenskommunikation.* (S. 235–249). Wiesbaden: Springer.
Mietzner, D., Kamprath, M., & Wagner, D. (2010). *Zukunftsperspektiven und Kompetenzentwicklungen in der Medienbranche: Eine Szenarioanalyse* (Future Perspectives and Competence Development in the Media and Entertainment Industry: A Scenario Analysis. Available at SSRN 2548171.
Mina, A., Zerres, T., & Zerres, C. (2022). *Der Markt von Legal-Tech-Diensten in Deutschland (No. 63).* Arbeitspapiere für Marketing und Management. Offenburg: Hochschule Offenburg. ttps://doi.org/10.48584/opus-5331
Moinzadeh, N. (2021). *„Neu ist nicht gleich innovativ" – Medieninnovationskonzept reloaded.* Publizistik 66, 317–351.
Monsen, L.K. 2018. *The Professional Leader: Man of Many Talents or Jack of All Trades? Five Questions About Professional Leadership.* In A. Örtenblad (Hrsg.), Professionalizing Leadership: Debating Education, Certification and Practice (S. 87-107). Cham: Palgrave Macmillan.
Murschetz, P.C. & Friedrichsen, M. (2017). *Does Online Video Save Printed Newspapers? Online Video as Convergence Strategy in Regional Printed News Publishing: The Case of Germany.* In M. Friedrichsen & Y. Kamalipour (Hrsg.), Digital Transformation in Journalism and News Media. Media Business and Innovation (S. 115–128). Cham: Springer.
MVFP (2023). *Jahrespressekonferenz 2023 Medienverband der freien Presse (MVFP).* 18.04.2023. Präsentation. Berlin: MVFP.
Nadkarni, S., & Prügl, R. (2020). *Digital transformation: A review, synthesis and opportunities for future research.* Management Review Quarterly, 18(04). https://doi.org/10.1007/s11301-020-00185-7
Nakamura, J. & Csikszentmihalyi, M. (2014). *Flow and the Foundations of Positive Psychology.* Dordrecht: Springer.
Nathusius, K. (2001). *Grundlagen der Gründungsfinanzierung.* Wiesbaden: Gabler Verlag.
Neumann, O. (2022). *Die Audiostrategie der Süddeutschen Zeitung.* In BDZV (Hrsg.), Gemeinsam Stärken ausspielen. Jahresreport Digital 2022 (S. 117–120). Berlin: BDZV.
North, K. (2015): *Wissen und Lernprozesse managen in turbulentem Umfeld.* In Steinbeis-Stiftung (Hrsg.), Steinbeis Consulting Tag, Fokus: *Unternehmenskompetenzen.* Dokumentationsband 3. Juli 2014 (S. 37–49). Stuttgart: Steinbeis.
North, J., Reinhardt, K. & Sieber-Suter, B. (2013), *Kompetenzmanagement in der Praxis.* Wiesbaden: Springer-Gabler.
Nussbaum, J. (2022). *Beidhändig führen.* In S. Kaudela-Baum, S. Meldau & M. Brasser (Hrsg.), Leadership und People Management (S. 379–401). Wiesbaden: Springer Gabler.
Nyagadza, B. (2022). *Sustainable digital transformation for ambidextrous digital firms*: systematic literature review, meta-analysis and agenda for future research directions, Sustainable Technology and Entrepreneurship, 1(3), 1–13,.
Odumeru, J. A. & Ifeanyi, G. O. (2013). *Transformational vs. Transactional Leadership Theories*: Evidence in Literature. International Review of Management and Business Research 2(2): 355–361.
Osterwalder, A. & Pigneur, Y. (2011). *Business Model Generation: Ein Handbuch für Visionäre, Spielveränderer und Herausforderer.* Frankfurt: Campus Verlag.
Parsons, T. (1951). *The social system.* Glencoe: The Free Press.
Parsons, T., Bales, R., & Shils, E. (1953). *Working papers of the theory of action.* Glencoe: The Free Press.
Pawlitzki, H. (2022). *Warum wir Podcasts machen (und Sie es auch tun sollten).* In BDZV (Hrsg.), Gemeinsam Stärken ausspielen. Jahresreport Digital 2022 (S. 121-124). Berlin: BDZV.
Pawlitzki, H. (2023). *Brand Building rund um Podcasts: Markenstrategien für neue Zielgruppen*, AVS-MedienhausNext. 7. März 2023, Köln. Präsentation
Piepponen, A., Ritala, P., Keränen, J., & Maijanen, P. (2022). *Digital transformation of the value proposition*: A single case study in the media industry. Journal of Business Research, 150, 311–325.
Pimpl, R. (2023). *Auf dem Weg zur News-Allianz.* Horizont 10-11/2023, 1
Pitera, J. (1994). *Pitera priority matrix. Adapted from Quality Prioritization Matrices. Memory jogger II: A pocketguide of tools for continuous improvement and effective planning.* Salem, NH: Goal QPC.
Porter, M. E. (1992). *Wettbewerbsstrategie* (englisch: Competitive Strategy). Frankfurt: Campus Verlag.
Porter, M. E. (2013). *Wettbewerbsstrategie: Methoden zur Analyse von Branchen und Konkurrenten.* Campus Verlag.
Pürer, H. & Raabe, J. (1996). *Medien in Deutschland.* Bd. 1: Presse. Konstanz: UVK.
Purbs, A. (2022). *Arbeit und Führung in der digitalen Transformation – Eine Empirische Untersuchung zu Transformationaler Führung und Psychologischem Kapital als Erfolgsfaktoren der digitalen Arbeit* (Doctoral dissertation). Universität Heidelberg.
PwC (2021). *German Entertainment and Media Outlook: 2021–2025.* nach: Statista, https://de.statista.com/statistik/daten/studie/164550/umfrage/prognostizierter-umsatz-auf-dem-buchmarkt-in-deutschland-seit-2005/ [Abruf: 08.08.2023]
PwC (2022). *German Entertainment and Media Outlook: 2022–2026.* nach: Statista, https://de.statista.com/statistik/daten/studie/12554/umfrage/umsatzentwicklung-im-buchmarkt-seit-2003/ [Abruf: 08.08.2023]
Reddan, B. (2022). *Social reading cultures on BookTube, Bookstagram, and BookTok.* Synergy, 20(1).

Röper, H. (2022). *Zeitungsmarkt 2022: weniger Wettbewerb bei steigender Konzentration:* Daten zur Konzentration der Tagespresse im I. Quartal 2022, Media Perspektiven 6, 295–318
Ries, E. (2013). *Lean Startup: Schnell, risikolos und erfolgreich Unternehmen gründen.* München: Redline Verlag.
Russ, I.N. & Keiper-Knorr, D. (2022). *Sonderfall Fondsinvestment: Möglichkeiten und Grenzen für Medienunternehmen.* In T. Breyer-Mayländer & C. Horneber (Hrsg.), Change-Strategien für die Medienbranche (S. 211–226). Wiesbaden: Springer Gabler
Sackmann, S. (2017). *Unternehmenskultur: Erkennen – Entwickeln – Verändern: Erfolgreich durch kulturbewusstes Management.* Wiesbaden: Springer Gabler.
Sarros, J. C. & Santora, J. C. (2001). *The transformational-transactional leadership model in practice.* Leadership & Organizational Development Journal 22(8), 383–393.
Schasche, S. (2023). *Rewe launcht Kampagne zum Abschied von Print-Prospekten.* W&V online. 23.06.2023. https://www.wuv.de/Themen/Kreation-Design/Rewe-launcht-Kampagne-zum-Abschied-von-Print-Prospekten [Abruf: 22.08.2023]
Schein, E. H. (2017). *Organizational Culture and Leader-ship, 5th edition.* Hoboken, NJ: Wiley.
Schein, E. H., & Schein, P. A. (2019). *The corporate culture survival guide (3rd edition).* Hoboken, NJ: Wiley.
Schickerling, M. & Schwarz, F. (2023). Corporate Books. Frankfurt: Bramann.
Schlüter, O.: (2020). *Das Buch im Kontext der Medienkonvergenz.* Frankfurt: Bramann.
Schmidt, H. (2022). *Elemente disruptiver Teams.* Blogeintrag, Netzoekonom.de
Schmikat, R. & Friedrich, M. (2015).: *Agiles Requirements Engineerig mit User Stories und Story Maps.* In: Lang, Micheal/Scherber, Stefan (Hrsg.) (2015): Agiles Management: Innovative Methoden und Best Practices, Symposion Düsseldorf, S. 72–88
Schönstedt, E. & Breyer-Mayländer, T. (2010). *Der Buchverlag.* Stuttgart: Metzler-Verlag.
Schuh, G., Klappert, S., Schubert, J. & Nollau, S. (2010). *Grundlagen zum Technologiemanagement.* In G. Schuh & S. Klappert, S. (Hrsg.), Technologiemanagement. VDI-Buch (S. 33-54). Berlin, Heidelberg: Springer.
Schulte, C. (2023). *"Die rasante Entwicklung geht weiter".* boersenblatt.net. 04.05.2023. https://www.boersenblatt.net/news/so-funktionieren-die-booktok-bestsellerlisten-285859 [Abruf: 12.09.2023]
Schultz-Homberg, T. (2023). *Heute beginnt alles: Organisations- und Kulturentwicklung bei den Kölner Stadt-Anzeiger Medien,* AVS-MedienhausNext. 7. März 2023, Köln. Präsentation.
Schumann, M. & Hess, T. (2002). *Grundfragen der Medienwirtschaft. Springer-Lehrbuch.* Berlin, Heidelberg: Springer.
Schumann, M., & Hess, T. (2006). *Einführung in die Medienwirtschaft* (3. Aufl.). Berlin, Heidelberg: Springer.
Schumann, M., Hess, T. & Hagenhoff, S. (2014). *Einführung in die Medienwirtschaft* (5. Aufl.). Berlin, Heidelberg: Springer.
Schwab, K. (2016). *The Fourth Industrial Revolution.* Cologny/Geneva: World Economic Forum.
Sinek, S. (2011). *Start With Why: The Inspiring Million-Copy Bestseller That Will Help You Find Your Purpose.* London: Penguin UK.
Snelling, M. (2021). *The Audiobook Market and its Adaptation to Cultural Changes.* Publishing Research Quarterly, 37(4), 642–656.
Staehle, W. H. (1999). *Management* (8. Aufl.). München: Vahlen.
Steinhof, P. H.-J. (2018). *Der Enterprise Transformation Cycle – Ein praxiserprobtes Modell für die erfolgreiche Unternehmenstransformation.* In P. H.-J. Steinhof & M. A. Pfannstiel (Hrsg.), Der Enterprise Transformation Cycle: Theorie, Anwendung, Praxis (S. 3–20). Wiesbaden: Springer Gabler.
Stiemerling, O. (2015). *„Künstliche Intelligenz " – Automatisierung geistiger Arbeit, Big Data und das Internet der Dinge.* Computer und Recht, 31(12), 762–765.
Störiko-Blume, U. (2021). *Kinder- und Jugendbuchverlage: Macher, Märkte, Medien.* Frankfurt: Bramann.
Tannenbaum, R. & Schmidt, W. H. (1958). *How to choose a leadership pattern.* Harvard business review: HBR. 36(2), 95–101.
Stoi, R., & Patz, M. (2022). *Dezentrale Transformation durch agile Führung.* PERSONALquarterly, 2, 2022.
Tantschinez, C. (2022). *Mit der Redaktion ans Mikrofon.* In BDZV (Hrsg.), Gemeinsam Stärken ausspielen. Jahresreport Digital 2022 (S. 125–129). Berlin: BDZV.
Tushman, M. L., O'Reilly, C. A. (1996). *Ambidextrous Organizations: Managing Evolutionary and Revolutionary Change.* California Management Review 38(4), 8–30.
Udovita, P. V. M. V. D. (2020). *Conceptual Review on Dimensions of Digital Transformation in Modern Era;* International Journal of Scientific and Research Publications (IJSRP) 10(2) DOI: http://dx.doi.org/10.29322/IJSRP.10.02.2020.p9873
Uphaus, P. O., Nowak, N., Rau, H., & Beringer, H. (2022). *Standort als medienökonomische Schlüsselkomponente für erfolgreiche, partizipative Medienkommunikation. In H. Gundlach (Hrsg.), Internet-Intermediäre und virtuelle Plattformen medienökonomisch betrachtet*: Proceedings zur Jahrestagung der Fachgruppe Medienökonomie der Deutschen Gesellschaft für Publizistik- und Kommunikationswissenschaft 2021, Hamburg (S. 1–17). Hamburg: Deutsche Gesellschaft für Publizistik- und Kommunikationswissenschaft e.V.
Vahs, D. (2019). *Organisation: Ein Lehr- und Managementbuch.* 10. Auflage. Stuttgart: Schäffer-Poeschel.

von Velsen-Zerweck, B. (2011). Kommunikation von Verbänden – Grundlagen, Elemente, Entwicklungen. In A. Heilmair, Y. Russ, H. Sturm & T. Zitzmann (Hrsg.), Perspektiven des Verbandsmanagements. (S. 149–165). Wiesbaden: Gabler.

Vogel, A. (2022). *Publikumszeitschriften 2022: Gattung vor vielfältigen Herausforderungen.* Media Perspektiven 6, 319–341.

Vogel Medien (o.J.). *Unternehmensgruppe.* https://www.vogel.de/ueber-uns/unternehmensgruppe/ [Abruf: 22.08.2023]

Vossen, G. (2015). *Big Data: Daten sammeln, aggregieren, analysieren, nutzen.* In T. Schwarz (Hrsg.), Big Data im Marketing (S. 35–54s). Freiburg: Haufe Verlag.

Walch, J. (2022). *Buchherstellung: Gestaltung, Technik, Prozesse.* Frankfurt: Bramann.

Warner, K., & Wäger, M. (2019). *Building dynamic capabilities for digital transformation: An ongoing process of strategic renewal.* Long Range Planning, 52(3), 326–349.

Sieland, M. (2016). *David gegen Goliath. Amazon war beim Onlinebuchhandel und den E-Books Vorreiter.* Hamburger Wirtschaft, 71(5), 12–16.

Watts, G., Cope, J. and Hulme, M. (1998). *Ansoff's Matrix, pain and gain: Growth strategies and adaptive learning among small food producers.* International Journal of Entrepreneurial Behavior & Research, 4(2), 101-111.

Weber, B. & Rager, G. (2006). *Medienunternehmen — Die Player auf den Medienmärkten.* In C. Scholz (Hrsg.), Handbuch Medienmanagement (S. 35 – 54). Berlin, Heidelberg: Springer.

Weichler, K. (2014). *Corporate Publishing: Publikationen für Kunden und Multiplikatoren.* In A. Zerfaß & M. Piwinger (Hrsg.), Handbuch Unternehmenskommunikation (S. 767–785). Springer NachschlageWissen. Wiesbaden: Gabler Verlag.

Weiß, C. (2015). *Apps, Online, Print: Crossmediale Content-Führung.* In T. Breyer-Mayländer (Hrsg.), Vom Zeitungsverlag zum Medienhaus (S. 129–136). Wiesbaden: Springer Gabler.

Weisbord, M. (1983). *Organisationsdiagnose: Ein Handbuch mit Theorie und Praxis.* Karlsruhe: Goch: Bratt-Institut für Neues Lernen.

WIK-Consult (2023). *Erforderlichkeit und Möglichkeit einer Bundesförderung für die Pressewirtschaft, Gutachten im Auftrag des Bundesministeriums für Wirtschaft und Klimaschutz (BMWK).* Bad Honnef 8. September 2022.

Wildemann, H. (1987). *Strategische Investitionsplanung: Methoden zur Bewertung neuer Produktionstechnologien.* Wiesbaden: Gabler.

Wimmer, R. & von Ameln, F. (2019). *Agilität, Ambidextrie und organisationale Veränderungskompetenz. Rudi Wimmer über Erbe und Zukunft des Change Managements.* Gruppe Interakttion Organisation (GIO) 50, 211–216.

Winkler, V., Schmidtke, A. & König, S. (2021). *Podcastnutzung 2021.* Media Perspektiven 12/2022, 569–573.

Wirtz, B.W. (2006), *Medien- und Internetmanagement.* Wiesbaden: Gabler Verlag.

Wirtz, B.W. (2021). *Digital Business and Electronic Commerce. Springer Texts in Business and Economics.* Cham: Springer.

Wippermann, S., Schmidberger, I. & Stricker, T. (2020). *Schule agil mit Design Thinking entwickeln.* In G. Regenthal (Hrsg.), Schulmanagement der Zukunft. Schule innovativ gestalten (S. 156–169). Stuttgart: Raabe.

Yu, O., & Shih, R. (2018). *Developing an Innovative Organizational Culture: A People-Centered and Value-Focused Approach with Case Studies.* In 2018 Portland International Conference on Management of Engineering and Technology (PICMET) (S. 1–5). IEEE.

Zaleznik, A. 2014. *Managers and Leaders: Are They Different?* Harvard Business Review 01. https://hbr.org/2004/01/managers-and-leaders-are-they-different (last access: 07. December 2020).

Zerdick, A., Schrape, HK., Artope, A., Goldhammer, K., Heger, D. K., Lange, U. T. & Silverstone, R. (2013). *Die Internet-Ökonomie: Strategien für die digitale Wirtschaft.* Berlin, Heidelberg: Springer-Verlag.

Zilz, R. (2023). *Roadmap to AI: Anwendungsszenarien aus dem Produktivbetrieb @ KStAMedien, AVS-MedienhausNext, 7. März 2023.* Köln. Präsentation.

Zydorek, C. (2017). *Einführung in die Medienwirtschaftslehre.* Wiesbaden: Springer Gabler.

Zydorek, C. (2022). *KI in der digitalisierten Medienwirtschaft: Fallbeispiele und Anwendungen von Algorithmen.* Wiesbaden: Springer Fachmedien.

Sachregister

Wir machen
die DIGITALE
TRANSFORMATION
zu Deiner
SUPERPOWER.
Mit den passen-
den Seminaren
am
Mediacampus.
MEDIACAMPUS
FRANKFURT
Alle Angebote und Infos zur
Anmeldung unter:
bit.ly/SuperPowerMCF
Mehr Sicherheit mit KI-Tools,
immer nah dran an den
Trends, Innovationen im Team
entwickeln – das richtige Gefühl
hast Du, das nötige Know-how
liefern wir.
Auszubildende und
Volontär:innen erhalten 20% auf
die Seminarangebote.

BRAMANN Basics - buch & medien

Die Reihe für Medienberufe

fundiert. kompakt. übersichtlich.

Band 1 Ulrich Huse: **Verlagsmarketing.**
Print: 978-3-934054-53-0, E-Book: 978-3-934054-73-8

Band 2 Birgit Menche: **Urheber- und Verlagsrecht.**
Print: 978-3-95903-011-3, E-Book: 978-3-95903-106-6

Band 3 Thomas Breyer-Mayländer, Klaus-W. Bramann: **Online-Marketing und E-Commerce für Buchverlage.** Print: 978-3-934054-54-7, E-Book: 978-3-934054-77-6

Band 4 Corinna Norrick-Rühl: **Internationaler Buchmarkt.**
Print: 978-3-95903-006-9, E-Book: 978-3-95903-103-5

Band 5 Okke Schlüter: **Das Buch im Kontext der Medienkonvergenz.**
Print: 978-3-95903-007-6, E-Book: 978-3-95903-104-2

Band 6 Ulrich Störiko-Blume: **Kinder- und Jugendbuchverlage - Macher, Märkte, Medien.**
Print: 978-3-95903-015-1, E-Book: 978-3-95903-108-0

Band 7 Michael Schickerling: **Lektorat, Redaktion und Projektmanagement im Buchverlag.**
Print: 978-3-95903-013-7, E-Book: 978-3-95903-105-9

Band 8 Julia Walch: **Buchherstellung. Gestaltung - Technik - Prozesse.**
Print: ISBN 978-3-95903-017-5, E-Book: 978-3-95903-109-7

Band 9 Thomas Breyer-Mayländer: **Digitale Transformation in Medienunternehmen.**
Print: SBN 978-3-95903-024-3, E-Book: 978-3-95903-117-2

Band 10 Sandra Rühr: **Hörmedien.** Print: ISBN 978-3-95903-019-9, E-Book: 978-3-95903-111-0

www.bramann.de